깨달은
절수행이란?

청견 스님의 천만배 완결

깨달은
절수행이란?

청견 스님 지음

다르마킹

인류 모두가 본래 부처로
진화하길 꿈꾸며…

절을 600만 배 하고 염불 1억 번으로 삼매체험하고 금강경을 11만 번 독경하고 참선 명상을 하며, 많은 수행처에서 수행을 배우고 실천했다. 소리산 인이피 토굴에서 재가불자들과 매주 토요일마다 12시간 철야정진을 200회 마치고, 소리산에 법당 수련원 불사를 하고 선방을 운영하며 깨달아 보려는 욕심, 자존심을 다 내려놓았다.

3년 내로 한국 불교의 절 수행을 통일시켜 보겠다는 큰 서원을 세우고, 매일 절 교육과 절을 하고 매달 3000배를 하며 많은 곳에서 강의하고 방송에도 다수 출연하여 절 수행 바람을 일으켰다. 그러나 지금 생각해 보면 300년이 지나도 통일되지 않겠다는 느낌이 든다. 안타까운 마음에, 그동안 10만여 명을 가르치고 지도한 경험을 바탕으로 더욱 자세한 절 수행 책을 쓰게 되었다.

이 책은 천만 배를 하며 온몸으로 체험한 얘기이다. 머리를 쥐어짜내

쓴 글이 아니라 절을 할 때나 수행할 때 떠오르는 마음을 메모하고, 가슴 속에서 영화 필름처럼 책의 내용이 지나갈 때마다 글로 옮겨 적은 것이다. 깨달은 수행자에게는 꼭 필요한 책이고 깨달음을 얻으려는 사람에게는 가장 중요한 책이다. 가슴에 담아 둔 신비하고 찬란한 체험이 언제나 꿈틀대고 입가에 뱅뱅 돌았다. 머릿속에 꽉 차 있던 하고 싶은 말을 다 쓰고 나니, 가슴이 뻥 뚫리고 뭔가 뚝뚝 떨어져 내리는 듯 상쾌한 느낌이다.

타는 목마름의 인류는 반드시 부처님을 만나야 한다. 깨달은 절 수행으로 지켜봄 알아차림하여 깨달음의 감로수를 맛보아야 한다. 순수의식, 참마음, 불성과 하나되어 스스로가 깨달음과 자비의 감로수가 되어, 이 세상 모든 인류를 영원히 샘솟는 깨달음의 감로수가 되도록 인도해야 한다. 지금의 발원은, 전세계 인류에게 절 수행을 보급하여 오직 인류의 건강, 행복, 깨달음에 일조하고픈 마음뿐이다. 앞으로 미국 세도나에서 108명이 2박 3일 동안 묵언, 단식, 잠 안 자고 만배하면서 절하기 전과 후를 의학적으로 체크해, 절 수행이 인류사에 참 좋은 건강법이란 것을 증명, 확증해 알리고 싶은 마음 간절하다.

깨달은 절 수행은 완벽한 인체공학 운동이며 최첨단 심신 예방치유 의학이다. 이젠 더 크게 더 넓게 더 높게 더 많이 절 수행을 알리고, 절 수행하는 불자들이 넘쳐 나는 더 크고 넓은 불교 세상을 만들고 싶다. 이제 겹겹이 포개진 산 능선이 참으로 아름다운 경북 청도에서, 와불산 세 분 부처님이 또렷이 보이고 찬란한 태양의 기운이 가득한 큰 분지 한 가운데 자리한 절 수행 세계 중심 도량에서, 1000만 배 절 수행 기도를 이어 가고 있다.

작지만 알찬 법왕정사 절 수행 세계 중심 도량에서 부처님의 깨달음 DNA, 깨달은 절 수행 DNA를 온 세상에 퍼뜨리며, 우리 모두의 심신건 강을 기원하고 세세생생 세계 인류 모두가 지혜롭고 자비로운 본래 부처로 진화하는 그날을 꿈꾸어 본다.

불기 2558년 무더운 강더위 복날

오미소굴에서 **청견**

| 차례 |

4 부처님의 메시지

5 고통을 통과한 시간들

깨달은 절 수행이란?

절 수행은 부처님의 밝은 지혜로서, 모든 생명을 위한 대자대비, 깨끗함의 청정으로, 고요함의 평화를 지극한 정성으로 간절히 절하면서 지켜봄 알아차림해야 한다. 그래야 순수의식, 참마음, 참나, 깨달음의 빛이 발산되어 참다운 참 절이 된다. 그렇지 않으면, 온몸의 챠크라가 막혀 기혈 순환이 나빠지고 가스, 독소, 노폐물 등이 많이 생겨 숨과 기운이 내려가지 않아 머리가 띵하고 가슴이 답답하고 몸은 차가워진다. 그렇게 되면, 자동 단전 복식호흡이 되지 않아 두한족열, 수승화강이 안됨을 확실히 알 수 있다. 깨달은 절 수행은 이런 나쁜 현상을 순간 극복할 수 있는 고도의 테크닉으로, 완벽하게 통합된 종합 수행 비전이다.

절을 시작할 때 바르게 서서 합장하고 발을 모으고 허리, 어깨, 가슴을 쫙 펴고 밝은 얼굴로 부처님처럼 미소 지으며 전신의 힘을 쭉 빼고 단전 아랫배, 괄약근, 사두박근을 지켜보면, 자신의 몸과 마음 상태를 정확히 알 수 있다. 깨달은 절 수행은 인간의 불행을 막고 고통과 괴로움을 극복하고 병고액난을 예방하며, 몸과 마음속에 지옥, 아귀, 축생, 아수라를 건설하지 않는 비전이다. 몸과 마음속에 숨겨진 악습과 병으로 아팠던 원인이 빠져나온다. 깨달은 절 수행은 참선, 명상, 호흡법, 염불, 독경 등 모든 수행의 필수 조건이다.

절할 때 잘하려고 하지 마라. 욕심내니 더 안된다. 그냥 하라.
안된다 하면서 절하지 마라. 성냄이니 더 안된다. 그냥 하라.
마음을 깨끗하게 하려고 절하지 마라. 더 더러워지고 혼탁해진다.
우리 마음은 본래 깨끗하다. 그냥 하라.
마음을 고요하게 하려고 절하지 마라. 더 혼란하고 시끄러워진다.
우리 마음은 본래 고요하다. 그냥 하라.
깨달으려고 절하지 마라. 에고 중생의 시비분별, 번뇌 망상, 삼독
심 에너지로 어떻게 깨닫겠는가? 그냥 하라.

하기 싫은 수행, 억지로 삼매 이루려는 마음속에 있는 탐심은 의지를 강화시키고 분노, 성냄을 일으킨다. 탐냄과 성냄은 어리석음, 즉 무명을 일으킨다. 다 내려놓아 버리면 마음과 호흡이 고요해지며 온몸에 밝

은 기운이 꽉 찬다. 알아차림이 점점 강화되어 기쁨과 행복이 확장되고 불만족이 사라지고 만족감이 넘치며 수행이 잘 된다. 절 수행 중 상기되고 혈압이 올라가고 얼굴, 눈, 귀에서 열과 압이 감지되고 심장이 뛰고 숨이 거칠어지면 마음을 발에 모으고 절을 하라. 그래도 안되면 절하지 말고 와선하라. 몸과 마음을 이완하고 모든 걸 다 내려놓고 발바닥에 집중하라. 발에서 기가 통하고 혈액순환이 잘 되면, 혈압이 뚝 떨어지고 머리는 맑아지고 눈은 시원하며, 온몸과 마음이 가뿐하고 상쾌해진다.

깨달은 절 수행은 인류 모두가 실천하여 번뇌 망상과 잡생각의 중독에서 벗어날 수 있는 최상의 정신적 에너지이다. 우리 모두는 본래 순수의식, 참마음, 불성, 깨달음의 존재이다.

마음의 구조, 작동 원리, 번뇌 망상 등의 속성을 잘 알고 완벽한 표정, 자세, 동작, 호흡법, 집중법을 갖추고 지켜봄 알아차림으로 철저히 절해야 참 부처님을 알고, 참 불교를 깨닫는 참 절, 참 수행이 된다. 깨달은 절 수행은 몸을 건강하게 유지하는 비전 건강법이다. 깨달은 절 수행의 지켜봄 알아차림은 온전한 양심을 회복하여 부처님 마음을 깨달게 하고, 인류의 몸과 마음을 완전하게 하는 참 행복 에너지이다. 부처님의 깨달음을 배워 알고 믿고 온전히 받아들이고, 깨달은 수행으로 순수의식, 참마음, 참나를 흘깃 체험한다. 이 환희로운 수행 정진으로 진공묘유 즉 번뇌 망상 잡생각이 싹 사라지고 집착이 딱 떨어지게 된다. 그렇게 고요 삼매를 이루어 빛나는 지혜 알아차림으로 모든 것에서 벗어난 마음상태가 깨달음이다. 깨달음보다 더 중요한 건, 인류 모두에게 깨달음을 알려 주고 가르쳐 주고 깨달을 수 있도록 도와주고, 깨달은 삶을 살 수 있도록 전법하고 교육하고 수행하는 일이다.

1
절하는 동작

절 수행을 하면 마음은 자꾸 몸 밖으로 빠져나가서,

몸은 절하면서 몸의 주인인 마음은 돌아다니게 되는 경우가

많다. 절 동작에 숫자를 대입하여 몸과 마음을 하나로

묶어야 한다.

절을 해 보면 잘 안되고, 힘들고, 피곤하고 어딘가가 꼭 아프고,

하기 싫고, 쉬고 싶고, 무언가 먹고 싶고, 부정적 마음이 자꾸

일어나 효과가 떨어지게 된다. 이런 마음은 생명 뇌에서

일어나는 부정적인 기억의 무의식으로 환이며, 착각임을

깨달아야 한다.

속지 마라. 놀라지 마라. 두려워 말고 부처님처럼 미소 지으며

알아차리면 된다.

절 수행 자세

얼굴 표정

양 입꼬리를 귀쪽으로 끌어올리고 밝고 맑고 아름답게, 미소 짓는
부처님 같은 얼굴로 정면을 응시한다. 눈동자가 웃고 있는지 확인한다.

- 미간은 찌푸리거나 긴장된 얼굴 표정이 안되도록 한다.
- 눈은 감지 않고 뜨며, 코끝, 손끝을 향한다. 머리는 단정히 묶는다.
- 눈동자가 자신의 눈높이보다 위를 보면 상기되어, 머리가 뜨거워지고 복잡해진다.
- 이마, 눈동자, 상단전 챠크라, 코, 입, 혀, 턱관절, 얼굴의 힘을 뺀다.

합장 자세

1. 다섯 손가락을 가지런히 붙인 후, 양손을 마주 붙인다.
2. 합장한 손끝이 미간, 코끝, 배꼽과 일직선이 되게 심장 부근 가슴
   한가운데에 놓고, 팔꿈치는 옆구리에 가볍게 댄다.

- 손가락 사이가 벌어지지 않게 한다. 엄지손가락을
  벌리면 에고가 강해지고 새끼손가락을 벌리면 힘이
  빠진다. 둘째 손가락을 벌리면 부정적 마음이 일어난다.
- 양팔과 손을 직각이 되게 하면 어깨, 팔꿈치, 손목,
  얼굴이 굳어져 스트레스 받은 것과 똑같게 된다.
- 팔꿈치를 벌리지 말고 합장한 손이 비뚤어지지 않게
  한다.
- 합장한 손끝을 턱이나 입에 대지 말고, 손을 얼굴이나
  머리 위로 올렸다 내렸다 하지 않는다.
- 합장한 손목을 꺾어 손을 가슴에 밀착시키면 긴장하게
  되니 바르게 하라.

서 있는 자세

1. 정수리의 백회혈에서 회음혈까지 일직선이 되게 한다.
2. 눈썹 사이 미간, 얼굴의 코, 가슴의 명치, 배꼽이 일직선 되게 한다.
3. 귓구멍, 어깨 중앙, 옆구리가 일직선 되게 한다.
4. 양 귀, 양 어깨, 양 옆구리, 골반 등이 평행선이 되게 한다.
5. 양 뒤꿈치와 양 엄지발가락, 양 무릎을 붙이고, 엉덩이 아래 근육, 괄약근, 사두박근, 아랫배 치골 부분이 저절로 조어지게 허리, 어깨, 가슴, 척추, 배, 오금을 쭉 편다. 이런 당당한 자세에서 우주 태양의 기운과 지구 땅의 기운이 단전에 모이고 저절로 단전호흡이 된다. 또 회음 부위의 기혈 순환이 대단히 좋아지며, 새로운 기운이 강력하게 모이고 넘치며, 뇌의 각성이 크게 일어난다.
6. 머리, 이마, 눈, 미간, 코, 입, 턱, 얼굴, 목, 어깨, 가슴, 명치, 배의 힘을 쭉 빼고 부처님처럼 아름답게 미소 지으며, 발바닥 용천혈에 마음 집중하여, 신체의 무게 중심이 부처님처럼 발바닥 한가운데에 있게 한다.

- 초보자는 발을 서로 붙이면 몸이 흔들릴 수도 있는데, 연습이 될 때까지 양발을 조금 벌리고 서 있다가 무릎을 꿇을 때에는 양 엄지발가락을 붙인다.
- 무릎을 완전히 폈을 때 무릎과 무릎 사이가 잘 붙지 않는 경우, 될 때까지 서서히 노력하면 된다.
- 고개를 숙이거나 자라목을 하지 않고 턱을 쳐들지 않는다.
- 전신의 힘을 뺀다. 특히 어깨, 가슴, 명치의 힘을 뺀다.
- 사두박근, 괄약근을 조이려고 배와 엉덩이, 대퇴부를 앞으로 내밀면 안된다.

기마 자세와 무릎 꿇는 자세

1. 허리는 반듯이 펴고 양발을 붙인 상태로,
   무릎이 땅에 닿는 소리가 나지 않게 한다.
2. 양 무릎을 붙이며 양 엄지발가락을 축으로
   뒤꿈치는 엉덩이가 들어갈 정도로 벌리고,
   발가락을 꺾으며 무릎을 꿇으면, 몸속
   정전기가 빠져나가고 용천혈이 열린다.

- 양발을 붙여 몸이 흔들리면 약간만 벌리고 연습하고, 잘 되면 붙인다. 무릎이나
  발목에서 뚝 하는 소리가 나면, 전신의 힘을 쭉 빼고 무릎을 살짝 굽히면 괜찮아진다.
- 고개를 숙이거나 허리를 구부리지 않는다.
- 무릎이 바닥에 닿을 때 쿵 하는 소리가 나지 않게 한다.
- 발바닥을 바닥에 댄 채로 무릎, 허리, 고개를 구부린 후 발가락을 꺾지 말고, 발가락을
  꺾는 동시에 무릎을 굽혀야 한다.
- 얼굴, 어깨, 허리, 엉덩이가 좌우로 흔들리면 안된다.
- 양 뒤꿈치 사이를 벌리지 않고 붙인 상태에서 엉덩이로 누르면, 엄지발가락과 발바닥,
  발등에 통증이 온다.
- 발을 먼저 포개면 절하는 리듬과 호흡이 깨진다.
- 팔꿈치가 벌어지고 손끝이 아래로 처지면 안된다.

3. 발가락은 방석 끝에 닿을 정도의
   위치에 놓는다.
4. 새끼발가락까지 모든 발가락을
   꺾는다. 이때 발가락 쪽 발바닥이
   바닥에 닿아야 한다.
5. 발목이 꺾이면 발, 발목, 장딴지가
   튼튼해지며 정맥 순환이 좋아진다.

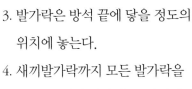

▶효과

발가락의 모세혈관이 열려 혈액순환이 좋아지고 발목이
튼튼해지며, 장딴지의 군살이 빠지고 튼튼해진다. 무릎과 허리,
골반까지 튼튼해지는 효과가 큰 중요한 동작이다. 뇌가 각성되어
머리가 맑고 깨끗해지며, 눈이 시원해지고 눈동자에서 빛이
난다. 무릎을 구부려 기마 자세를 할 때 우주 태양의 기운이
정수리를 통해 몸으로 들어오고, 무릎을 펴고 일어설 때에는
지구 땅의 기운이 용천혈을 통해 단전에 모인다. 신명 나서
노래하고 춤추는 동작을 보면, 무릎을 굽혔다 폈다 하면서
기운을 모으고 올리고 돌리는 걸 볼 수 있다. 절 수행 동작은
그보다 더 완벽하게 기운을 모으고 올리고 내리고 돌린다.

무릎 꿇은 자세에서 바닥에 손 짚기

1. 발가락을 꺾고 허리를 펴고 합장한 자세에서 손과 손 사이는 얼굴 볼 간격으로 벌리며 허리를 구부리고 팔을 쭉 펴 손을 짚는다.
2. 손가락은 가지런히 붙이고 손과 손 사이는 자신의 볼 간격만큼 벌린 상태로 소리 나지 않게 가볍게 짚는다.
3. 손 짚는 위치가 중요한데 양 팔꿈치는 양 무릎 조금 앞에 있어야 하고, 접족례했을 때 손바닥, 손목 부위는 귀 앞에 있어야 한다.
4. 팔꿈치를 구부렸을 때 팔꿈치가 무릎 앞에 오게 손을 짚는다. 손 짚는 위치를 정확히 익힌다.

- 손을 짚을 때 엉덩이를 들지 않는다.
- 손과 손 사이는 너무 벌리거나 서로 붙을 정도로 가까이 하지 않는다.
- 손을 너무 앞으로 멀리 짚고 절하면 허리가 나빠질 수 있다.
- 손을 너무 무릎 가까이 짚으면 가슴을 움츠리게 되어, 폐와 심장과 배에 부담이 간다. 이렇게 절하면 부정적으로 변하고 소심해진다.
- 손을 짚을 때 입이 벌어지지 않게 한다.

손 짚고 앞으로 살짝 나가며 발 포개기

1. 손목이 꺾이며 손등과 팔이 직각이 될 정도까지만 상체를 앞으로 나가면, 손바닥 노궁혈이 열리며 머리, 심장, 폐 즉 횡격막 윗부분의 필요 없이 높던 압력이 떨어진다.
2. 상체가 앞으로 나가며 목, 어깨, 팔, 등허리, 엉덩이, 대퇴부 근육이 풀리며 유연해진다. 상체가 앞으로 나갈 때 목과 고개를 숙이지 않고 반듯하게 서 있을 때의 목과 머리, 상체로 나아간다.
3. 왼발 엄지발가락이 오른쪽 셋째 발가락 쯤에 닿게 가볍게 포갠다.
4. 양 무릎과 양손, 양 어깨와 몸의 무게가 느껴지지 않고 몸이 허공에 떠 있다는 느낌이 들게 한다.

- 상체가 너무 앞으로 나가 손바닥에 무게가 느껴질 정도면 손목이 아플 수 있다.
- 상체가 앞으로 알맞게 나가지 않으면 어깨 굳은 것이 잘 풀리지 않는다.
- 상체가 앞으로 나갈 때 고개를 너무 숙이거나 허리를 꺾고 턱을 쳐들지 않는다.
- 발 포갬 상태가 엉덩이 쪽에서 볼 때, 한쪽으로 치우치면 안된다. 팔꿈치가 구부러진 상태로 바닥을 짚으면 혈압은 점점 올라간다. 저혈압인 경우, 갈수록 혈압이 떨어진다.

엉덩이를 발뒤꿈치에 붙이고 이마를 땅에 대기

1. 엉덩이를 발뒤꿈치에 대면서, 동시에 팔꿈치는 무릎 앞 바닥에 대고
   이마를 바닥에 대면 뇌 속의 정전기가 빠져나간다.
2. 이마를 바닥에 댈 때 목과 어깨를 늘리고 고개를 숙여 이마와 코가
   동시에 바닥에 닿게 하면, 상단전과 중단전 챠크라가 열린다.
3. 손과 팔꿈치는 다리처럼 일직선이 되게 한다.
4. 몸을 최대한 바닥에 낮추고 엉덩이를 뒤꿈치에 대면, 척추가 바르게
   교정되며 척추측만증과 디스크 같은 허리 병이 치유된다.
5. 정수리, 목, 척추, 꼬리뼈가 일직선이 되어야 한다.
6. 힘을 쭉 빼고 가볍게 몸을 접는다.

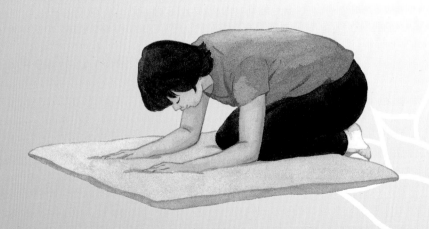

- 팔꿈치를 양옆으로 너무 벌리면, 숨이 거칠어지고 혈압은 올라가며 코막힘 현상이 일어난다.
- 손가락은 벌리지 않고 가지런히 한다.
- 엉덩이를 들지 않는다. 대퇴부가 굵고 단단하게 굳어 있고 배에 지방이 많으면 잘 안될 수 있으나 꾸준히 연습하면 된다.
- 꽉 끼는 옷을 입지 말고 속옷도 허리띠 부분을 느슨하게 한다.
- 이마와 코를 바닥에 대지 않으면, 스트레스로 인한 목 뻣뻣함, 어깨 굳음, 뒷골 당김, 악관절 등이 풀리지 않고 중단전 챠크라가 열리지 않는다.
- 이마를 바닥에 대고 엉덩이를 발뒤꿈치에 댈 때 동시에 하지 않으면, 이마 대면 엉덩이 뜨고 엉덩이 대면 이마가 뜨는 경우 혈압이 올라간다.
- 발가락과 발등만 방석 밖에 있도록 한다.
- 이마, 코, 팔꿈치, 무릎은 바닥에, 엉덩이는 발뒤꿈치에 동시에 닿게 한다.
- 눈을 감지 않는다.

접족례

1. 엉덩이를 뒤꿈치에 대면서 팔꿈치, 팔, 손바닥을 바닥에 대는 순간,
   손바닥을 뒤집어 놓은 상태로 손목 부분이 귀 앞에 놓이게 하고
   손가락은 가지런히 붙인다. 손바닥을 펴고 손목을 꺾으며 손바닥이
   바닥과 수평을 이루게 하는 동시에 이마와 코를 바닥에 댄다.
   공경심으로 손에 마음을 집중하고 알아차림하며 접족례를 한다.

- 손가락을 벌리지 않는다. 특히 엄지손가락을 벌리면 분별심이 많아져 번뇌와 잡생각이
  들끓게 되고 잘난 척하는 아만이 커진다.
- 손바닥 쪽 손목을 꺾으며 접족례하면, 노궁혈이 막혀 남의 말을 잘 듣지 않고
  고집불통이 된다.
- 엉덩이와 고개를 끄덕거리게 되면, 호흡이 부자연스러워지며 숨이 거칠고 숨차게 되며
  상기되고 머리, 얼굴이 붉어진다.
- 손바닥을 의식적으로 오목하게 하지 마라.
- 양 손바닥의 수평 균형을 잘 맞춰야 한다.

28

2. 나를 온전히 낮추고 부처님을 높이 받드는 공경심으로 손등 쪽
   손목을 꺾으며 손을 올리면, 손바닥의 노궁혈이 열리고 혈압은
   떨어지고 심장이 튼튼해지고 가슴이 시원해진다.
3. 눈을 뜨고 미소 지으며 밝은 얼굴로 한다.
4. 손에 마음을 집중해서 천천히 접족례하며, 처음부터 끝까지 온전히
   알아차림하며 절하면 즉석에서 번뇌 망상이 사라지고 마음도
   밝아진다.

- 눈을 감으면 부정적인 잡생각이 많아진다.
- 밝은 얼굴로 미소 짓지 않고 무표정한 얼굴로 하는 접족례는 하심과 공경심이 없는
  형식적인 절이다.
- 숨이 단전으로 내려가지 않고 옆구리로 퍼지면 안된다.
- 접족례 동작에서 코가 막히거나 목줄기가 뻣뻣해지고 혈압이 오르는 느낌이 들면,
  머리를 너무 낮추지 말고 이 동작에서 잠시도 머물지 마라.
- 목이 짧고 허리, 다리가 굵고 단단해서 접족례하기가 힘들면, 엉덩이 대는 것을 주로
  연습해야 한다.

손 짚고 머리 들며 팔꿈치 펴서 앞으로 나가며 발가락 꺾기

접족례 후, 손 짚고 머리 들며 팔꿈치를 펴고 앞으로 나가며
양 엄지발가락은 붙이고 양 뒤꿈치는 벌어지게 하고, 발가락을 꺾고
마음을 발가락에 고정시킨다. 상체가 앞으로 나갈 때 목과 고개를
숙이지 않고 반듯하게 서 있을 때의 목과 머리, 상체로 나아간다.

▶효과

발가락과 발목, 발바닥이
튼튼해지며, 발가락의
모세혈관이 깨끗해지고
정맥 순환이 좋아진다.

- 손목이 꺾여 손등과 팔이 직각을 이룰 정도만 나아가야 하는데, 너무 많이 나가거나
  적게 나가면 숨이 거칠어지고 손목이 아프고 몸이 부자연스러워진다.
- 팔꿈치가 완전히 펴지지 않은 상태에서 몸이 앞으로 나가면 엉덩이는 올라가고 머리,
  얼굴은 내려간다. 혈압이 올라가고 안압이 오르며 코가 막힌다.
- 양 엄지발가락 사이는 벌리고 양 뒤꿈치만 붙이면, 일어섰을 때 발이 팔자가 되며 배에
  힘이 모아지지 않고 시간이 지나면서 힘이 빠진다.

30

엉덩이 집어넣고 허리 세우고 합장

엉덩이를 양 발뒤꿈치 사이에 올려놓고, 무릎 꿇으며 허리를 바르게
펴고 합장한다.

- 손과 팔, 어깨에 힘을 주고 허리 펴는 동작을 먼저 하면, 어깨는 굳어지고 힘이 빠지며
혈압이 오르고 허리와 손목에 무리가 온다.
- 합장하며 솟구치듯이 무릎을 꿇지 않는다.
- 손바닥이나 손끝으로 바닥을 끌지 않는다.
- 양손을 바닥에서 동시에 떼지 않고 한쪽씩 따로 떼면, 어깨의 균형이 무너지며 머리,
척추, 허리, 엉덩이가 비뚤어지며 호흡이 잘 조절되지 않아 숨차게 된다.

탄력으로 일어서기

1. 양 엄지발가락과 뒤꿈치를 붙이고 양 무릎을 붙이며 발가락의
   탄력으로 일어서면, 복잡한 생각들이 사라지고 가슴 답답한
   감정들이 없어진다.
2. 허리, 어깨, 가슴, 얼굴을 펴고 특히 오목가슴을 편다. 오목가슴을
   펴지 않으면 조급증이 와서 자신도 모르게 절을 빨리 하고 빨리
   끝내려 한다.
3. 사두박근, 엉덩이 아래 근육, 괄약근, 아랫배, 치골 부위가
   저절로 조여지며, 배는 들어가고 엉덩이는 올라가며 저절로 단전
   복식호흡이 되어 기운이 모아지고 가슴이 열린다. 다리의 피가 뇌에
   공급되어 의식이 밝아지고 집중력이 높아지며, 의욕을 북돋우는 뇌
   활동으로 도전정신이 강해지고, 용기와 배짱이 생긴다.

- 발가락이 꺾이고 뒤꿈치가 들린 상태로 무릎을 펴고 힘 빼며 가볍게 일어서지 않고
  가슴, 허리, 얼굴을 구부린 채 발바닥을 먼저 바닥에 대고 일어서면 탄력이 사라진다.
  이렇게 하면 억지로 팔꿈치를 쭉 벌리고 일어나게 되어, 숨이 불편해지고 어깨는 굳고
  힘이 빠진다.
- 일어섰을 때 양 엄지, 양 뒤꿈치가 반드시 밀착되어야 한다.
- 일어선 자세에서 배가 너무 앞으로 나가거나, 배에 힘을 주고 단전호흡을 잘 하려고
  의식적으로 노력하면, 배에 복압이 높아지며 들숨이 잘 되지 않는다. 허리가 너무
  구부러지지 않게 한다.
- 힘을 빼고 가볍게 천천히 일어서야 한다.
- 아랫배 단전에 기운이 모이기도 전에 절을 하거나 다음 자세로 넘어가면 안된다.

4. 얼굴을 바르게 하며, 턱을 가슴 쪽으로 약간 당긴다.

5. 발가락, 발목, 무릎, 고관절, 허리, 가슴, 어깨, 얼굴, 미간을 동시에 편다.

6. 엄지발가락의 발달로 설 수 있게 된 인류는 아직도 고개 숙임, 허리 구부림, 팔자걸음 등으로 인해 똑바로 서질 못한다. 엄지발가락에 마음을 집중하고 서면, 정수리에서 발끝까지 균형이 잘 잡혀 바르게 설 수 있다. 새끼발가락에 집중하면 팔자걸음, 긴장, 놀람, 무서움, 두려움 등이 생기고 싫증, 짜증을 자주 내게 된다.

7. 발뒤꿈치 위에 엉덩이가 안정된 상태에서, 힘 빼고 일어나야 바른 자세로 일어서게 된다. 엉덩이와 허리가 좌우로 움직이는 상태로 일어서면 허리, 골반이 삐딱한 상태가 되어 몸의 균형이 흐트러진다.

• 합장한 손을 움직여 턱이나 입, 얼굴 쪽으로 올라가지 않게 한다. 손이 가슴에서 한쪽으로 기울면 안된다.
• 몸을 좌우로 흔들며 일어서지 않는다.
• 고개 숙이고 허리 구부려서 일어서지 말고, 꼿꼿한 자세로 힘을 쭉 빼고 살짝 일어난다.
• 턱을 쳐들면 척추에서 머리로 올라가는 독맥이 막히고, 고개를 너무 숙이면 머리에서 배로 내려오는 임맥이 막힌다.
• 혈압이 올라가는지, 얼굴이 붉어지는지, 눈이 피곤한지, 코가 막히는지, 입술이 타는지, 침이 나오는지 알아차림을 한다.
• 발바닥을 바닥에 먼저 댄 후 허리 구부려 일어서면 힘이 들고 척추, 골반, 어깨가 흔들린다. 발가락이 꺾인 상태에서 힘 빼고 바르게 일어선다.

고두례

절을 마칠 때 접족례한 후 바로 일어서지 않는다. 엎드린 자세에서
머리를 들고 팔꿈치는 바닥에 붙인 채, 합장한 손의 엄지손가락
첫째 마디를 미간 사이 상단전 챠크라에 대고 축원 발원기도 하고
아쉬운 마음을 표하며 다시 접족례를 한다.

- 엉덩이와 팔꿈치를 들지 말고 머리만 들면서 합장한다.
- 저절로 허리가 쭉 펴지고 자동 단전호흡이 된다. 그러나 배에 살이 많고 허벅지, 다리가
  굵으며, 꽉 낀 옷을 입거나 허리띠를 조였으면 복압이 올라가며 상기된다.
- 눈을 감지 않는다.
- 마음을 모으지 않고 형식적으로 고두례 동작을 하지 마라.
- 머리는 맑고 가슴은 시원하며, 어깨는 가볍고 상쾌한 몸 상태가 된다.
- 단전혈이 열리며 자동 단전 복식호흡이 저절로 된다.
- 아랫배의 막히고 꼬인 곳이 뚫려, 기혈 순환이 좋아지며 나쁜 에너지는 빠져나간다.
- 가벼운 허리 병 정도는 즉석에서 치유될 수 있다.
- 거친 숨소리가 나지 않도록 하고 혀는 입천장에 말아 붙인다.
- 정신집중이 잘되어 또렷하고 맑을 때는 눈을 감고 하는 것이 좋으나 잡념 망상이 일면
  반개하며 산만해짐을 막아야 한다.
- 자동 단전호흡이 되어야 하는데 숨이 가슴, 어깨, 옆구리, 명치로 쉬어지면 자세를

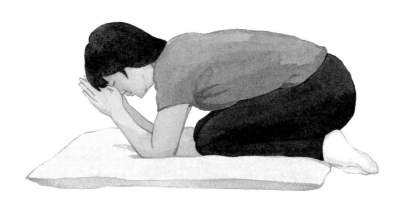

바르게 하고 전신의 힘을 빼라.

- 코 막힘, 목이 뻣뻣해짐, 심장 뜀이 심하면 고두례하지 말고 앉아 있든지 일어서라.
- 절 수행 기도 중에 백일기도가 끝날 때쯤 우환이나 재앙이 와서 기도가 깨졌다든가, 일생 부처님 가피를 한 번도 못 받았다는 상담을 받곤 한다. 절 수행이란 잠재의식의 깊은 곳에 있는 업장을 올라오게 하여 소멸시키는 수행인데, 올라온 업장이 소멸되기 전에 그만두게 되어 현실 업장이 된 경우이다. 마지막 기도를 하여 소멸시킬 것은 다 소멸시키고 가라앉힐 업장은 다 가라앉힌 후에 절 수행을 마쳐야 한다. 업장이 가라앉은 증거는 호흡이 고요한가를 보고 판단할 수 있으며, 정신이 맑고 온몸이 가뿐하고 밝은 미소가 되어 있는지 보면 된다.
- 고두례 자세나 기도 자세에서 손이 바닥에 닿고 얼굴이 손 위에 있으면 코가 막혀 맹맹해지며 혈압이 오르고 상기되어 화내고 있는 것과 같다.절 수행 마무리가 잘못된 경우이다.

고두례의 중요성

절하면서 급한 마음에 자꾸 시간을 확인하거나 절을 끝내면서 서둘러
사라지는 모습을 자주 본다. 고두례하면 복식호흡이 자연스러워지며,
모든 챠크라가 열려 호흡이 더 깊어지고 고요해진다. 숨이 감각적으로
사라지기도 한다. 이때는 하단전에 모인 기운이 척추에 새로운 기운을
공급하여 척수, 뇌수의 순환이 좋아지는 중요한 순간이다. 머리의 더운
기운, 정신적 노폐물이 빠져나가며 정신은 맑고 편안해지며 대긍정의
상태가 된다. 이렇게 고요하고 평화롭게 맑고 밝은 마음으로 기도하면,
온몸과 마음이 기도를 이루어낸다. 이때 부처님의 크신 은혜 가피지
묘력이 있게 되어 확실한 기도가 된다.

절을 마치며 기도하는 자세

1. 마지막 절과 고두례를 한 후 합장한 상태에서 팔꿈치를 무릎 앞
   15~29cm쯤 내밀어, 척추가 쭉 펴지고 얼굴이 약간 들린 상태가
   되게 한다.
2. 무릎 사이를 20cm쯤 벌리고 단전 복식호흡이 저절로 잘 되게 한다.
3. 전신의 힘을 쭉 뺀다.
4. 입으로 숨을 길게 내쉰다. (1번)
5. 눈을 감고 얼굴을 밝게 미소 지으며 혀를 입천장에 말아 붙인다.
6. 코로 숨이 들어와 단전호흡이 저절로 될 때 마음속으로 '부처님'
   한다.
7. 코로 숨이 저절로 나갈 때 마음속으로 '고맙습니다' 한다.
8. 6~7 까지 '부처님 고맙습니다' (30회)
9. 자신의 축원 발원기도를 현재 완료형으로 한 가지만 간단명료하게
   하고, 이루어진 이미지를 마음속으로 선명하게 그린다.

▶효과

고마움과 감사가 넘치며 긍정적이고 밝은
마음이 되는 수승한 기도 성취의 비밀이다.
절 수행할 때보다 숨이 더 잘 내려가고
안정적이며, 상단전, 중단전, 명치, 단전
등이 완벽하게 열린다.

흡흡호 호흡법

연속 동작을 하며 하는 호흡법이 아니다. 절하면서, 운동하면서, 일하면서 완벽하게 호흡할 수 있는 사람은 절대 없다. 건강한 호흡을 위한 자연스런 자동 단전 복식호흡이 되게 하기 위해 몸을 정화하고, 나쁜 것 빼 버리고, 막히고 꼬이고 틀린 것을 뚫어 주고 열어 주는 방법이다.

흡흡호 호흡법 중 가장 완벽하게 해야 하는 것이 기마 자세로 무릎 꿇으며 저절로 복식호흡이 되는 것이다. 중요한 경우라서 분명히 알리기 위해 호흡법을 설명하는 것이다. 흡흡호 호흡법은 일어설 때 흡, 무릎 꿇을 때 흡, 접족례의 호가 절 수행에서 자동 단전 복식호흡이 저절로 되게 하는 것으로 아주 중요하다.

흡-들숨

합장하고 일어서며 완벽한 자세를 하면 허리, 어깨, 가슴이 쭉 펴지며 턱은 당겨지고 배는 들어간다. 엉덩이는 올려 붙고 괄약근, 사두박근, 엉덩이 아래, 아랫배는 살짝 저절로 조여진다. 자동 단전 복식호흡이 됨을 알아차리며 힘을 쭉 빼고 호흡을 살피면, 참으로 고요한 숨을 알게

깨 달 은

된다. 마음을 꿰뚫어 보면 잡생각이 딱 끊어져, 텅텅 빈 광대한 밝은 마음이 된다. 잠시 동작을 멈추면 단전에 기운이 저절로 모아진다.

흡-들숨

선 자세에서 힘을 쭉 빼고 입을 다물고 바른 자세로 살짝 무릎을 꿇으면 저절로 단전 복식호흡이 된다. 절 수행 교육에서 제일 힘든 부분이고 잘 안되는 수행자들도 많지만, 그럼에도 절대 포기할 수 없는 참으로 중요한 수행이다.

팔굽혀펴기 운동을 해 보면 팔을 굽힐 때 숨이 나가는 사람이 있는 반면 들어오는 사람도 있다. 무릎 꿇을 때도 마찬가지로 숨이 저절로 단전 복식호흡이 되어야 하는데 이때 숨이 나가는 수행자가 있다. 또 숨을 들이쉬긴 하지만 가슴, 어깨로 들이쉬는 수행자가 있는데 둘 다 역호흡하는 것이다. 상기되고, 어깨 굳고, 목 뻣뻣, 가스 차는 이 역호흡 때문에 숨차고 헐떡거리며, 가슴이 답답하고 혈압이 올라가며 얼굴이 붉어지는 등 별의별 현상이 다 일어난다. 다 건강을 해치는 병적인 현상으로, 인간의 삶에서 가장 나쁜 병과 불행이 시작되는 순간이다.

허리, 어깨, 가슴을 쫙 펴고 전신의 힘을 쭉 빼고, 턱을 들지 말고 허리 구부러지지 않게 팔꿈치와 무릎을 벌리지 않고 무릎 꿇으면 된다.

호-날숨

접족례하며 입으로 가늘게 내뱉고(3초) 자연스럽게 저절로 숨이 나가도록 입 벌린 상태로 손 짚고 나가고 합장하며 입을 다문다. 이렇게 해야 정신이 맑아지고 집중력과 알아차림이 수승해진다. 잡념, 망상, 노폐물, 독소, 가스 등이 싹 빠져나간다는 의념을 갖고, 입술에서의 느낌은 숨소리를 관하면 된다.

이 훈련이 잘 되면 저절로 되는데, 잘 안될 때는 무시하고 절 동작을 완벽하게 하라. 날숨을 너무 길게 내쉬면 이것 또한 혈압이 올라가고 횡격막, 가슴, 어깨, 목이 뻣뻣해진다. 특히 들숨을 역호흡한 수행자가 날숨을 연습하면 뜻대로 잘 안된다. 안된다는 부정적인 생각이 계속 일어나면 갈수록 더 잘 안되니 역호흡을 빨리 고치고 바꾸어야 한다. 인류는 역호흡으로 인해 생명 뇌의 자율신경이 무너지며 병, 불행, 성냄이 끝없이 창조된다.

◉ 주의
- 코에 이상이 있거나 입 벌리고 숨 쉬는 습관이 있거나, 어깨나 가슴을 들먹거리며 숨을 역으로 쉬는 수행자는 들숨 호흡법을 하지 말고 완벽하게 될 때까지 동작만 연습한다.
- 저절로 호흡법이 되어야지, 의식적으로 연습을 하면 숨이 차고 가슴이 답답해진다.
- 팔꿈치를 벌려 쳐들거나 턱을 들고 허리를 구부리고 힘을 주며 일어서거나 숨을 가슴으로 들이쉬면 안된다.
- 단전 아랫배로 숨을 들이쉬려고, 의식적으로 마음을 단전에 집중하고 길게 깊이 들이쉬면 안된다.
- 중단전 챠크라가 막혔는데 억지로 숨을 깊이 들이쉬거나 아랫배로 끌어당기면 옆구리가 땡기거나, 명치 부위가 아프거나 답답하고, 갈비 부위가 뜨끔거리며 통증이 이어진다. 또 얼굴이 노래지고 붉어지고 검어지며, 호흡이 나빠지게 된다.
- 날숨 연습 시 무릎 꿇는 자세에서 손 짚고 앞으로 살짝 나가면서 발 포개고 이마를 땅에 대는 동시에 엉덩이를 뒤꿈치에 닿게 몸을 낮추어 접는다. 접족례를 올리고 다시 손 짚고 앞으로 나가면서 발가락을 꺾고 엉덩이를 집어넣고 합장하는 자세와 동작이

깨 달 은

자연스럽고 리드미컬하게 될 때까지 연습을 많이 한다.

- 숨은 뱉는 타임이 중요한데 이마가 바닥에 닿기 직전(15cm)에서부터 입으로 숨을 내쉬고(3초), 입이 벌어진 상태로 나머지 숨이 저절로 나가게 접족례를 하고, 무릎 꿇고 허리를 펴고 입을 다뭄과 동시에 합장한다. 완벽한 동작으로 절을 해 보면 저절로 되니 연습하지 말고 지켜보라.

- 동작이 저절로 완벽하게 되지 않고 자세가 좋지 않은 상태로 호흡 대입 연습을 하지 마라. 동작과 자세가 좋지 않고 숨을 거꾸로 쉬는 수행자는 아무리 노력해도 숨이 정확하게 대입되지 않는다.

- 숨이 차고 헐떡거리며 심장박동이 빨라지면, 서 있는 상태에서 힘을 쭉 빼고 털끝 하나 움직이지 않게 하고 미소 지으며 잠시 기다린다.

호흡법의 효과

1. 폐와 기관지가 건강해지며 폐의 노폐물이 빠져나가 폐가 깨끗해진다. 폐가 깨끗해졌다는 증거가 파란 입술이 빨간 윤기 나는 입술로 변한 것이다.

2. 평소 절을 많이 하여 폐가 정화된 수행자는 108배를 2~3회 정도 해도 숨차거나 헐떡거리거나 맥박이 빨라지지 않는다. 이렇게 들숨은 깊어지고 날숨은 길어지면서 숨차지 않는 것이 심신 건강에 효과가 크고, 절 삼매를 이루는 데도 더욱 효과적이다.

3. 발끝부터 머리, 손끝까지 관절, 근육, 신경 등이 좌우대칭이 되어 전체적으로 움직여 줌으로써 혈액순환, 림프순환, 기운 순환, 뇌척수 순환이 좋아진다. 산소공급, 영양공급이 잘되어서 지방의 분해가 많아져, 비만 중 가장 나쁜 뱃살과 허리 살이 집중적으로 빠진다.

4. 숨차고 헐떡거리며 맥박이 빨라질 때에는 공격 호르몬인 아드레날린

깨 달 은

이 나와 화가 난 상태와 같다. 자동 단전 복식호흡법으로 절하면 저절로 복식호흡이 되고 날숨이 길어져, 엔돌핀과 쾌락 호르몬인 도파민, 다이놀핀 등이 나와 기분이 상쾌해지고 행복 호르몬인 세로토닌이 나온다. 이런 호르몬이 에너지로 바뀔 때 알파파라는 뇌파가 형성되어, 번뇌 망상이 가라앉아 마음이 고요해지고 맑아지고 밝아진다.

5. 수승화강, 두한족열이 저절로 되어 손, 발, 배, 무릎, 허리, 다리 등은 따뜻해지고 눈, 이마, 얼굴, 머리 등은 시원해진다. 실제로 108배만 하여도 정수리에서 시원한 바람이 나오고, 입안에 달콤하고 청량한 침이 나와 몸이 부드러워지고 활력이 넘치게 된다.

6. 저절로 복식 단전호흡이 되어 우주 태양의 기운과 지구 땅의 기운이 온몸에 가득 채워지며, 몸에 있는 나쁜 기운은 저절로 빠져나가고 용기, 배짱, 뱃심, 허릿심이 좋아진다. 신장, 방광 등이 건강해진다.

7. 머리 복잡하고 골치 아프고 가슴 답답하고 어깨가 짓눌리듯 무겁고, 전신에 힘이 없어 무기력하고 얼굴에 열이 나고 혈압이 높고 눈이 침침한 증세가 짧은 순간에 치유된다. 그리고 피곤한 증세, 감기 몸살, 불면증, 허리병, 무릎병, 위장병, 화병, 상기병, 변비, 비만 등도 쉽게 치유된다.

8. 절 잘못하면 피곤하고 기운 없고 몸살 나는 것은 우주의 기와 산소 공

급이 온몸에 제대로 안되어서, 지방이 에너지로 바뀌지 못해 당분이 소모되어 피로 물질인 젖산이 되기 때문이다. 이 피로 물질인 젖산을 분해하는 것이 산소이다. 호흡에 맞춰 절을 잘하면 생생해지고 피로도 없어지고 건강해지므로, 절 수행은 최고의 예방의학 운동 건강법이다.

9. 숨을 거꾸로 들이쉬면 기관지, 폐, 가슴, 횡격막, 등허리, 어깨가 굳고 경직되고 긴장이 된다. 폐와 동맥에 독소 가스가 있어 폐가 좋지 않고 들숨이 잘 안되는 사람들은 슬픔과 우울증과 눈물이 많은 업장을 창조한다. 이때, 절을 완벽하게 하여 폐가 건강해지면 이런 업장이 사라진다. 폐가 깨끗이 정화되어 폐에서 담배 니코틴이나 오염된 공기를 거부하게 되며 담배를 끊게 될 확률이 높다. 법왕정사 3000배 현장에서 보면, 호흡에 맞춰 절하는 수행으로 폐에서 담배 냄새가 빠져나오는데, 누구도 못 견딜 정도로 냄새가 지독하다. 본인이 제일 힘들어하며 결국 100% 담배를 끊게 된다. 담배를 피우면서 무슨 수행자라고 할 수 있겠는가?

10. 스트레스 받아 피곤하고 힘들고 정신이 멍하면, 일어설 때 자동 들숨하고 무릎 꿇으면서 자동 들숨한다. 접족례하며 숨을 내쉬고 바르게 서면, 저절로 복식 단전호흡이 된다. 바로 눈이 시원해지고 머리가 맑아지며 기운이 솟는다. 절 수행은 스트레스 해소의 왕이며 심신치유 예방의학이다.

깨 달 은

11. 양발을 완벽하게 붙이고 허리, 어깨, 가슴을 쭉 펴고 얼굴을 밝게 미소 지으며 바르게 서서 합장하였을 때 괄약근, 사두박근, 엉덩이 아래 근육, 아랫배 치골 주변 근육이 저절로 조여진다. 자동으로 복식단전호흡이 되며 수승화강이 되고 두한족열이 된다. 배의 부교감신경 작동에 의해 가슴과 얼굴, 머리의 흥분은 저절로 가라앉고 몸과 마음이 고요하고 평온해진다. 이런 현상을 총체적으로 감지할 수 있는 게 입안의 감로침이다. 눈이 침침하고 코가 마르고 입술이 트고 정신이 흐리면, 숨 처리를 잘못해 상기된다. 이렇게 몸의 동작 자세를 완벽하게 하면, 흡흡호 호흡법은 저절로 된다.

호흡법도 중요하지만, 자세 동작을 잘하면 저절로 되니 중요한 것은 절 수행 동작이다. 그러니 호흡은 신경 쓰지 말고 표정, 자세, 동작을 더 정확하게 하며 다음 단계 즉 숫자 대입 → '부처님 고맙습니다' 대입 → 깨달은 절 수행으로 넘어가면 완벽한 절 수행이 된다. 호흡법에서 가장 중요한 것은 날숨이다. 날숨이 완벽해야 디톡스가 되고 들숨이 저절로 완벽하게 되며, 호흡의 고요, 몸의 고요를 체험하게 된다. 우주 태양과 지구 땅의 에너지가 몸에 꽉 차야 찬란한 광명이 일어나며, 호흡 초월, 몸 초월의 지켜봄 알아차림 삼매가 온다.

역호흡

들숨을 자동 단전 복식호흡하지 않고 가슴 어깨로 들어마시어, 횡격막이 내려가야 하는데 올라가는 호흡이다. 이때 날숨을 하여도 횡격막은 올라 붙은 상태 그대로 있으면서 폐, 기관지, 횡격막, 가슴, 명치, 복직근, 갈비뼈 양옆은 경직된다. 이산화탄소가 잘 빠져나가지 못하니 숨이 거칠고, 계속 이런 현상이 일어나니 가슴이 답답하다. 결국 여름엔 화병이 되고 봄가을엔 상기병이 되고 겨울엔 냉병이 된다. 모든 운동은 역호흡을 하게 된다. 절 수행도 빨리 해서 숨이 차면 역호흡이 되니, 완벽한 자세로 절을 해야 한다.

소화불량 느낌일 때 탄산음료 마시지 말고, 머리 뜨겁고 피곤할 때 커피, 카페인 음료 등을 마시지 마라. 생명 뇌의 자율신경이 무너져 교감신경은 심장을 더 뛰게 하고 숨을 더 거칠게 한다. 가슴이 벌렁벌렁하며 터질 것 같고 상기되어, 머리는 뜨겁고 골치 아프고 눈은 침침하고 안구는 건조해지고 시력은 떨어진다. 코는 비염과 축농증에 걸려 코막힘이 생기고 입으로 숨 쉬게 되고 입술, 잇몸, 혀에 이상이 온다. 목, 가슴, 어깨, 등허리, 명치는 화병이 되고 배, 허리, 아랫도리, 다리, 무릎,

깨 달 은

발 등이 혈액순환, 림프순환, 기 순환이 잘되지 않아 차가워져 냉병이
된다. 또 소화가 안되니 에너지를 만들지 못해, 힘이 없고 배설도 안되
어 변비 등 갖가지 병에 걸린다.

머리는 뜨거우면 병이고 가슴, 폐는 너무 뜨겁거나 차가우면 병이 되
고 배, 허리, 엉덩이, 다리, 무릎, 손, 발은 차가우면 병이 된다. 역호흡
은 어릴 적 초기엔 잘 고쳐지지만, 무의식중에 하는 역호흡은 참으로 고
치기 힘들다. 역호흡으로 수행을 하면 할수록, 건강하려고 노력하면 할
수록 결과적으로 더 나빠진다. 단전호흡 수련원 등에서 이런 호흡을 고
쳐 준다고 많은 액수의 돈을 요구하며 힘든 사람들을 괴롭히는 경우를
많이 보았다. 특히 자신도 역호흡 상기병자이면서, 치료한다고 거짓말
하는 사람들도 많이 보았다.

역호흡의 인상착의

자라목, 키어깨, 등허리 구부러짐, 팔자걸음, 허리와 무릎과 손가락 마
디 발가락 마디 검은색, 무릎 들린 원숭이 자세, 위 배 명치 딱딱함, 입
벌린 바보 같은 얼굴, 신경질적이고 부정적이며 겁먹은 얼굴, 얼굴 붉
고 혈압 높으며 노폐물 독소 가스 많은 사람.

역호흡되는 경로

1. 입 벌리고 숨 쉬면 무서운 꿈을 꿀 때 역호흡이 되며 온몸과 마음이
   긴장된다.
2. 컴퓨터, 스마트폰, 운전, 공부할 때 자세를 구부리면 무의식중에 숨

을 멈추기도 한다. 이때 숨 쉬지 않는 것 같으나 역호흡하고 있다.

3. 운동, 등산 중 숨차고 헐떡거리면 100% 역호흡이다.

4. 복압, 쪼그리고 앉아 일하기, 변비로 힘 주기, 남성들 소변이 잘 안 나올 때 배에 힘 주기를 하면, 결국엔 숨이 차서 위로 올라가 역호흡이 된다.

5. 염불, 독경, 다라니, 노래할 때 어깨와 가슴을 들썩이며 거친 숨소리가 나는 게 역호흡이다. 구부정하게 삐딱한 자세로 참선 명상하며 졸면 역호흡 된다.

6. 피곤한 상태로, 빈속에 사우나탕에서 구부정하게 앉아 있으면 역호흡 되며, 가슴이 답답해지고 혈압이 올라가 얼굴이 붉어진다.

역호흡 교정 되는 법

1. 깨달은 절을 하고 바르게 선 합장 자세로 힘을 쭉 빼고, 잘하려는 마음, 고치려는 마음, 안된다는 마음 등을 내려놓는다. 숨을 무시한 채 그냥 있으면 저절로 된다. 절할 때마다 실천하라.

2. 고두례 자세에서 바지 허리띠, 팬티 고무줄을 느슨하게 하고 전신의 힘을 쭉 빼고 혀를 입천장에 말아 붙인다. 아무 생각도 하지 말고, 어떤 의도도 일으키지 말고, 힘을 쭉 빼고 그냥 다 내려놓으면 저절로 된다.

3. 와선 자세 중 코선을 하면 저절로 역호흡이 교정된다. 청소년 수련을 해 보면 숨이 불편해서 코선 비슷한 자세로 잠자는 학생을 많이 보게 된다. 숨이 불편하고 가슴이 답답해지면, 반듯이 누워지지 않아 자신

깨 달 은

도 모르게 옆으로 눕거나 뒤척이게 되는데, 와선 자세로 하면 저절로 숨이 아랫배로 내려간다.

4. 무릎 꿇고 허리, 어깨, 가슴 펴고 부처님처럼 미소 짓는 얼굴로 전신의 힘을 쭉 뺀다. 호흡을 절대 의식하지 말고 가만히 있으면 저절로 된다.

5. 마루 끝에 누워 대퇴부를 마루 끝선에 반쯤 걸치고 전신의 힘을 쭉 뺀다. 가슴, 명치, 어깨, 허리, 골반, 배, 대퇴부가 쭉 펴지면서 저절로 된다.(10분)

숫자 대입법

절 수행 동작을 배우고 저절로 몸동작이 되면, 숫자 대입으로 마음을 모아야 한다.

1. 양발 끝을 모으고 서 있는 자세에서 무릎을 꿇으며 마음을 발끝에 모으고 마음속으로 '하나'

2. 접족례하고 무릎 꿇으며 발가락 꺾고 발가락에 마음을 모으고 마음속으로 '하나'

3. 일어서며 양발을 붙이고 발에 마음을 모으고 '하나', 절 한 번에 숫자를 3번 대입하며 108회까지 한다.

4. 숫자 세기에서 하나, 둘, 셋이 잘 안되고 또렷하지 않으면 아라비아 숫자로 1, 2, 3을 그림으로 떠올리며 일,이,삼 하면 된다.

5. 계수기는 합장이 잘 안되고 고두례도 이상하게 되고 집중력 향상이 안되니, 가능하면 하지 않는게 좋다.

1080배 할 때는 108배를 1회 하고 왼쪽 눈썹에 표시, 108배 2회 오른

깨 달 은

쪽 눈썹, 108배 3회 왼쪽 눈, 108배 4회 오른쪽 눈, 108배 5회 왼쪽 귀, 108배 6회 오른쪽 귀, 108배 7회 코, 108배 8회 입, 108배 9회 턱, 108배 10회 얼굴에 대입하여 실천하면 집중력이 향상된다. 3000배 할 때는 1000배 얼굴과 머리, 2000배 가슴, 3000배 배와 하체에 대입하면 된다.

▶효과

절 수행을 하면 마음은 자꾸 몸 밖으로 빠져나가서, 몸은 절하면서 몸의 주인인 마음은 돌아다니게 되는 경우가 많다. 절 동작에 숫자를 대입하여 몸과 마음을 하나로 묶어야 한다. 절을 해 보면 잘 안되고, 힘들고, 피곤하고, 어딘가가 꼭 아프고, 하기 싫고, 쉬고 싶고, 무언가 먹고 싶고 부정적 마음이 자꾸 일어나 효과가 떨어지게 된다.
이런 마음은 생명 뇌에서 일어나는 부정적인 기억의 무의식으로, 환이며 착각임을 깨달아야 한다. 속지 마라. 놀라지 마라. 두려워 말고 부처님처럼 미소 지으며 알아차리면 된다.
지속적인 반복동작에 숫자를 3번 대입하여 집중력이 좋아지고 절 수행 동작도 아주 잘되며, 또렷또렷하게 절하게 되면 기분 좋은 상쾌한 체험을 하게 된다.

절 수행 동작 알아차림

절 수행의 숫자 대입 단계를 지나 시간을 정해 놓고 온몸의 표정과 움직임을 알아차리며 집중력을 기르고, 자신의 몸과 마음을 철저히 알아 가는 수행 중 가장 중요한 공부이다. 천천히 절하며 발끝에서 손끝, 머리끝까지 한동작 한동작 찰나찰나 순간순간을 온 마음과 정신을 다해 미세한 부분까지 알아차림하며 절한다. 의식이 확 밝아짐을 체험하게 되며 밝은 의식으로 절하게 된다.

1. 서 있는 자세에서 전신의 힘을 쭉 빼고, 밝고 웃는 얼굴로 털끝 하나 움직이지 않게 하고 전신을 알아차림한다.

2. 무릎을 꿇으며 무릎 꿇는 동작을 알아차리며 마음속으로 '무릎 꿇고' 한다.

3. 앞으로 나가며 마음속으로 '나가고' 한다.

깨 달 은

4. 들어가며 마음속으로 '들어가고' 한다.

5. 접족례를 하며 마음속으로 '접족례' 한다.

6. 손 짚고 나가며 마음속으로 '나가고' 한다.

7. 들어가고 합장하며 마음속으로 '합장' 한다.

8. 엄지발가락에 마음 집중하고 일어서며 마음속으로 '일어서기' 한다.

9. 허리, 어깨, 가슴을 펴며 엉덩이 아랫부분 괄약근, 사두박근, 치골 부위 아랫배가 저절로 조여지는지 알아차림한다. 입꼬리가 올라가는지, 부처님처럼 아름답게 미소 짓는지, 눈동자도 웃고 있는지 또한 알아차림하지 않고 번뇌 망상에 빠져 있는지 알아차린다.

▶효과

평화롭고 평온하다가도 절 수행만 하면 번뇌 망상이 들끓는 것을 알게 된다. 수행하지 않을 때는 알아차리지 못해서 그렇지, 실은 평소에 더 번뇌 망상이 많고 마음이 자꾸 과거, 미래, 전생으로 돌아다니며 부정적인 생각을 많이 한다. 이런 것들이 절 수행 알아차림으로 저절로 업장소멸 정화된다. 알아차리며 마음을 집중하다 보면 몸이 보내는 미세한 신호도 바라볼 수 있게 되어, 몸과 소통하고 대화하게 된다.

절 수행 알아차림은 행선, 위빠사나보다 효과가 훨씬 뛰어나다. 위빠사나를 공부하려면 절 수행 알아차림을 완벽하게 병행해야 몸과 마음이 건강해진다. 생각이 너무 많아 머리가 복잡하고 눈이 피곤하면, 마음을 발에 강력하게 집중하라. 특히 발가락 꺾고 합장하고 일어설 때, 일어서서 다시 무릎 꿇으며 발가락 꺾을 때, 발 포갤 때 마음을 발에 모아 보면, 발이 따뜻해지며 머리, 얼굴, 눈, 가슴이 바로 시원해진다. 이게 바로 두한족열이다. 머리 뜨거우면 발은 차갑고 머리 시원하면 발은 따뜻하다.

깨 달 은

부처님 감사 염송법

절 수행 동작을 완벽하게 하고 숫자 대입을 지나 동작 알아차림을 한 후, 한 단계 더 집중하여 높은 정신세계를 향해 자신을 멋지게 다스리는 단계이다. 부처님처럼 아름답게 미소 짓고 부처님을 공경하고 찬탄하며, 지극정성으로 감사의 절을 올리는 가장 완벽한 긍정의 절이다. 내 마음속 부처님과 똑같이 마음속에서 부처님 같은 마음이 나오게 하는 참으로 거룩한 방법이다. 동전이나 쌓으며 하는 절이나 시계를 연신 보면서 하는 지루한 절 수행과는 비교가 안된다.

1. 발을 모으고 서 있는 자세에서 자신의 온몸을 관하고 알아차리며 마음속으로 '부처님 고맙습니다'
2. 부처님처럼 미소 지으며 무릎 꿇고, 무릎 꿇는 동작을 알아차리며 마음속으로 '부처님 고맙습니다'
3. 손 짚고 앞으로 나가고 알아차리며, 마음속으로 '부처님 고맙습니다'
4. 접족례하며 자신을 한없이 낮추고, 참으로 거룩한 접족례 모습을 알아차리며 마음속으로 '부처님 고맙습니다'

5. 앞으로 나가고 알아차리며 마음속으로 '부처님 고맙습니다'

6. 합장하고 알아차리며 마음속으로 '부처님 고맙습니다'

7. 발끝에 마음을 모으고 일어서며 마음속으로 '부처님 크신 은혜 고맙습니다' 하고 일어서면 저절로 복식 단전호흡이 된다. 부처님처럼 아름다운 미소로 부처님을 공경, 찬탄, 감사하는 마음으로 바라보고, 잡생각이 딱 끊어진 텅텅 빈 허공 같은 상태로 전신의 힘을 쭉 빼고 털끝 하나 움직이지 않게 선다.

▶ 효과

최상승의 완벽한 절 수행으로, 마음이 찬란하게 밝아지고 행복지수가 엄청 높아진다. 얼굴, 입꼬리, 눈동자는 언제나 아름답게 미소 띤 아주 맑고 밝은 생생한 모습이고, 온몸은 깨끗하고 건강해진다.

1. 깨달으신 부처님께 '부처님 고맙습니다' '부처님 크신 은혜 고맙습니다' 염송하면 우주법계의 모든 부처님이 연결되어 있다는 사실을 깨닫게 되고, 부처님은 이 법계의 핵심을 깨달으신 분이란 사실을 알게 된다. 모든 부처님의 은혜로 존재한다는 사실을 깨닫게 되고, 부처님 깨달음의 에너지가 내 마음속에 강력하게 모인다.

2. 우주법계의 모든 부처님께 '부처님 고맙습니다' 염송하면 우주법계의 부처님 기운이 내 몸속에 모인다.

3. 자신의 몸과 마음을 지켜봄 알아차림하여 자성불께 '부처님 고맙습니다' 염송하면 자신이 본래 부처라는 믿음과 존재감에 강한 확신을 갖

게 된다.

4. 만 생명 모두 다 본래 부처라는 의식이 확장된다.

5. '부처님 고맙습니다' 하며 지켜봄 알아차림을 또렷하게 해야, 순수의
식, 참마음, 불성을 알게 된다.

6. 순수의식, 참마음, 불성으로 '부처님 고맙습니다'를 염송하는 지켜봄
알아차림이 진짜 '부처님 고맙습니다' 이다.

7. 우주법계의 모든 부처님, 깨달으신 부처님과 내 마음의 참마음 부처
님께, 나의 몸과 마음을 완전히 낮추고 최고 최상의 공경과 찬탄을
하며 간절하고 지극한 정성으로 절을 한다. 이러한 무량공덕이 깨달
은 절 수행을 할 수 있는 조건이다.

8. 성철 큰스님, 성수 큰스님, 서돈각 박사님의 절하시는 모습을 뵈면
부처님 공경, 찬탄, 고마움의 감사, 만 중생 모두를 사랑하는 마음으
로 가득 차 있다. 참으로 행복한 모습으로, 고요하고, 평화롭고, 진지
하게 지극정성으로 절하시는 모습을 보며 흠모했었다. 절을 아주 많
이 하고난 후 먼 훗날이 되어서야, 깨달으신 분들께서 거룩하고 성스
러움으로, 만 중생을 위해 절하신 걸 알게 되었다.

◉ 주의

이 좋은 절 수행도 잘되기 시작하면 각성하여 알아차림 안하고 절하며, 건성으로
입술로만 '부처님 고맙습니다' 하고 형식적으로 하는 경우를 많이 보았다. 절하면서
부정적인 마음에 빠진 수행자는 뒷모습에서도 알 수 있다. 입꼬리 귀에 걸고, 미소 짓는
얼굴과 웃는 눈동자를 끊임없이 유지하며 알아차림으로 절해야 한다.

절하면 참 좋은 시간

아침 5시~7시

밤새 잠을 자는 동안 숨은 얕게 쉬고 심장이 약하게 뛰어 혈액순환, 림프순환, 기 순환이 잘 안되고 특히 아랫배, 다리, 발, 팔, 손 등에 노폐물과 독소 가스가 쌓여 있는 시간이다. 또한 입 벌리고 입으로 숨 쉬어 먼지, 세균, 병균, 찬바람이 들어오며 순환이 더 나빠지고, 베개 높이가 잘 맞지 않아 목, 어깨, 팔, 다리 등이 저리다. 저리고 아프고 차가운 곳을 풀고 뚫어야 우주 태양, 지구 땅의 새 기운을 받아들이고, 몸의 온도를 높여 몸은 가볍고 상쾌하게 마음은 맑고 밝게 할 수 있다.

기상하기 전, 자신의 숨이 거칠면 꿈꾸면서 거꾸로 숨을 쉬어 그런 것이다. 발에 집중하여 숨을 내리고 차가워진 배가 따뜻해지게 절을 해야 한다.

저녁 9시~10시 30분

스트레스와 피로를 풀고 마음 감정 응어리를 날려 버리고 노폐물, 독소, 가스, 부정적 생각, 나쁜 습관, 고민, 근심, 걱정, 불안, 두려움 등

깨 달 은

부정적 에너지를 다 빼 버리고 내려놓아야 한다. 상, 중, 하단전 챠크라를 열고 자야 숙면을 취할 수 있고 멜라토닌 호르몬이 쏟아진다. 그래야 성장호르몬 등이 나와 건강한 삶을 살 수 있다. 최근 불면증으로 깊은 잠을 못자고 설치며, 코를 골면서 무호흡증으로 고생하는 사람들이 많다. 잠을 자도 밤새 악몽에 시달리거나 이를 갈고, 실컷 자도 피곤하고 생기가 나지 않는다. 인류는 잠자면서 망가진다. 잠을 잘 자기 위해서는 꼭 깨달은 절을 해야 한다.

깨달은 절 수행을 하면, 몸과 마음이 잘 이완되어 편안한 잠을 잘 수 있다. 절하며 땀 흘리고 샤워한 후, 반듯이 누워 아름답게 미소 지으며 자신에게 고맙다고 하면, 깊은 잠에 빠진다. 아침에 일어나면 눈이 확 떠지고 정신이 맑아짐을 체험하게 된다.

2
깨달은 절 수행

완벽한 자세로 일어서서 미소 지으며 속으로 '나는 본래 부처인

나다'(3회) 지켜봄 알아차림한다. 이렇게 절을 하고 서서

잡생각이 딱 끊어지고 머리가 깨끗하고 고요하면, 염송하지

말고 얼굴, 머리, 목, 어깨, 온몸의 힘을 살짝 빼고 미소 짓는다.

훨씬 더 밝아진 마음으로 자신의 몸과 마음의 허공처럼 텅텅 빈

깨끗한 고요를 지켜봄 알아차림하고 다시 절하라.

절하고 염송하며 언제나 지켜봄 알아차림이 또렷하게 저절로

되어 성성적적해야 한다. 가장 완벽한 깨달은 절 수행은 완벽한

미소, 밝은 표정, 자세, 호흡법으로 절하는 것이다. 자신을

철저히 낮추고 공경, 감사의 몸과 마음으로 절하며, 마음속으로

'나는 본래 부처인 나다'를 염송하며 지켜봄 알아차림이 저절로

됨이다.

깨달을 준비

1. 자세
양발 무릎을 붙이고 허리, 어깨, 오목가슴을 펴고, 얼굴 펴고 합장한다.

2. 위에서 볼 때
정수리, 상단전(미간), 목, 중단전(가슴), 명치, 배꼽, 하단전, 회음이 일직선이 된다.

3. 앞에서 볼 때
미간, 오목가슴, 배꼽, 양발 사이가 일직선이 된다.

4. 옆에서 볼 때
귓구멍, 어깨, 옆구리, 무릎, 발(복숭아뼈)이 일직선이 된다.

5. 힘 빼기
어깨의 힘을 빼고, 입꼬리 올려 미소 지으며 눈동자도 웃는지 본다.

깨달은 절 수행

마음속으로 '나는 본래 부처인 나다' 염송하며 천천히 절을 할 때 고요하고 맑고 순수하게 집중하면, 지켜봄 알아차림이 또렷해져 참 절 수행을 하게 된다.

> 선 자세에서 천천히 무릎 꿇으며 마음속으로 (나는) 지켜봄 알아차림.
> 손 짚고 나가며 마음속으로 (본래) 지켜봄 알아차림.
> 접족례하며 마음속으로 (부처인 나다) 지켜봄 알아차림.
> 일어서며 손 짚고 나가면서 마음속으로 (나는) 지켜봄 알아차림.
> 발가락을 꺾고 무릎 꿇고 합장하며 마음속으로 (본래) 지켜봄 알아차림.
> 일어서며 마음속으로 (부처인 나다) 지켜봄 알아차림이 또렷하게 되어, 매 동작마다 깨어 있음이 수행 공덕 중 최상승이다.

온몸과 마음을 다해 순간순간 찰나찰나 고마움의 감사가 넘치는 고요함의 극치로 지극정성을 다해 절하면, 의식이 확 밝아진다. 또한 순수의식, 참마음, 불성이 환하게 나타나며 또렷해지고 환희심 넘치는 완벽한 절 수행이 깨달은 절 수행이란 걸 체험하게 된다. 완벽하게 선 자세에서 잡생각이 딱 끊어진 고요하고 깨끗한 마음을 지켜봄 알아차림한다. 이렇게 잘 안되는 수행자는 마음속으로 '나는 본래 부처인 나다' 염송을 천천히 3회 하며 지켜봄 알아차림이 또렷하게 되도록 하면 된다.

깨 달 은

일어서며 발을 붙이고 허리, 어깨, 가슴을 쭉 편다. 특히 앞가슴을 살짝 내밀면 가장 좋은 자세가 된다. 괄약근, 엉덩이 아래 근육, 사두박근, 아랫배가 살짝 조여지며 저절로 단전 복식호흡이 된다. 이때 우주 태양의 기운, 지구 땅의 기운이 온몸에 모인다. 완전히 일어서서 혀를 입천장에 말아 붙이고 미소 지으며 전신의 힘을 빼고 털끝 하나 움직이지 않게 하고 숨소리도 안 나게 한다. 그렇게 하면 잡념 망상이 딱 끊어진 텅텅 빈 파란 하늘 허공처럼 깨끗하고 고요한 평온이, 우주법계의 모든 부처님 마음과 깨달으신 부처님 마음, 내 마음속 참마음을 체험하게 한다.

◉ 주의

절할 때 눈으로 앞을 보면서 절하면 기가 빠지고, 위를 보면서 절하면 상기된다.

깨달은 감사 예경

완벽한 표정과 자세로 서서 공경, 찬탄, 고마움, 순수하고 고요한 마음
과 미소로 낭랑하게 소리 내어 염송한다. 온전히 지켜봄 알아차림으로
완벽하게 절을 한다.

1. 마음의 근원인 우주법계의 부처님 고맙습니다.(1배)

2. 우주법계를 온전히 깨달으시고 만 생명 모두가 다 본래 부처라는 사
   실을 깨닫게 하여 주신 부처님 고맙습니다.(1배)

3. 내 마음의 참마음 부처님 고맙습니다.(1배)

4. 우주법계의 부처님과 깨달으신 부처님과 내 마음의 참마음 부처님이
   본래 하나임을 깨닫게 하여 주신 부처님 고맙습니다.(1배)

5. 내 생명의 근원인 호흡과 빛과 물과 불과 바람과 땅의 은혜 고맙습니

다.(1배)

6. 나를 낳아서 길러 주신 부모님의 은혜 고맙습니다.(1배)

7. 나에게 도움을 주신 모든 은혜 고맙습니다.(1배)

8. 깨달으신 부처님의 지혜와 자비광명의 가피지 묘력으로 나의 (우리의) 머리를 지혜롭게 하여 주시고, 나의 (우리의) 가슴을 자비롭게 하여 주시고, 나의 (우리의) 몸과 마음을 건강하게 하여 주신 부처님 고맙습니다.(1배)

9. 우주법계의 부처님께서 내리시는 무량광명의 황금빛 찬란한 참마음, 참생명 에너지가 폭포수처럼 쏟아지고 있습니다. 이마를 통하여 머리에 가득 채워 주시고 얼굴에 채워 주시고 가슴에 넘치도록 채워 주시고 배와 단전과 온몸에 가득 채워 주신 부처님 고맙습니다. (1배)

10. 팔만사천 번뇌 망상, 잡생각이 우주 허공으로 싹 빠져나갔습니다. 머리는 깨끗하고 이마는 시원합니다. 부정적인 감정 응어리가 가슴에서 싹 빠져나갔습니다. 가슴이 뻥 뚫리고 마음의 문이 활짝 열렸습니다. 병고액난 삿된 기운이 몸과 마음속에서 완벽하게 싹 빠져나갔습니다. 몸과 마음이 깨끗하고 건강합니다. 머리는 깨끗하고 이마는 시원하고 눈동자는 빛이 나고 얼굴은 훤하고 어깨는 가뿐하고

가슴은 뻥 뚫리고 마음의 문은 활짝 열리고 배, 허리, 등허리, 엉덩이, 다리, 무릎, 발, 손은 따뜻합니다. 황금빛 찬란한 부처님의 기운이 몸과 마음속에 가득 채워지고, 가슴에는 부처님과 똑같은 마음이, 머리에는 부처님과 똑같은 정신이 언제나 알아차림으로 삼매를 이루게 해 주신 부처님 고맙습니다. (1배)

11. 부처님을 믿고 부처님 가르침을 믿고, 만 생명 모두 다 부처임을 믿고 나 본래 부처임을 믿고 100% 확신 합니다.

나는 본래 깨달은 부처다.

나는 부처다, 부처가 나다.

나는 참마음이다, 참마음이 나다.

나는 참생명이다, 참생명이 나다.

나는 깨달음이다, 깨달음은 부처다.

나는 본래 부처인 나다.

(천천히 절하며 절 동작과 마음속으로 하는 '나는 본래 부처인 나다'의 염송을 올곧이 지켜봄 알아차림한다.)

무릎 꿇으며 (나는) 지켜봄 알아차림.

손 짚고 발 포개며 앞으로 나가며 (본래) 지켜봄 알아차림.

접족례하며 (부처인 나다) 지켜봄 알아차림.

(일어서며)

깨 달 은

손 짚고 앞으로 나가며(나는) 지켜봄 알아차림.

합장하며 (본래) 지켜봄 알아차림.

완벽하게 일어서며 (부처인 나다) 지켜봄 알아차림.

완벽한 자세로 일어서서 미소 지으며 속으로 '나는 본래 부처인 나다' (3회) 를 지켜봄 알아차림한다. 이렇게 절을 하고 서서 잡생각이 딱 끊어지고 머리가 깨끗하고 고요하면 염송하지 말고 얼굴, 머리, 목, 어깨, 온몸의 힘을 살짝 빼고 미소 짓는다. 훨씬 더 밝아진 마음으로 자신의 몸과 마음의 허공처럼 텅텅 빈 깨끗한 고요를 지켜봄 알아차림하고 다시 절하라.

절하고 염송하며 언제나 지켜봄 알아차림이 또렷하게 저절로 되어 성성적적해야 한다. 가장 완벽한 깨달은 절 수행은 완벽한 미소, 밝은 표정, 자세, 호흡법으로 절하는 것이다. 자신을 철저히 낮추고 공경, 감사의 몸과 마음으로 절하며 마음속으로 '나는 본래 부처인 나다'를 염송하며 지켜봄 알아차림이 저절로 됨이다. 구름 한 점 없는 파란 하늘, 허공처럼 텅텅 빈, 번뇌 망상 없이 깨끗한 마음을 지켜봄 알아차림으로 순수의식, 참마음, 참나, 불성을 끊임없이 확인하고 체험하며, 확신한다. '나는 본래 부처인 나다'라고 믿음을 굳혀라.

칭찬이 너무 과하면 부끄러워하거나 매우 쑥스러워하며 주눅들기까지 하는, 착하면서 자존감이 낮은 사람들은 부처님을 믿고 의지하길 좋아하나 자신이 직접 부처라는 '나는 본래 부처인 나다'라는 말에는 부담을 느낀다. 가슴을 쫙 펴고 눈을 크게 뜨고, 아랫배에서 나오는 큰소리로 목구멍과 가슴이 확 열리게 염송하라. '나는 본래 참마음 참나다' 하고 당당하고 자신있게 '나는 본래 부처인 나다' 하라. '나는 본래 부처인 나다'는 깨달음의 언어 진언이다.

이 밝은 순수의식, 참마음, 불성의 참나 에너지는 근심 걱정, 괴로움, 슬픔, 불행의 마음을 일시에 정화한다. 자신의 몸을 건강하게 하고 자신의 마음을 번뇌 망상, 고통 중생으로 흘러가지 않게 하는 영원한 자유와 평화, 온전한 행복의 에너지이자 깨달음이다.

깨 달 은

절 수행과
'나는 본래 부처인 나다' 반복 수행

의식적인 반복을 통해 잠재의식에 각인시키고, 생명 뇌를 대긍정으로 일깨워 몸과 마음을 건강하고 깨끗하게 하는 수행이다.

'나는 본래 부처인 나다' 염송은 나는 에고 중생, 가짜 나가 아니다라는 의미이다. 아상, 인상, 중생상, 수자상은 허상이다. 에고 중생상 키우는 건 어리석은 짓이다. 나는 참마음, 불성, 참나이다. '나는 본래 부처인 나다'를 염송할 때 지켜봄 알아차림이 또렷할수록 깨달음의 빛이 더욱더 밝아진다. 자신의 마음속에 대자대비함이 솟아나 나누고 베풀고 도와주며 섬기고, 받들고 아껴 주는 사랑 실천이 잘 된다. 이기심, 독불장군 같은 나쁜 마음은 점차 사라지고 줄어들며, 깨달음 불성을 드러내는 수행이다. 반복 몰입을 통해 삼매를 이루고, 자신의 거짓된 에고 중생 자아란 개념을 없앤다. 수많은 생 동안 경험한 모든 군더더기 알음알이를 다 내려놓고 진짜 나 참마음, 참나로 해탈하는 수행이다.

괴로움에 또 괴로움, 슬픔에 또 슬픔, 병고액난에 또 병고액난, 실패에 또 실패, 좌절에 또 좌절, 불행에 또 불행, 중생에 또 중생으로 반복되는 지옥 같은 삶을 살지 마라. '나는 본래 부처인 나다' 염송을 온 마음과 온몸을 다해 몰입하면, 자신의 가슴속에 부처님과 똑같은 자신의 부처님이 있음을 알게 되니 지켜봄 알아차림하고, 절하고 또 절하며 지켜봄 알아차림하라.

부처님께서 내리신 가장 크고 좋은, 성스럽고 고귀한 깨달음의 길이다. 또한 21세기 인류의 건강과 업장소멸을 확신하며, 무량공덕으로 대성공하는 깨달음의 길이다.

깨 달 은

'나는 본래 부처인 나다'
염불 수행

'나는 본래 부처인 나다'는 깨달은 진언 만트라다. 이 세상에 존재하는 만트라 중 가장 완벽한 금구진언이다. 수행 시 자동 단전 복식호흡이 저절로 완벽하게 되는 진언은 오직 '나는 본래 부처인 나다' 뿐이다. 나는 생각, 감정, 오감, 에고 중생 마음이다. '나는 본래 부처인 나다' 염불 수행에서의 나는 허공처럼 텅텅 빈, 모든 생명 누구나 똑같은 절대성의 영원한 순수의식, 참마음, 참나, 불성, 깨달음을 말한다. 회광반조를 위한 가장 좋은 방편이다.

'나는 본래 부처인 나다'의 염송은 생각이 하는 것이고, 이때 중요한 것은 염송하는 마음을 지켜봄 알아차림하는 것이다. 언제나 늘 깨어있음 알아차림을 하고 있지만, 에고 중생 마음, 생각 감정에 몰입되어 에고 가짜 나가 높이 드러나면 순수의식이 매몰된 것처럼 느껴진다. 순수의식은 절대 변하지 않는 생명, 모두 누구나 똑같이 알아차림하는 본래 부처, 본래 성불, 참마음, 참나이다.

'나는 본래 부처인 나다' 염송은 아름다운 방편이다. 동시에 지켜봄 알아차림이 핵심 수행이다. 전문적으로 수행하는 수행자는 순간순간 찰나찰나 화두 의심도 하고 위빠사나를 통해 깨달음으로 가지만, 온종일 수행할 수 없는 입장에서는 가장 빨리 밝아지는 수행이다. 엄청나게 복잡한 21세기 인류의 에고 중생 생각, 감정, 오감으로 하는 수행은 참으로 먼 길이다. 돌아서 돌아서 가다가 보면 언제나 제자리이다. 진전이 없다. 세월은 지나 몸은 늙고 아파 온다. 정신은 점점 흐릿해지고 또렷함이 사라진다. 몸이 피곤하고 성치 않으면, 번뇌 망상과 잡생각은 엄청나게 증폭된다. 최근 뇌과학에서 밝힌 걸 보면 현대 인류는 하루에 7만 번 이상 번뇌 망상을 일으킨다고 한다. 우리의 상식으로 오만 잡생각을 하며 오만상을 찌푸리는 것이다.

수행 방편을 잘못 선택하여 열심히 하다 보면 끝이 보이지 않고, 자신의 수행법을 의심하게 되는 나쁜 버릇이 생긴다. '나는 본래 부처인 나다' 염송을 열심히 하여 삼매를 이룬다 해도, 수행하지 않으면 삼매는 바로 흩어진다. 이렇듯 에고 중생 마음은 변화무상하다. 순수의식, 참마음, 참나, 불성에서 지켜봄 알아차림 되는 게 진짜 관법 수행이다. 절하면서 마음속으로 염송하며 지켜봄 알아차림해 보면, 시간이 지날수록 깨어있음이, 지켜봄 알아차림이 또렷해 맑고 밝고 지혜로운 아름다운 향기를 체험하게 된다.

에고 중생의 주특기는 아만, 교만, 자만, 거만, 오만의 이기심, 자기 중심이고 자기밖에 모른다. 자신이라 착각하는 몸과 에고 의식의 주특기를 빌려다가 쓰는 것이다. '나는 본래 부처인 나다' 염송하는 걸 지켜보면 자신의 참마음, 불성, 참나 알아차림이 순간 찰나찰나 언제나 일어나 자신의 참나로 귀결하게 된다. 참으로 쉽고 확실하며 손해 볼 게

깨　달　은

조금도 없는 완벽한 지름길이다.

부처님께서 6년 고행의 성과인 9선정 최고 단계를 놓아 버리시고 깨달으신 핵심이다. 아직도 삼매를 이뤄 볼려고 애쓰는 수행자를 보면 안타깝다. 삼매를 이루었을 때는 좋은데 삼매에서 나오면 다시 번뇌가 일어난다. 부처님께서는 2600년 전에 이런 수행법을 내려놓으시고 놔 버리셨다. '아니다. 아니다. 이건 절대 아니다.' 하셨다.

부처님 당시보다 지금 우리의 의식은 참으로 복잡 다양해졌다. 어리석은 옛날 방식으론 어림도 없는 세상이 되었다. 몸의 병은 왜 이리 많은지 의학, 과학이 발달할수록 병은 잘 알아내지만, 고치진 못한다. 수행하다 병에 걸리면 참으로 황당하다. 감기 몸살이라도 걸려 보면 안다. 몸과 마음에서 엄청난 번뇌 망상, 시비분별, 잡생각이 나와 감당을 못한다. 감기 몸살도 이기지 못하면서 무슨 수행인가? 폼 잡고 거들먹거려 봤자 소용없는 일이다. 천천히 완벽하게 절하며 매 동작마다 지켜봄 알아차림이 또렷해지게 해 보라! 몸과 마음, 에고 중생을 다스리는 최고의 비전이다. 우리는 잘못한 게 있으면 무릎을 꿇는다. 더 잘못했으면 엎드린다. 더 잘못했으면 더 낮추고 읍소한다. 이런 마음이 익으면 받드는 마음으로 상대를 높이며 자신을 한없이 낮춘다.

앉고 무릎 꿇고 앞으로 나가고, 기어서 들어오며 낮추고, 받들고 나가며 들어오고, 두손 모으고 두발 가지런히 모으고 일어서고, 이 모든 동작은 중생의 몸동작 운동이며 참회이다. 이때 지켜봄 알아차림으로 깨어 있어야 에고 중생의 생각, 감정, 오감을 벗어나 본래 부처님을 알게 된다. 미소 짓는 얼굴로 일어서서 자동 단전호흡의 완벽자세를 취하며, 우주 태양과 지구 땅의 기운을 몸에 가득 채우고, 기운 돌리고 자신의 몸과 마음을 순간순간 찰나찰나 지켜봄 알아차림한다. 이것이 몸과 마음을 동시에 닦고 치유하는 진짜 수행이며, 최상의 수행법 부처님 가르침이다.

'나는 본래 부처인 나다' 염송으로 계발된 마음은 언제나 참마음을 따른다. 번뇌에서 돌아와 참마음 고향으로 곧장 간다. 번뇌로부터 즉시 분리시키는 염송이다. 번뇌는 감소하고 종국에는 없어진다. 아무리 강력하고 교활한 속성의 번뇌라도 간단하게 찰나에 이길 수 있는 강력한 염송이다. 소리내어 '나는 본래 부처인 나다' 지켜봄 알아차림 → 마음속으로 '나는 본래 부처인 나다' 지켜봄 알아차림 → 호흡 지켜봄 알아차림 → 심장 박동 지켜봄 알아차림 → 몸 사라짐 텅텅 빔 지켜봄 알아차림의 단계 수행으로 지켜봄. 삼매 에너지가 강할수록 에고 중생의 습관 에너지는 사라지고 깨달음의 에너지는 밝게 빛나게 된다.

절 수행과 염송 수행을 통해 지켜봄 알아차림이 강해져 깨어있음이 또렷해지며 생활 속에서는 더욱더 잘 된다. 삶 속에서 멋지게 되는 지켜봄 알아차림으로 본래 부처 참마음, 참나로 깨어나 세상 모든 생명을 아름답게 하는 거룩한 수행이다.

깨 달 은

깨달은 절 수행 후
염불

절하면 단전 챠크라가 열려, 막히고 꼬이고 뒤틀린 게 풀리면서 노폐물, 독소, 가스, 사기, 객기, 병기 등이 빠져나간다. 무릎 꿇고 손을 배에 대고 염불하면 절할 때 나가지 못한 노폐물, 독소, 가스 등이 나가며 챠크라가 완벽하게 열린다.

1. 무릎 꿇고 허리, 어깨, 가슴을 펴고, 힘 빼고 미소 지으며 즐겁고 기쁘게 '나는 본래 부처인 나다' 지켜봄 알아차림으로 염불을 10분 정도 하고 멈춘다.

2. 날숨을 길게 내쉴 때 잡생각, 부정적 감정, 느낌, 선입견, 편견, 고정관념, 병고액난, 삿된 기운, 뇌 속 노폐물, 에고 중생이 싹 빠져나간다고 생각하며 입으로 가늘고, 부드럽고 길게 내뱉는다.(1회) (가슴 어깨로 억지로 들숨하지 말고 그냥 날숨하라.)

3. 전신의 힘을 쭉 빼고 털끝 하나 움직이지 않게 숨소리 나지 않게 아무

것도 하지 말고, 그냥 무심으로 지켜보라.

4. 단전 복식호흡이 자동으로 저절로 되며 호흡의 느낌이 사라지기도 하는, 호흡의 고요와 잡생각이 딱 끊어진 고요한 마음의 멈춤을 체험한다.

5. 온몸에 기운이 꽉 차 감전된 것 같은 느낌이 들며, 몸이 허공에 붕 뜬 느낌이 들기도 한다. 온몸이 사라진 느낌을 체험하기도 한다.

6. 머리는 깨끗하고 이마는 시원하며 눈동자는 맑게 빛나고, 얼굴은 훤해지며 어깨는 가뿐하고 가슴과 명치는 서늘해지는 기분 좋은 느낌이 일어난다. 다 놓아 버리고 잡생각 딱 끊어진 순수의식, 참마음, 불성의 고요하고 깨끗함을 지켜봄 알아차림하여 삼매의 힘을 기른다.(10분)

◉ 주의

지치고 꽉 막히고 힘들어 도저히 절을 할 수 없을 때 무릎 꿇고 허리 쭉 펴고 손을 배에 대고 전신의 힘을 뺀다. 빵끗빵끗 웃는 얼굴로 왼쪽 전전두엽에 마음을 집중하고 고개를 끄떡끄떡하며 온몸으로 박자 리듬을 타며 신바람 나게 염불한다. 가스, 트림이 확 빠져나가며 뻥 뚫리고 풀리어 몸이 가뿐해진다. 우주의 새로운 깨끗한 기운과 행복, 기쁨 호르몬이 온몸에 가득 채워지며 정신이 확 밝아지고 얼굴이 가볍고 온몸이 가벼워진다. 이때 절을 시작해 보면, 절이 저절로 너무 잘돼 스스로 놀라는 체험을 하게 된다.

깨 달 은

본래 부처 참마음이란?

자기 마음이 본래 부처라는 사실은 사람이 아니면 알 수 없다. 사람 중에서도 어리석은 바보는 알려 줘도 이해를 못 한다. 의심이 많은 사람은 믿으려 하지 않고 오히려 더욱더 부정하고 의심한다. 종교와 사상이 다른 경우에는 무조건 아니다 하고 더욱더 자신의 주장을 강하게 밀어붙인다.

생각, 감정, 오감, 과거 잠재의식이 자신이란 확신을 갖고 강한 에고의 거짓 나를 나라고 생각하며 집착하여, 자신의 겉은 알지만 속의 근원은 전혀 모르는 똑똑한 수재도 있다. 안타까운 바보일 뿐이다. 이런 어리석은 지식이나 믿음은 21세기 인류사에 통하지 않는다. 깨달음의 시대이다. 수행하여 자신의 마음을 통해 확인하면 즉석에서 알 수 있으니 더욱더 명확해진다. 언제나 변하고 흔들리는 몸과 생각, 감정, 오감이 자신이라고 믿고 생각하는 게 보편적인 인류의 지식이다.

깨달음의 눈을 떠 보라. 만들어진 물질은 다 변한다. 순수의식, 참마음, 우리의 본성, 우리 모두의 불성, 우주 모두의 법성은 절대 변하지 않는다. 태어나지도 않고 죽지도 않는다. 본래부터 영원히 존재한다. 모양, 형체, 색깔, 냄새, 맛이 없다. 지켜봄 알아차림 각성으로 자신의 순수의식, 참마음, 불성이 부처라는 사실을 확인하고 확신해야 한다. 인류가 배우고 알아야 하며, 믿고 실천해야 할 중요한 깨달음의 가르침이다. 잡생각 감정에 끌려간 에고 중생의 복잡하고 골치 아픔에서, 즉석에서 찰나에 벗어날 수 있으니 참 좋다. 완벽하게 깨닫지 못했어도 우린 본래 참마음 부처이기에 실천하면 똑같은 효과가 나타난다. 참마음 부처 마음으로 중요한 생각이나 감정을 있는 그대로 바라보며 자신이나 세상을 위해 이롭게 판단하게 된다. 생각, 감정, 오감을 있는 그대로 바라보며 저절로 사라짐을 알아차린다.

순수의식, 참마음, 깨달음, 불성 부처는 불교만의 전유물이 아니라 세세생생 만 인류 누구나 다, 생명 모두가 다 공유해야 할 보편적인 가치이다. 부처님께서 깨달으신 후, 불교인만을 위한 가르침으로 주셨겠는가? 부처님의 지혜와 대자대비는 진실로 깨달으신 진리이다.

안개, 구름, 천둥, 번개가 치고 비바람 불고 눈이 내려도, 대기권 밖은 텅텅 빈 파란 하늘이다. 허공은 모든 걸 다 포용하고, 파도가 아무리 거세게 일어도 바닷속 깊은 심해는 모든 강물을 다 받아들이고 고요하다. 이렇듯 에고 중생의 마음과 번뇌 망상, 시비분별, 잡생각이 아무리 많고 괴로움, 고통, 두려움이 끝없이 일어나도 우리의 순수의식, 불성, 참마음은 맑고, 밝고, 고요하고, 청정하며, 지혜롭고 대자대비한 온전한 양심, 행복, 깨달음이다.

지켜봄 알아차림
의식이란?

절, 염불, 독경, 사경, 참선, 명상, 와선, 행선을 열심히 몰입하여 삼매를 이룬다 해도, 에고 중생의 마음으로 수행하는 것은, 에고 중생, 잡생각, 번뇌 망상 중 하나의 대상과 하나되는 삼매이다. 이런 삼매는 타종교나 공부, 취미 생활, 노래, 춤, 서예, 미술, 컴퓨터 게임, 스포츠, 도박 등을 할 때도 누구나 경험한다.

　수행하지 않는 것보다는 좋겠지만, 수행 시나 수행 후 만족하지 못하고 매번 불만족을 느낄 수도 있다. 갈증의 연속이라, 우는 아이 사탕 주는 식으로 아차 잘못하면 중독되는 수도 있다. 긴장, 경직, 무표정, 불량자세로 수행하면 혼침에 빠진다. 이때 숨은 거꾸로 역호흡하니, 깨달음은 고사하고 몸까지 망가지게 된다. 표정, 자세, 움직임, 호흡법, 집중법, 알아차림, 디톡스, 챠크라 열림, 우주 태양과 지구 땅 기운 모음 돌림이 완벽하게 되는지, 행복 호르몬 세로토닌, 엔돌핀, 도파민 등의 호르몬이 나오는지 뇌파는 어떠한지를 알아야 한다. 호르몬과 뇌과학을 참조하고 확인 대조해 보며, 확신을 갖고 수행해야 하는 시대가 된 것이다.

에고 중생의 의식은 오감을 통해 대상으로 나아가고, 생각은 과거 미래로 흩어지며 분열한다. 지켜봄 알아차림 수행은 있는 그대로 지켜봄과 순수의식, 참마음, 불성과 하나되는 수행의 기초이며 확실한 깨달음의 수행이다. 자신의 텅텅 빈 무아인 참마음, 불성이 깨어 있어야, 팔만사천 번뇌 망상, 에고 중생으로 가지 않는 완벽한 수행이 된다. 지켜봄 알아차림이, 그리고 늘 깨어있음이 저절로 되는 수행을 해야 한다.

지켜봄 알아차림은 인류사에서 가장 중요한 공부이다. 깨달음의 여정에서 가장 중요하고 쉬우며 누구나 바로 되는 수행이다. 모든 인류, 모든 생명은 누구나 다 똑같은 영원히 변하지 않는, 본래부터 존재하며 찰나찰나 순간순간 깨어 있는 순수의식, 참마음, 불성이다.

수행 시 지켜봄 알아차림이 저절로 되어야 통찰의 지혜가 드러난다. 의식적으로 헉헉대며 절하거나, 나무아미타불, 관세음보살, 신묘장구대다라니, 옴마니반메훔, 이뭐꼬 이뭐꼬, 무라 무라, 들숨 날숨, 아픔 아픔, 번뇌 번뇌, 졸음 졸음을 열심히 하여, 잡생각 감정 에고가 딱 끊어져 수행 대상과 하나되기는 쉽지 않은 길이다. 에고 마음으로도 삼매를 이루면 밝아진다. 그러나 삼매가 사라지면 구름 낀 밤하늘과 같이 어두워진다. 순수의식, 참마음, 참나의 지켜봄 알아차림 수행은 본래 밝음, 언제나 밝은 태양 같은 수행이다. 대상과 하나되어 삼매를 이룬다 해도 통찰의 지혜가 없어 깨닫지 못한다. 깨어 있는 순수의식, 참마음, 불성의 지켜봄 알아차림으로 수행해야 본래 성불, 본래 깨달음, 본래 부처님을 깨닫게 된다.

몸과 마음이 건강하며 머리는 맑고 이마는 시원하며 눈동자는 별처럼 반짝이고 얼굴은 훤하며 어깨는 없는 것처럼 가볍고 가슴은 쭉 펴지고 뻥 뚫려야 한다. 그래야 마음의 문이 활짝 열리고 명치, 배꼽, 상중하 단전 챠크라가 열려 배, 허리, 엉덩이, 다리, 무릎, 발목, 발은 따뜻하며 온몸과 마음이 가볍고 상쾌하다. 수행 시 신명 나고, 즐겁고, 고요하고, 평화롭고, 행복하며 부처님 은혜에 공경과 찬탄, 고마움의 감사가 언제나 넘쳐 나야 한다. 왜 슬픔과 괴로움과 고통의 번뇌 망상 스트레스가 오는가? 왜 병들어 아파야 하고 늙어 죽어야 하나? 알려고 하지 마라. 알 수가 없다. 수행 하라. 따지지도 마라. 결론은 뻔하다. 골치 아프게 살아 봤자 결국 허무하게 쓰러진다. 이런 마음과 하나되면 에고 중생의 괴로운 삼매 삶이다. 이럴 때 깨어 있는 각성으로, 지켜봄 알아차림 수행으로, 생명 모두는 본래 참마음 부처임을 깨달으면 된다.

깨어 있는 순수의식 알아차림이 어리석은 무명을 밝히는 단 하나의 완벽한 길, 깨달음의 길이다. 이런 수행 모든 게 잘 안되는 수행자는 자신의 가슴을 향해 '나는 본래 부처인 나다'를 염송하라. 전신의 힘을 쭉 빼고 신명 나게 빵끗빵끗 웃는 얼굴로 고개를 끄덕끄덕하고 맞다맞다 박자 리듬을 타며 자신의 표정, 움직임, 소리를 끊임없이 들어라. 순수하고 깨끗한 마음으로 행복한 미소를 지으며 지켜봄 알아차림 또렷하게 살아 있음이 진짜 회광반조이다.

인류는 팔만사천 번뇌 망상, 잡생각, 감정과 하나되는 에고 중생 연습을 너무 많이 해서 쉽게 에고 중생의 늪에 빠져 허우적거린다. 이럴 때 순수의식 지켜봄 알아차림이 없는 것 같은데 그렇지 않다. 먹구름이 많아 하늘에 아무것도 없는 것 같지만 태양은 언제나 찬란한 광명을 비

추듯이 번뇌 망상, 잡생각, 감정이 아무리 많아도 우리의 순수의식, 참마음, 참나, 불성은 영원히 깨어 있다. 찰나도 우리를 떠난 적이 없다. 꿈꿀 때도 그대로 지켜보고 있다. 우리 마음의 근원이며 모든 것의 근원 마음이다.

처음엔 지켜봄 알아차림이 뜬금없이 드문드문 되다가 정신이 맑아지고 즐겁고 신나면서 더 많이 더 잘 된다. 처음엔 어름하게 되었지만, 지켜봄 알아차림이 강력해지면, 마음이 나오는 곳으로 깊이 들어가 마음의 근원과 하나되기 직전의 밀착된 지켜봄 알아차림이 또렷해지며 마음의 고요와 밝음을 확실히 알게 된다.

온몸과 마음으로 절하고 '나는 본래 부처인 나다' 염송하며 지켜봄 알아차림으로 깨달음의 기초를 완벽하게 하도록 한다. 삶 속에서의 지켜봄 알아차림은 깨달음의 길보다 중요한, 인류의 심신건강의 길이 될 것이다.

세세생생 인류 모두를 포교할 수 있는, 알려 주고 가르쳐 주어야 할, 불교의 목적이 되어야 할 것 같다. 깨달음의 완벽한 기초를 다지게 하며, 깨달음이 뭔지 확실히 알 수 있는 공부다.

순수의식, 참마음, 참나, 불성은 깨달음의 올곧은 깨어있음이다. 지켜봄 알아차림은 생각, 감정, 오감의 의식이 아니다. 순수의식, 참마음, 참나, 불성의 있는 그대로, 아는 마음의 의식으로 지켜봄 알아차림이다. 지켜봄 알아차림의 의식이 온전히 삼매를 이뤄야 한다.

지켜봄 알아차림이 또렷또렷해야 생각, 감정, 오감이 일어나는 마음 자리를 알게 된다. 생각, 감정, 오감이 딱 끊어진 텅텅 빈 순수의식, 참

깨 달 은

마음, 참나, 불성과 하나가 되도록, 지켜봄 알아차림이 언제나 깨어있음으로 꿰뚫어 앎이 되어야 한다.

깨달으시고 알려 주시고 깨닫게 하여 주신 부처님! 우주법계의 부처님, 모두의 순수의식, 참마음 부처님께 오직 깨어있음으로 감사할 뿐!

지켜봄 알아차림
아는 공부

순수의식, 참마음, 참나, 불성은 생각이 아니라 본래 부처로 언제나 깨어 있는 마음이다. 맑고 밝고 고요하며, 지혜롭고 대자대비한 각성으로 모든 마음의 근원이다. 번뇌 망상, 시비분별, 잡생각, 감정 등을 지켜보다 보면, 번뇌 망상과 순간 하나되어 그 속에 매몰되어 에고 중생을 창조하게 된다. 깨어 있는 수행은 여기에서 벗어나 온전한 자유와 평화, 완벽한 행복의 길, 깨어 있는 순수의식, 참마음, 참나를 쉽게 알고 깨닫기 위해서 하는 것이다.

  생각이 모이고 모인 것을 마음이라 한다. 이런 생각들은 마음의 근원 순수의식, 참마음, 참나, 불성 자리에서 나온다. 순수의식 마음의 근원인 참나는 허공처럼 텅텅 비어, 모양이나 형체가 없다. 색깔도 없고 냄새도 없고 맛도 없고 감촉도 없다. 중생은 알 길이 없지만, 이런 마음의 작용을 통해 지켜봄 알아차림으로 알게 된다.

1. 바른 자세로 힘을 쭉 빼고, 순수하고 깨끗한 행복 넘치는 얼굴로 눈을 감고 편히 앉아, 자신의 몸과 마음에서 일어나는 현상을 집중해서

지켜본다. 지켜봄 알아차림이 저절로 됨을 알게 된다.

1) 눈을 깜빡깜빡하면서(잠깐) 지켜봄 알아차림.

2) 코(숨을 크게 들이쉬며) (3회) 지켜봄 알아차림.

3) 이빨 치기 (100회) 지켜봄 알아차림.

4) 소리 듣기 (1분) 지켜봄 알아차림.

5) 도리도리 (100회) 지켜봄 알아차림.

6) 손 잠잠 합장 (100회) 지켜봄 알아차림.

7) 누워 발가락 꺾기, 발끝 치기, 발목 돌리기, 발가락 꺾으며 이빨 치기를 동시에 100회 하면서 지켜봄 알아차림한다. 자각으로 본 후 아무것도 하지 않고 힘 쭉 빼고, 어떠한 의도도 일으키지 말고 텅텅 빈 마음을 지켜봄 알아차림한다.

2. 1)~7)까지 훈련이 잘 되면 양 입꼬리 귀에 걸고, 부처님처럼 아름답게 미소 지으며 웃는 눈동자로 지켜봄 알아차림. (5분)
불행한 사람과 짐승은 웃지 않는다. 지켜봄 알아차림을 못한다. 지켜봄 알아차림은 병, 불행, 고통을 이기는 최고의 수행이다. 호르몬 검사, 뇌파측정 해 보면 깜짝 놀라며 100% 실천해서 자신을 바꾼다. 중생에서 부처로!
절, 염불, 독경, 참선, 명상 수행에서 순수의식, 참마음, 참나의 지켜봄 알아차림이 깨어 있어야 진짜 수행이다. 컴퓨터, 공부, 운전, 스포츠, 등산, 산책, 식사 등 생활 속에서 순수의식, 참마음의 지켜봄 알아차림이 살아 있는 삶이 참으로 아름답고 소중한 인생이다.

3. 억지로 지켜보려 한다거나 죽기 살기로 알아차리려고 하지 마라. 에고 중생 잡생각에 함몰되지 않고, 자신을 향해 깨어 있으면 지켜봄 알아차림이 순수하게 된다. 지켜봄 알아차림은 순수의식, 참마음, 참나의 마음이기 때문이다.

지켜봄 알아차림은 모든 수행자, 특히 초기 수행자에게 제일 중요하다. 지켜봄 알아차림 의식이 커지고 확립되야 마음이 일어나는 순간 미세한 부분까지도 보게 되며, 도덕과 양심이 회복되고 있는 그대로 보게 된다. 지켜봄 알아차림 의식이 강력해져야, 지켜봄 알아차림 삼매를 이루며 순수의식, 참마음, 불성과 하나되고 깨닫게 된다.

지켜봄 알아차림은 100% 순수의식, 참마음, 불성이 아니다. 2% 부족한 순수의식, 참마음, 불성이다. 지켜봄 알아차림을 뛰어넘어 순수의식, 참마음, 불성 깨달음을 이뤄야 한다. 부정적인 마음은 부정적인 생각에 빠져 함몰되며 에고 중생 불행을 연출하지만, 참마음, 불성 지켜봄 알아차림은 늘 깨어있음으로 참마음, 불성 깨달음을 이룬다.

의식보다는 잠재의식이 강하고, 잠재의식보다는 무의식이 강하고, 무의식보다는 의식적 알아차림이 강하고, 의식적 알아차림보다는 지켜봄 알아차림 의식이 훨씬 강하고, 지켜봄 알아차림 의식보다는 온전한 깨달음이 완벽한 마음이다.

깨 달 은

지켜봄 알아차림
의식 키우기

담적 덩어리로 인해 막힌 곳을 뚫고 완벽하게 절하면 모든 챠크라가 열리고, 막힌 곳이 다 뚫려 노폐물, 독소, 가스 등이 다 빠져나가고 저절로 자동 단전 복식호흡이 된다. 혈액순환, 림프순환, 기 순환, 뇌수, 척수순환, 수승화강, 두한족열 되고, 우주 태양의 기운과 지구 땅의 기운이 모이고 순환된다. 얼굴에는 언제나 아름다운 미소, 온몸과 마음엔 행복감이 넘치는 표정, 자세, 동작, 호흡법, 집중법 지켜봄 알아차림으로 절하고 염불, 독경, 행선, 좌선, 명상, 와선을 마치며 깨달음의 에너지를 키우는 수행이다.

1. 절하고 일어서면 매번 잡생각이 딱 끊어지며, 텅텅 빈 깨끗한 고요 참마음 자리를 지켜봄 알아차림한다.

2. 염불, 독경, 참선, 명상 하고 나서 무릎 꿇고 허리 펴고 힘 빼고 부처님처럼 미소 지으며 다 놔 버리고 의도를 일으키지 않고 가만히 있는다. 잡생각이 딱 끊어지고 텅텅 빈 고요와 깨끗한 지혜의 빛 참 마음

자리를 지켜봄 알아차림한다.

3. 와선, 잠자리에서도 와선 체조를 하고 팔을 V자로 쫙 벌리고 온몸과 마음의 힘을 쭉 빼고 부처님처럼 미소 지으며 전신에 행복감이 넘치게 한다. 다 놓아 버리고 털끝 하나 움직이지 않고 의도를 일으키지 않고, 잡생각이 딱 끊어지고 텅텅 빈 깨끗한 참마음 자리를 지켜봄 알아차림한다.

4. 식사할 때에는 부처님께 기도 올리고, 목이 막히면 물을 천천히 한 모금 마시고 가슴이 막히면 뚫어 주고 기분이 좋지 않으면 웃어 주고 급하게 먹으려는 의도를 지켜봄 알아차림하고, 침이 없으면 침이 나오게 해야 한다. 침 속에는 소화제, 살균제, 면역제, 항암제 같은 온몸을 유연하게 해 주는 물질이 있어서 몸이 윤택해진다.

   1) 반찬과 밥을 먹고 수저와 젓가락을 가지런히 내려놓고 30번씩 골고루 씹으면서 수식관을 하며 지켜봄 알아차림한다.
   2) 30번씩 씹고 나서 입안을 관찰한다. 덜 씹혔으면 다시 씹는다. 그리고 그 느낌을 알아차리고 목 넘길 때도 지켜봄 알아차림한다.
   3) 밥과 반찬을 다 넘긴 뒤, 국을 먹으며 지켜봄 알아차림한다.
   4) 식사를 마치고 감사기도 올리고 무릎 꿇고 합장하고 전신의 힘을 쭉 빼고 미소 지으며 다 내려놓고 털끝 하나 움직이지 않게 통제한다. 어떠한 의도도 일으키지 않고 가만히 있으면 잡생각, 번뇌 망

깨 달 은

상이 딱 끊어지니, 이때 텅텅 빈 참마음을 지켜봄 알아차림한다.

5. 고속버스, 지하철, KTX, 비행기 탈 때 이렇게 지켜봄 알아차림으로 수행해 보면 피곤하지 않고 스트레스 없이 맑은 정신으로 여행하게 된다. 특히 장거리 비행에서 수행이 잘 되면 시차도 느끼지 않게 된다. 이 수행은 자신의 텅텅 빈 참마음 자리를 확실히 알고 체험하고 닦는 수행이라서, 참으로 쉬워 누구든지 다 즉석에서 알고 확인할 수 있다.

절, 염불, 독경, 참선, 명상 할 때나 일할 때 생활 속의 대상과 하나되는 의식보다, 지켜봄 알아차림 순수의식이 월등히 커지고 강력해지면 지켜봄 알아차림 순수의식의 집중 몰입 힘이 상승한다. 자연스럽게 저절로 지켜봄 알아차림이 되어, 있는 그대로 보게 되고 깨달음의 튼튼한 기초가 확실해진다. 참으로 쉽고, 즉석에서 지켜봄 알아차림의 효과가 확인된다. 출세하고 성공한 진짜 양심적이고 얼굴 맑고, 눈망울 또렷한 점잖은 사람들 중엔 어린 시절 공부할 때부터 이렇게 지켜봄 알아차림이 되었다는 분들이 종종 있다. 그분들은 지금까지도 삶에서 저절로 지켜봄 알아차림이 되어서 부처님이 언제나 지켜 주신다고 생각하며 살아가고 있다.

쉽고 간단명료한 수행이라서, 복잡하고 골치 아프면서 대단하다고 떠드는 수행과는 비교가 되지 않는다. 마음이 어두운 에고 중생의 상태로 기도하고 수행하면, 멀고 어렵고 힘든 길이다. 잘못 가면서 열심

히 가면 거꾸로 더 멀리 낭떠러지로 가게 된다. 가장 밝은 순수의식, 참
마음, 불성 자리를 알고 체험하는 수행은 순간순간 찰나찰나 밝은 깨달
음의 효과가 일어나는 수행이다. 가장 소중한 깨닫는 수행의 기초이며,
깨달음을 확실히 알게 되고 확신하게 되는 중요한 수행이다.

인류가 순수의식 지켜봄 알아차림 알아차리기 만이라도 수행하면,
아주 쉽게 평화와 자유, 행복이 올 것 같다. 한국의 불자만이라도 이만
큼 수준을 높여 주면, 인류의 평화와 행복에 엄청난 힘이 될 것 같다. 나
는 깨달음 체험보다 지켜봄 알아차림의 힘을 더 소중히 생각한다. 깨달
음은 쉽지 않으나 지켜봄 알아차림 깨달은 에너지는 누구나 쉽게 받아
들이고 쉽게 체험할 수 있으며, 삶 속에서 순간순간 찰나찰나 공유할 수
있기 때문이다.

세세생생 인류 모두는 다 자신이 본래 부처라는 깨달음을 사랑하는,
참으로 행복한 불자가 될 것이다. 깨달은 절 수행의 지켜봄 알아차림이
가장 중요한 수행의 기초이며, 알기 쉽고 확실한 수행이다.

깨 달 은

널 아는 마음이 네 부처이다

허리가 부러지고 고관절 통증으로 죽어 가고 있을 때, 내 내면에서 언제나 날 비웃는 놈이 있었다. 나를 괴롭힌 놈보다 훨씬 나쁜 놈이 존재하고 있어서 참으로 괴로웠다. 그 후 화가 온몸과 마음에 죽기 살기로 올라와 이빨이 부서질 때까지 참아도 보고 목구멍이 터져 피가 나오도록 화를 내 보기도 했다. 그래도 여지없이 이런 나를 보고 언제나 비웃는 놈이 있었다.

이런 마음을 온전히 아는 마음이 보여, 절하면서 이게 무슨 뜻인가 부처님께 따졌다. 몸은 아프지 않은 곳이 없고, 마음은 언제나 죽도록 화가 나서 미치겠습니다. 차라리 미쳐 죽는 게 좋을 것 같습니다. 부처님 어떻게 생각하세요? 내가 이렇게 몸은 아프고 마음은 화가 나는 상황을 이젠 절대로 이겨 내지 못할 것 같습니다. 부처님, 제발 살려 주시든지 고쳐 주시든지 하십시오. 부처님 대자대비는 뭐하시는 겁니까? 부처님, 진짜 이 세상에 계십니까? 내가 생각해도 참 건방지게, 이성을 잃었다 할 정도로 끝없이 부처님께 막 대들며 따졌다.

몸을 건강하게 해 주시고 화나지 않게 해 주시면, 부처님 하라는 대로 100% 따르겠습니다. 진짜 100% 목숨 바치겠습니다. 제발 살려 주세요. 이때도 내 내면에서 날 비웃는 놈이 언제나 있었다. 이 못된 놈을 제거하려고 알아차리는 순간 찰나에 사라져 버렸다.

참으로 진퇴양난이었다. 몸은 아프고 마음은 너무 화가 나고, 내면에서 날 비웃는 놈이 수시로 나타나 날 괴롭히고, 그렇게 애걸복걸해도 부처님은 꿈쩍도 않으셨다. 이제 더 이상 부처님께 따질 게 없을 것 같았다. 절을 더 이상 할 필요가 없을 것 같아 모든 걸 다 내버리고 멍하니 넋 나간 사람처럼 서 있는데, 갑작스레 우주가 찢어지는 듯한 강력한 천둥 번개와 벼락 치는 꽈당탕탕 소리와 함께 내 면전에 부처님께서 나타나셨다. 그리고 부처님께서 직접 알려 주셨다. '이런 너를 아는 마음, 지켜봄, 꿰뚫어 앎, 알아차림하는 순수의식, 참마음, 불성이 생명 모두의 부처이다. 대자대비의 참사랑이며 참생명이다.' 라고.

절을 많이 할 때, 절하고 일어서서 부처님을 바라볼 때, 부처님 눈과 마주치는 순간 삼매가 와서 8시간을 그대로 서 있었다. 그 후 절할 때마다 부처님께서 전후, 좌우, 상하에서 나를 지켜보는 현상이 한동안 계속되었다. 이런 현상이 사라지며 '널 지켜보는 마음이 너다. 몸과 마음을 온전히 아는 마음이 너다.' 이런 음성이 들리면서 언제 어디서나, 나를 지켜봄 알아차림이 되기 시작했다. 지켜봄 알아차림이 진짜 수행의 중요한 시작이란 걸 알게 되면서, 생각이 딱 끊어진 참으로 고요하고 맑은 텅텅 빈 마음자리를 수시로 확인하게 되었다.

이렇게 부처님 크신 은혜 가피를 받고 몸이 점점 건강해지기 시작했고, 화는 조금씩 조금씩 수그러들기 시작했다.

깨 달 은

절하며 큰 원을 세우다

나는 절하기 전, 그리고 절을 하면서, 또 절한 후에 언제나 한결같이 성철 큰스님 닮아 가기를 소원했다. 큰스님을 공경, 존경, 흠모하고 좋아하면서 큰 힘을 얻고 묘한 성취를 체험하게 되었다. 성철 큰스님의 냉철한 눈빛과 강한 의지는 철저히 수행하시어 밝게 깨달으신 모습이다. 지혜로움으로 경전 보시고 공부하시고 가르치신 고귀하신 교육의 뜻을 새기며, 절하고 염불하며 참선명상하며 매일 부처님 경전을 읽었다. 그러자 나도 어느새 눈빛이 맑아지고 밝아져, 원고나 메모 없이 설법을 1000회 이상 하게 되었다.

나이를 먹으니 기뻐서 웃을 때, 눈가의 큰 주름이 큰스님을 똑 닮아간다. 성철 큰스님의 논리 정연하면서도 세련된 지혜로 꽉 찬 언어와, 아름다운 미소와 몸에 완전히 밴 지혜로운 배려를 늘 떠올려 본다. 큰스님을 생각하며 절할 때나 염불할 때나 언제나 웃으며 수행하려 노력한다. 나는 50세까지 잘 웃지 않았다. 그래서인지 나는 분명히 웃는데, 남들은 무서운 얼굴로 보인다고 했다. 삶 속에서, 내 마음 보기의 주제는 웃는 눈동자를 관찰, 지켜봄 알아차림하기이다. 이제는 웃지 않고 있다가도 지켜봄 알아차림하는 순간, 나의 눈동자와 얼굴, 온몸은 웃게 된다. 자연스럽게 웃는 걸 보면, 웃고 있어서 참 좋다. 요즈음 미소 명상도 만들어 가르쳐 주니 불자들이 좋아라 한다.

백성욱 박사님께서 번뇌 망상, 잡생각, 과거 전생까지 그대로 싹뚝 잘라 버리는 예리한 지혜의 칼 다이아몬드를 주신 덕분에 금강경을 11만 2000번 읽게 되었다. 잡생각이 딱 끊어지고 숨이 아랫배로 쑥 내려갔던 엄청난 체험을 생각하면 지금도 정신이 확 깨어난다.

최근 원효 큰스님을 생각하며, 청도 깨달은 템플스테이 수련원에서 대구 포교당까지 조석으로 출퇴근한다. 설총로와 원효로, 삼성현로를 매일 달리며 큰스님의 화쟁, 무애, 사랑을 떠올린다. 인류사는 고작 싸움이다. 이겨도 괴롭고 져도 괴롭다. 시기, 질투, 잘난 척, 성냄, 슬픔, 우울, 불안, 두려움 등이 모두 싸움의 일종이다. 사람만 싸우는 것이 아니라 모든 생명들은 살기 위해, 살아남기 위해 싸우고 죽이고 죽으며, 끝없는 세월을 보낸다. 자신과의 싸움이 더 볼 만하다. 자기 심판, 자기 재판, 자신의 의도와 상관없이 초조 불안, 근심 걱정, 두려움, 무서움이 밀려온다. 수행하여 부처님처럼 깨닫고 부처님처럼 자비롭게 살며, 싸움 공화국 세상을 녹여 버려야 한다.

나도 한때 불행한 사고의 후유증으로 인해 화가 너무 나서 유명 병원을 전전하다 일본, 미국의 병원까지 가서 치료했다. 그래도 안 되자 화나는 마음에 차라리 이 몸 죽어 버려라 하며 매일 술을 마신 적도 있었다. 이렇게 화가 많던 내가 이제는 화가 나지 않는다. 포교하다 보면 욕도 많이 먹고 복잡한 일도 많아, 화내고 싸울 일이 종종 생긴다. 그러나

깨 달 은

나에게 화를 내는 사람을 보면, 되려 나는 너보다 화를 몇백 배나 더 크게 냈었다 하고 만다. 화를 내고 후회하고 참지도 못하던 내가 지금은 누군가 화를 내면, 피식 웃으며 나는 너보다 몇천 배 더 화를 냈었다. 그것도 화를 내는 거냐 한다. 난 이제 나를 보면 저절로 웃음이 나온다. 화가 나지 않는다. 참을 것이 없다. 그냥 아무렇지도 않게 녹아 버린다. 수행을 철저히 하여 부처님처럼 깨닫고, 부처님처럼 대자대비 실천하며 살아야 하는 게 21세기 인류의 가장 큰 가치라 믿는다.

깨달은 절 수행, 깨달을 준비

부처님을 믿고 부처님 가르침을 잘 배우고 수행 실천하려면, 몸과 마음이 건강하여 고마움의 감사, 대긍정의 에너지가 철철 넘쳐야 한다. 그러나 에고 중생은 생각, 감정, 기억이 너무 복잡해 혼란한 삶 속에서 눈, 귀, 코, 혀, 피부는 좋은 것, 아름다운 것, 마음에 드는 것만을 끊임없이 추구하며 욕심, 성욕을 채우려 안달한다. 그러다 뜻대로 되지 않으면, 화가 나 노려보고, 인상을 찌푸리고, 욕을 하며 짜증 내고 무서움, 두려움에 덜덜 떤다. 얼굴이 붉으락푸르락, 노래지다 경직되어 무표정해지고, 웃는 근육이 굳고 상단전이 막혀 마음이 어두워진다.

이런 표정, 행동이 다 병든 마음이다. 불행을 창조하는 마음이다. 도저히 밝은 마음 웃는 얼굴이 되지 않는다. 목이 구부정하고 등허리 구부러지게 삐딱한 불량한 자세로 중단전 챠크라가 막혀 버린다. 숨도 제대로 못 쉬고 거꾸로 쉬니 역호흡으로 상기되어, 머리, 얼굴은 더욱더 엉망이 된다. 가슴은 터질 것 같고 폐는 슬픔 에너지로 꽉 차 우울에 빠지며, 배와 아랫도리는 차가움으로 냉병에 걸리고 하단전이 막혀 중요한 기능을 잃게 된다. 책, 컴퓨터, 스마트폰을 너무 많이 보면 뒷골 후두엽

깨 달 은

의 피로로 뒷골, 목, 어깨가 뻣뻣해지고 막혀, 스트레스와 피로가 극에 달한다.

이러한 몸과 마음으로 수행한다고 깨달을 수 있겠는가? 몸 다스림은 고사하고 머리 하나 다스림도 못 한다. 이런 현상을 완벽하게 극복할 수 있는 방법이 깨달은 절 수행이다. 완벽한 표정, 자세, 절 동작, 호흡법, 집중법, 알아차림, 고마움의 감사로 절하며 지켜봄 알아차림이 가장 쉽게 깨달음의 준비를 하는 것이다.

몸과 마음이 건강하려면 부처님처럼 미소 짓는 아름다운 얼굴로, 고마움의 감사 넘치는 완벽한 절 수행으로 자신을 낮추고 끝까지 낮추어, 모든 부처님을 세세생생 높이높이 받들겠다는 각오로 절해야 한다. 절하는 자신의 몸과 마음을 지켜봄 알아차림하여, 지켜봄 알아차림의 에너지가 철철 넘쳐 저절로 자연스럽게 되는 게 참으로 소중한 수행이다.

나는 부처님 명호를 1억 번 염불하고 환희심 나는 감사로 금강경을 11만 번 독경하고, 초기경전을 독경하며 깨달음의 감사를 느끼고 부처님 믿음과 가르침의 확신이 꽉 찬 마음으로 천만 배 절을 하며 '부처님 고맙습니다. 부처님 크신 은혜 고맙습니다'를 이어 가고 있다. 절 수행 불자님들은 몸과 마음이 깨끗해지고 건강해지며, 몸과 마음의 여유로움으로 미래불 공덕회를 통해 매월 많은 곳에 나누고 베풀고 도와주고 섬기고 아껴 주며 회향보시하고 있다. 깨달은 절 수행의 모든 지혜는 항상 부처님께 여쭙고 수정하고, 여쭙고 확정하며 부처님 가피를 받아 완성하였다. 이렇게 완벽한 절 수행이라도 상, 중, 하 챠크라가 막히고 몸의 자세가 나쁘고, 가스 꽉 찬 비대한 몸으로 숨도 제대로 못 쉬면 잘할 수가 없다. 이런 분들을 위해 개발된 수행이 상단전 챠크라와 찡그려 생긴 얼굴 근육 풀기와 가슴 챠크라에서 배꼽 주변의 다이아몬드를 풀어주기이다.

가슴 명치가 뻥뻥 뚫리며 가스, 독소가 팍팍 나가고, 순간 머리가 맑아지고 가슴이 서늘하며 없는 것 같아진다. 상기병, 화병, 냉병이 동시에 사라지며 몸과 마음이 날아갈 것 같은 행복감에 절 수행과 마음 다스림이 잘 된다. 이렇게 깨달을 준비가 잘 된 몸과 마음으로 완벽하게 깨달음의 절 수행을 할 때, 동작마다 지켜봄 알아차림을 해야 한다. 그리고 완벽하게 서 있는 상태에서, 잡생각 딱 끊어진 맑고 밝은 허공 같은 광대무변한 마음을 지켜봄 알아차림 해야 한다.

나는 한때 부처님께서 깨달으셨다는 인연법에 대한 경전이나 관련된 불교 서적을 보면서 머리로는 분명 이해가 가는데, 마음속에선 언제나 불확신의 연속이었다. 그러나 절을 하고 나서 곧바로 행선을 하고, 이어서 와선 수행을 하루종일 쉬지 않고 했을 때, 몸과 마음이 완벽하게 이완되고 기운이 꽉 찬 순간, 체험하게 되었다. 머리의 번뇌 망상, 잡생각, 기억, 가슴의 감정들, 온몸 특히 먹는 욕심, 성욕, 입는 욕심, 쉬고 싶은 욕심, 자고 싶은 욕심 이런 것들이 우주 허공으로 싹 빠져나갔다. 내 몸이 미세한 가루가 되어 우주 허공으로 흩어지고 또 다시 모이기를 계속 반복하는 신비한 현상을 뚫어지게 바라보다 인연법을 확실히 이해하게 되었다.

우주 허공의 에너지들은 인연으로 결합하여 생겨나고 또 때가 되면 흩어져 허공으로 변화무상하게 전개된다. 인연으로 결합된 존재도 실은 고차원 현미경으로 보면 다 떨어져 있다. 텅텅 비어 있다. 물질도 마음도 본래 다 텅텅 빔이다. 인연법은 공(空)이요, 공은 무아다. 무아는 순수의식, 참마음, 참나, 불성이다.

이런 체험으로 모든 게 깔끔하게 정리되고 가슴속의 답답함이 싹 빠져나갔으며, 명치의 뻐근한 느낌이 순간 사라지고 체한 것 같던 가슴의 불편함도 사라졌다. 날아갈 것 같은 서늘한 기운이 폭발하는 느낌과 함께 참 행복. 참 자유, 평화가 뭔지 알게 되었다. 부처님 크신 은혜 가피지 묘력으로 부처님 말씀을 배우고 실천하며, 수행 잘하는 원리를 깨우치게 되었다.

인류 모두를 위해 모든 수행자를 위해 부처님께서 가피 내려 주셨음을 가슴 깊이 기뻐한다.

절 수행과 깨달은 빛

부처님을 믿고, 부처님 가르침을 믿고, 생명 모두는 본래 부처다를 믿고, 특히 우주법계의 근원, 마음의 근원인 참마음, 불성, 참나를 믿고 철저히 알고 이해한다. 마음의 구조와 작동 원리를 정확히 꿰뚫고 번뇌 망상, 시비분별 하는 의식의 속성이 찰나에 일어나고 사라지는 걸 지켜봄 알아차림으로 철저히 알아야 한다. 한번 일어난 번뇌 망상, 잡생각이 계속 멈춰있는 것 같은 느낌 때문에 괴로워하는 경우가 많이 있다. 자신의 마음을 지켜보는, 꿰뚫어 아는 알아차림으로 집중의 에너지가 수승해지면, 번뇌 망상이 멈춘 게 아니고 똑같은 번뇌가 지속적으로 일어나 착각하게 된 것임을 알아차리게 된다. 영사기의 필름이 하나하나 되어 있지만 영사기를 고속으로 돌리면 계속 이어진 것처럼 느껴지듯이, 번뇌 망상도 이와 똑같아 에고 중생은 자신도 모르게 착각 속에 빠지게 된다.

눈, 귀, 코, 혀, 몸의 오감을 통해 알게 되니 다섯 가지 감각을 느끼는 이 몸이 나란 착각을 갖게 된다. 자신의 머리로 생각하고 기억하고 알고 느끼게 되어, 이 몸과 마음 의식이 나라고 주장하며 살아간다. 수시로

깨 달 은

찰나찰나 일어났다 사라지는 생각, 감정, 오감이 어떻게 나인가? 순간 순간 찰나찰나 변화하는 변화무상한 몸과 마음을 자신이라 착각하는 어리석음 속에서 중생은 복잡하고 골치 아픈 삶을 살아가게 된다.

왜 본래 부처라는데, 이런 현상이 일어나 자신을 망각하고 착각의 혼돈 속에서 살아가게 되었는가? 생각하고 기억하는 마음의 대상과 다섯 가지 감각을 통해 마주치는 대상을 알게 될 때 시비분별심으로 인해 우리의 의식은 좋아하면서 애착하고, 끌어당기며 욕심을 키우고, 싫어하면서 거부하고 성냄을 키운다. 욕심, 성냄 때문에 판단이 흐려지며 어리석어진다. 좋아하고 싫어하는 의식이 강해지며, 좋아하든지 싫어하든지 그 마음에 함몰되는 것이다. 생각, 감정, 오감을 자신이라 착각하며, 나와 내 것 위주로 자신을 가꾸며 자신밖에 모르는 이기심을 키워 에고 중생의 영역을 구축해 간다.

팔만사천 잡생각, 감정, 오감에 함몰되어 마음의 근원 바탕인 순수의식, 참마음, 참나, 불성을 망각한다. 그리고 번뇌와 하나되어 에고 중생이라는, 가짜 나가 강화되어 끊임없이 번뇌 망상과 시비분별 하며 고통받고 괴로운 삶을 살아간다. 아상, 인상, 중생상, 수자상, 아만, 교만, 자만, 거만, 오만을 떨며 탐진치 의식으로 자기밖에 모르는 이기심 덩어리, 에고 중생이 된다. 본래 불성의 부처란 참마음 참나라는 사실을 완전히 망각하고 에고 중생의 만들어진 가짜 나를 자기라고 착각한다. 나와 남을 갈라놓고, 무시하고 싸우고 죽이고 훔치고 빼앗고 거짓으로 사기 치고 혼돈으로 살아간다. 자기 혼자만 좋은 것, 맛있는 것 많이 먹고 잘 자고 신나게 놀고 출세하고 성공하려 애쓰는 모습이 바로 지옥,

아귀, 축생, 아수라의 모습이다. 이런 추하고 저열한 삶에서 벗어나 진화해야, 최종 단계인 부처가 되는 걸 너무도 모른다.

　자신이 본래 부처라는 철저한 믿음과 부처라는 마음을 완벽하게 알고 이해하는 토대 위에 수행을 하여야 한다. 마음의 근원 바탕인 순수의식, 참마음, 참나, 불성의 지켜봄 알아차림이 언제나 깨어 있는 수행이라야 부처님의 참수행이다. 에고 중생의 잡생각, 감정, 오감에 함몰된 의식으로 참선한다고 의심하며 깨달으려 하고, 염불, 독경, 다라니로 삼매 이뤄 보려 하고, 명상하며 마음을 고요하게 하고 밝게 닦으려 하지만, 에고 중생은 사람을 보면 즉시 생각을 일으키고 마음의 대상을 보면 생각을 끊임없이 일으킨다. 그리고 그 생각과 하나되어, 나라는 에고를 강화시키며 번뇌 망상, 시비분별로 살아간다.

　시비분별, 에고 중생, 잡생각에서 벗어나는 길은 수행을 열심히 하는 게 절대 아니다. 에고 중생 마음으로 열심히 수행하는 자체가 에고를 강화시키는 것이다. 마음의 근원인 순수의식, 참마음, 참나, 불성의 지켜봄 알아차림 수행이 초기 수행자에게 가장 중요한 수행이다. 일, 공부, 볼 때, 들을 때, 냄새 맡을 때, 맛볼 때, 감촉 느낄 때, 숨 쉬고 말할 때, 생각할 때, 느낄 때, 꿈꿀 때, 곯아떨어졌을 때 언제 어디서나 순수의식, 참마음, 참나, 불성은 오매일여 지켜봄 알아차림하고 있다. 그러나 우리는 잡생각, 감정, 오감에 함몰되어 에고 중생 가짜 나가 설치니 순수의식, 참마음, 참나, 불성이 안 보일 뿐이고 모를 뿐이다.

　팔만사천 번뇌 망상, 잡생각에 빠져 허우적거림은 인류 지성의 비극이다. 여기에서 벗어나지 못하면 인류는 더 이상 희망이 없다. 죽어서

깨　달　은

극락 간다, 천당 간다고 확인 안 된 말 뿐이다! 팔만사천 번뇌 망상, 잡생각이 일어날 때, 오매일여 깨어 있는 알아차림 지켜봄, 꿰뚫어 앎이 완전한 정답이다. 깨달은 답이다. 영원한 자유와 평화의 행복이 본래부터 온전히 존재함이다. 화두 참구할 때 지켜봄 알아차림이, 염불 지켜봄 알아차림이, 독경 지켜봄 알아차림이, 다라니 지켜봄 알아차림이, 명상할 때 지켜봄 알아차림이, 일할 때 지켜봄 알아차림이, 공부할 때 지켜봄 알아차림이, 요리할 때 지켜봄 알아차림이, 밥 먹을 때 지켜봄 알아차림이 오나가나, 앉으나 서나, 자나 깨나, 죽으나 사나 지켜봄 알아차림이 저절로 순수하게 되어야 한다. 언제나 자신의 몸과 마음에 집중하여 회광반조하면 되는 것이다. 중생의 주특기는 나는, 내가, 내 것, 내 마음 하면서 자신의 몸뚱아리와 가짜 나와 하나되어 살아가는 것이니 중생의 삶을 이용하면 된다.

절하면서, 염불하면서, 삶 속에서 '나는 본래 부처인 나다'를 집중 염송하며 또렷하게 지켜봄 알아차림이 저절로 되게 하는 수행이다. '나는 본래 부처인 나다'의 나는 에고 중생의 나가 아니다. 마음의 근원 바탕인 순수의식, 참마음, 불성, 본성의 텅텅 빈 허공 같은 무아인 참나를 말한다.

'나는 본래 부처인 나다' 염송 수행은 수행자를 아름다운 방편으로 이끌어 주는 진언이다. 마음의 근원 순수의식, 참마음, 참나, 불성과 순간 찰나 직통으로 만나 하나되는 체험을 하게 된다. '나는 본래 부처인 나다' 염송할 때 지켜봄 알아차림이 또렷하면, 마음이 고요하고 깨끗하고 밝아지며 번뇌 망상의 어둠이 저절로 사라진다.

미세한 번뇌까지도 일어남, 일어나는 순간, 일어나고 사라지는 찰나까지도 지켜봄 알아차림으로 있는 그대로 보게 된다. '나는' 하면 마음은 언제나 자기를 향한다. 회광반조가 잘되는 방편을 택한 것이다. 참나를 끌어당기는 에너지를 강하게 한다. '본래 부처인 나다' 염송을 하면 잡생각이 뚝뚝 떨어져 나가며, 번뇌 망상 속으로 빠져들어가는 것을 미리 차단한다. 번뇌 망상 속에서 빠져나오게 되어 더 이상 번뇌 망상, 잡생각이 증폭되지 않는다. 자신의 마음을 꿰뚫어 알기 위한 지혜로운 방편이다. 번뇌 망상, 잡생각의 속성을 잘 알게 되고 그냥 바라보며 실천하게 된다.

지켜봄 알아차림이 없으면 에고 중생인 나란 생각에 함몰되어 버린다. 지켜봄 알아차림 깨어있음으로 인해 번뇌 망상이나 잡생각에 빠지지 않고 있는 그대로 지켜보게 된다. '나는 본래 부처인 나다'는 에고 중생의 어둠을 끄는 스위치요. 깨달음, 참마음 본래 밝음을 켜는 스위치이다.

'나는 본래 부처인 나다' 염송은 생각, 감정, 오감의 나는 가짜 나고 참마음, 불성, 텅텅 빈 참나는 진짜 나라는 의미이다. 아는 마음, 즉 대상을 아는 마음을 관찰하는 알아차림 참마음이 참나라는 뜻이다. '나는 본래 부처인 나다' 염송 시 지켜봄 알아차림이 염송보다 중요하다. 참마음, 불성, 참나를 지켜봄 알아차림이 불교 수행이다. 우주에서 가장 온전하고 완벽한 가르침이 마음의 근원인 순수의식, 참마음, 참나, 불성을 지켜봄 알아차림이다. 본래 언제 어디서나 오매일여 각성인 부처님의 가르침이다.

깨 달 은

깨달으려 마음먹으면, 벌써 그 욕심 속에 파묻혀 지켜봄 알아차림을 알지 못한다. 지켜봄 알아차림을 보려고, 알려고, 잘 하려고 하면, 그 욕심에 함몰되어 지켜봄 알아차림을 알지 못한다. 에고 중생의 마음으로 절대 볼 수가 없다. 저절로 보여진다. 지켜봄이 됐다 안됐다 하여, 왜 잘 안되지 하는 성냄에 함몰되면 알지 못한다. 지켜봄 알아차림을 보려고 하지 말고 안된다고 하지 말고 저절로 되게, 순수하게 알아차려라. 번뇌 망상, 잡생각이 뚝뚝 떨어져 나가고 더 고요하고 더 깨끗하고 더 밝아진다. 지켜봄 알아차림은 생각이 아니다. 마음의 근원, 순수의식, 참마음, 참나, 불성의 지켜봄 알아차림이다.

파란 하늘 허공처럼 텅텅 빈 순수의식, 참마음, 참나, 불성의 지켜봄 알아차림은 맑고 밝고 고요하고 깨끗한 지혜와 자비 넘치는 가슴 뿌듯한 행복감이다.

깨달음이란? 본래 우리 모두의 순수의식, 참마음, 참나, 불성으로 똑같은 마음이다. 참마음에서 생각, 말 모든 게 나온다. 구름 한 점 없는 파란 하늘 허공처럼 텅텅 빈 모양이며 형체도 색깔도 없다. 그래서 무아이다. 텅텅 빈 무아라는 사실을 아는 마음의 근원, 생각의 이전 자리를 참마음, 불성, 참나라 이름한다. 천천히 절하며 마음속으로 '나는 본래 부처인 나다'를 염송하는 동시에 지켜봄 알아차림이 저절로 돼야 진정 깨달음의 길이다.

3
수행, 삶 속에서 실천

현대인의 의식은 스마트폰 하나만 가지고 있으면 세계적인
수준이 된다. 삶의 질도 엄청나게 향상되었는데 수행법은
옛날 그대로이다. 이제 서양의 의학, 과학, 뇌과학, 인체공학의
도움으로 발전하여 가는 추세이다. 수행 삼매 체험을 하고,
깨달음의 본성 마음을 보고, 수행을 철저히 하며 수행을 지도해
보면 알게 된다. 수행자들의 필요에 의해 최근 많은 수행법이
쏟아지는데 자세히 들여다보면 돈벌이요, 쇼핑이요, 사람
모으기요, 도사인 척, 아는 척, 잘난 척하기용 수행법들이다.
절 수행을 통해 창조된 수행법을 삶 속에서 실천하면 참 좋은
수행이 된다.

태양 오로라 수행

태양의 뜨거운 열기와 밝은 광명빛은 만 생명을 살려 내듯, 부처님 깨달음의 영원한 광명과 깨달으신 부처님 가슴의 뜨거운 열정 대자대비는 본래 모두 다 부처라는 사실을 깨닫게 하신다. 영원한 자유와 평화, 온전한 행복으로 이끄신다.

선 자세의 변형

아침 해가 뜰 때, 정오, 저녁 해가 질 때쯤

창틀 앞에서 발을 모으고 허리, 어깨, 가슴을 쭉 펴고 혀를 입천장에 말아 붙인다. 양손은 창틀을 가볍게 잡고 전신의 힘을 뺀다. 특히 얼굴, 어깨의 힘을 뺀다.

1. 양 엄지발가락에 마음 집중하고, 양 뒤꿈치를 천천히 든다. (1분)
2. 저절로 숨이 단전으로 내려가며 숨이 고요해진다.
3. 양 엄지발가락과 양 뒤꿈치가 딱 붙은 상태로 뒤꿈치를 천천히 내리

고, 발바닥 한가운데에 부처님처럼 마음 집중한다.

4. 눈을 감고 미소 짓는 얼굴로 이마와 미간 눈꺼풀에 햇빛을 모으면, 순간 집중력이 강해지며 미간이 찡해지고 눈자위에 기운이 꽉 차는 느낌이 든다. 미간을 찌푸리면 상단전이 막히고 부정적인 얼굴로 변한다. 미간을 쫙 펴고 눈꼬리, 입꼬리를 귀에 걸고 미소 지어라.

5. 마음의 눈으로 찬란하고 멋지게 펼쳐지는 빛, 색깔, 모양의 변화를 관한다.(10분) 빨간색은 적외선이며 보라색은 자외선이고 주황, 노랑, 초록, 파랑, 남색은 가시광선으로, 빛깔이 찬란하고 선명할수록 마음이 밝고 맑고 깨끗하고 고요한 것이다.

6. 온몸과 마음, 특히 머리와 얼굴에 기운이 꽉 찬 상태가 되어, 머리는 맑고 시원하며 눈빛은 강력해지고 가슴은 시원해진다. 짧은 순간 컨디션이 조절되고 집중력이 좋아지고 스트레스가 해소된다. 몸과 마음에 기운을 불어넣어 꽉 채울 수 있다. 특히 행복 호르몬이 쏟아져 행복감이 넘친다. 수행 중 어지럽거나 머리가 띵하면 상기되어 기 순환이 잘 안되는 경우이다. 앉아서 하라. 그리고 깨달은 절 수행을 많이 하라.

해 뜨기 전, 해 지기 전, 108배를 하고

1. 선 자세로 발과 발 사이는 어깨만큼 벌리고 허리, 어깨, 가슴은 쭉 펴고 혀를 입천장에 말아 붙이고 전신의 힘을 쭉 뺀다.

2. 양 손가락을 둥글게 모아 눈앞에 쌍안경처럼 갖다 대고 해를 바라보며, 찬란한 색깔과 빛의 스펙터클한 모양 변화를 바라본다.(10분)

3. 선 자세가 불편하면 의자에 앉아서 수행해도 된다

4. 보름달이 뜰 때 이렇게 달을 바라보면 달과 산 능선에서 펼쳐지는 신비한 오로라를 볼 수 있다. 특히 이 수행은 눈과 얼굴, 머리가 시원해지는 걸 즉석에서 느낄 수 있다.

◉ 주의

눈이 너무 부시거나 햇빛이 너무 강력하여 눈이 잘 떠지지 않고 눈꺼풀이 깜빡거리면 밝은 기운이 없으니 절을 더 많이 하라. 모든 챠크라가 열려 기운을 모으고 나쁜 기운을 빼 버리고 해야 한다. 잘 안되면 눈 감고 이마와 미간에 햇빛이 모이게만 해도 큰 효과가 있다.

해넘이가 세계적으로 유명한 미얀마 바칸에서 수행한 일화

1. 온종일 절을 하고.

2. 해가 넘어가기 1시간 전부터 해가 넘어가고 10분 정도까지 수행한다.

3. 사우나 가 보면 상체는 조금 세우고 누워 쉬는 의자가 있는데 나무로 이런 의자를 만들고 매트를 깐다. 팔, 다리를 고정하고 머리도 움직이지 못하게 고정하고, 혀를 입천장에 말아 붙이고 미소 짓는 얼굴로 해를 바라본다.

4. 온몸에 기운 넘치며 잡생각이 딱 끊어지며 행복감이 폭발한다.

5. '부처님 고맙습니다'가 저절로 터져 나온다. 신심을 돈독하게 하는 효과적인 수행이다.

6. 얼굴이 저절로 밝아지고 맑아지고 환해진다. 보름 전, 보름, 보름 다음날의 달을 보며 수행해도 멋지다.

　법왕정사 깨달은 템플스테이 수련원은 이런 수행을 하기 위해, 와불
부처님이 세 분 계시는 와불산 영남 알프스의 능선이 참으로 아름다운
큰 분지의 한가운데에 있다. 봉정암 등 유명 기도처의 전망 아름다운 곳
에 이런 시설을 만들어, 불자들이 태양 부처님을 매일 친견해 태양의 밝
은 기운을 모으고, 밝은 몸과 마음이 되었으면 좋겠다.

◉ 주의

눈이 너무 부시면 절을 더 많이 하여 기운을
많이 모은 후 하고, 눈이 부셔 불편하면
손가락을 구부려서 망원경을 만들어 해를 보면
된다. 수행하지 않고 태양을 보면 망막 손상을
입을 수 있으니 조심하라. 선글라스 쓰고
수행하거나 내부에서 창문을 통해 수행하면
비타민D 생성이 안되고 효과가 적으나,
빛을 바라보며 하는 수행으로는 괜찮다.

큰 대자 와선

절 수행을 할 때는 정신도 맑고 몸도 가볍고 기분도 좋았는데, 수행을 마치고 조금 지나 보면 왠지 피곤한 것 같고 쉬어야 될 것 같은 느낌이 든다. 너무 기분이 좋아 객기 부리다 보면 피곤이 밀려와 허망할 때도 있다. 이러하니 꼭 와선을 해야 한다. 나는 법당에서 누워 있다 혼난 적이 한두 번이 아니다. 법왕정사 법당에선 아예 절을 마치고 와선하라고 권유한다. 집에서 절할 때 잠깐이라도 꼭 하라

1. 요가 매트 위에서 하거나, 차갑지 않으면 방바닥에서 그냥 하라.
2. 와선 베개를 베고 대자로 누워 와선 체조를 간단히 하고 전신의 힘을 쭉 뺀다.
3. 부처님처럼 미소 지으며 모든 의도를 내려놓는다. 잘하려는 마음, 안 된다는 마음, 다 내려놓고 털끝 하나 움직이지 않게 한다.
4. 마음으로 전두엽, 측두엽, 후두엽, 소뇌, 두정엽, 생명뇌, 송과체, 뇌하수체, 편도체, 해마, 망상체, 경추, 척추, 요추, 꼬리뼈, 골반, 다리, 무릎, 발목, 발등, 발가락, 발바닥, 용천혈 알아차림 (1분) 이마, 눈

깨 달 은

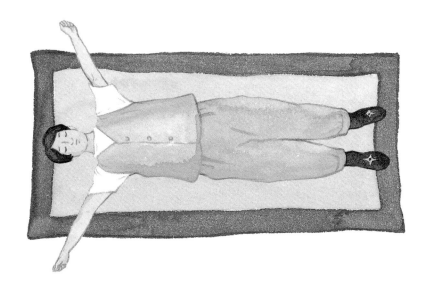

썹, 눈, 상단전, 코, 혀, 입, 턱 악관절, 얼굴 힘 빼기, 뒷골, 뒷목, 등 허리 힘 빼기, 어깨, 팔, 손 힘 빼기, 가슴, 중단전, 명치, 배꼽, 하단전, 배 힘 빼기, 전신 힘 빼기를 하고나서 다 내려놓고 지켜봄 알아차림한다.

5. 잡생각이 딱 끊어지며 입꼬리, 눈꼬리, 눈 아래 부분과 광대뼈 부분, 웃을 때 위로 올라가는 근육, 피부 등에 전기가 찌릿찌릿 오는 것 같고 입이 벌어지는 느낌이 든다. 입꼬리, 눈꼬리, 눈 주변이 머리 쪽으로 저절로 올라가며 웃는 얼굴로 변한다. 잡생각이 일체 일어나지 않으며 텅텅 빈 우주 허공 같은 참마음을 알게 된다.(10분)

6. 스트레스가 완전 해소된 느낌, 일생 받은 피로가 다 풀린 것 같고 힘이 넘친다. 잠잘 때도 와선 자세로 자면 최고의 잠자는 자세이다.

7. 몸에 기운이 꽉 차고 와선삼매에 들면, 엄지손가락이 손안으로 구부러지며 엄지 손끝이 손안에 있으면 잡생각이 딱 끊어진 고요하고 밝은 상태가 된다.

◉ 주의

와선을 너무 오래 자주 하면 게을러지고 자주 눕게 되고, 너무 오래 하면 힘이 오히려 빠지고 부정적인 꿈을 꾸게 된다.

너무 물렁한 베개나 너무 푹신한 매트에서 하지 말고 와선 삼매요나 완벽하게 높이를 맞추는 수행 도우미 휴 힐링베개를 베고 하는 게 좋다. 베개가 높거나 낮으면 머리와 목 사이, 목과 척추 사이가 막히며 와선 수행이 잘 안된다. 베개를 베지 않고 와선하면 머리가 안정적이지 않고, 삼매 상태가 자꾸 흩어진다.

뇌를 깨우는 큰 대자 와선

기상 전이나 잠자리, 누워 쉴 때, 머리 복잡하고 골치 아플 때, 스트레스 풀어야 할 때 반듯이 누운 상태에서 손은 악고를 하고 발가락을 꼼짝하고 발치기를 하며 100까지 숫자를 센다. 힘을 쭉 빼고 털끝 하나 움직이지 않으면, 잡생각이 딱 끊어진 깨끗한 순수의식 지켜봄 알아차림이 되고 생명력 유지에 필수인 우주의 기를 충전하게 된다.

잠깐의 충전으로도 몸에 기운이 꽉 차 활력을 되찾아 생생해지며, 자연 치유력이 발휘되어 몸이 건강해진다. 기상 1시간 전에 미리 일어나

깨 달 은

물 한 컵 마시고, 와선체조 잠깐 하고 전신의 힘을 쭉 빼고 털끝 하나 움직이지 않고 가볍게 미소 지으며 발바닥 용천혈에 집중해 본다. 발에서 기와 혈이 돌며 발이 후끈후끈, 짜릿짜릿해지며 배에선 꾸룩꾸룩 기운이 돌며 온몸이 따뜻해진다. 머리, 이마, 얼굴은 시원하고 숙면을 취한 것보다 훨씬 차원 높은 효과를 보아 머리는 맑고 가슴은 시원하며, 몸은 따뜻하고 가뿐하다.

나는 잠잔다고 누워 있지만 실제로 잠을 자지 않는다. 깨어있음으로 알아차리고 일어나 몸 풀고 다시 누워 알아차리며 수행한다. 잠자면 백발백중 꿈꾼다. 와선으로 깨어 있는 게 훨씬 몸과 마음이 밝고 맑고 깨끗해져 건강하다. 불면증, 졸림, 피로, 스트레스 등이 확 날아가고 몸이 정화되며 노폐물, 독소, 가스가 가장 잘 빠져나감을 알 수 있다. 하루종일 생생하고 맑게 생활할 수 있는 와선이 비전이다.

깨달은 와선 수행

먼저 몸과 마음, 척추, 신경, 근육 등의 긴장과 경직을 완벽하게 풀어 버린다. 온몸과 마음에 밝고 맑은 기운을 가득 채워 주며 스트레스를 날려 버린다. 그리고 나면 잡생각과 번뇌 망상이 딱 끊어져 고요하고 평화롭고 깨끗한 비어있음의 상태를 체험하게 된다. 누구나 참마음 참나를 쉽게 알게 된다.

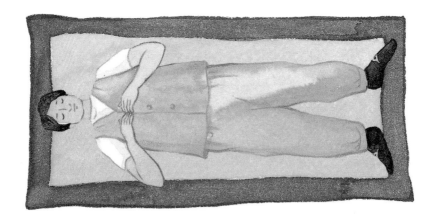

깨 달 은

1. 깨달은 108배를 마치고 난 후 바른 자세로 앉는다. 마음 힐링 코드인 상단전, 귀 위, 귀 뒤, 눈꼬리 옆, 관자놀이를 검지 중지 약지를 모아 그 끝 부분으로 각각 30번씩 가볍게 두드려 준다.

2. 이빨치기를 30번 한다.

3. 누워서 무릎을 세우고, 무릎을 좌우로 움직여 스트레칭한다. (10회)

4. 중단전, 오목가슴, 횡격막, 명치, 태양 신경총, 배꼽, 단전을 손끝과 손가락으로 문질러 풀어 준다.

5. 숨을 아랫배로 깊이 들이마신 후, 길게 푸~ 하고 내뱉는다. (1회)

6. 완벽하게 딱 맞춘 높이의 베개를 베고 눕는다. 팔을 벌리고 혀를 입천장에 말아 붙이고 손가락은 악고를 한다. 온몸의 힘을 쭉 빼고 털끝 하나 움직이지 않게 숨소리도 나지 않게 하고, 눈을 70%만 뜬 채

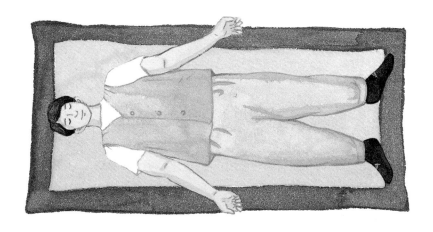

무심으로 그냥 하늘을 바라본다.

7. 몸과 마음이 고요해지고 또렷또렷해지며 평온해진다. 번뇌 망상과
   잡생각이 딱 멈춘 상태로 지켜봄 알아차림이 저절로 되며, 온몸에 기
   운이 꽉 찬 상태로 시비분별의 에고 나는 사라지고 허공처럼 되며 광
   대해지는 참마음 참나를 체험하게 된다.

깨 달 은

코선

고두례 변형 자세에서 발전하고, 큰 대자 와선에서 엎어져 변형된 자세이다. 몸에 힘이 없고 가스가 많이 차, 컨디션이 나쁘고 집중이 잘 안되고 부정적 마음이 일어날 때 하면 좋은 수행이다.

1. 엎드려 오른쪽 무릎을 가슴 쪽으로 올리고 오른손은 코를 감싸고 왼손과 왼다리는 쭉 뻗는다.
2. 숨을 길게 입으로 내쉬고 혀를 입천장에 말아 붙인다.
3. 저절로 단전호흡이 됨을 확인하고 전신의 힘을 쭉 뺀다.
4. 들숨 날숨을 알아차린다.
5. 숨이 고요하면 지켜봄 알아차림한다. (10분)
6. 자세를 반대로 취하고 3분 정도 수행하다 끝낸다.
7. 상기병을 내리고 막힌 단전을 뚫고 배를 따뜻하게 하며 온몸에 기운을 꽉 채우는 수행의 비전이다. 특히 잠이 잘 안 올 때 하면 숙면을 취할 수 있다. 잠이 안 올 때 들숨 날숨을 관하면 안된다. 숨을 고요하게 하여 숨소리가 나지 않게 하고, 움직이지 말고 힘을 쭉 빼고 기운 모

아짐을 알아차리면 쉽게 잠이 든다.

자동 단전 복식호흡이 완벽하게 저절로 되며, 배는 따뜻하고 정수리 부분이 순간 시원해지고 입에 달콤한 침이 고이고 눈은 촉촉해지며 안구건조증도 저절로 극복된다.

● 주의

절대로 억지로 단전호흡을 해서는 안 된다. 한쪽 방향으로 너무 오래 수행하지 마라. 어깨, 등, 허리, 엉덩이가 차가우면 얇은 이불을 덮고 해도 된다. 입이 벌어져 침을 자주 흘리게 되면 입에 3M 무독성 종이테이프를 붙이고 하라.

깨 달 은

고두례 변형 자세

절 수행자들을 지켜보면 접족례 고두례 자세에 정신을 모으지 않고, 형식적으로 끝내는 걸 보게 된다. 나를 완전히 낮추고 내 마음을 다 내려놓고, 부처님을 공경 찬탄하며 감사하고, 간절함과 지극함으로 정성을 모아 기도하고 발원해야 한다.

1. 고두례 자세에서 무릎을 더 벌리고, 팔꿈치를 더 앞으로 짚어 등허리가 쭉 펴지도록 한다. 바지 허리띠를 느슨하게 하고 팬티를 골반에 걸친다.
2. 입으로 숨을 길게 내쉰다. 들숨을 억지로 하지 말고 그냥 자연스럽게 내쉰다. (1회)
3. 양손으로 코와 입을 감싸고 숨을 지켜본다.
4. 숨이 고요해지고 단전호흡이 저절로 되고 입안에 침이 고이기 시작하면, 전신에 힘을 쭉 빼고 혀를 입천장에 말아 붙이고 손은 합장하여 미간에 댄다.
5. 아무것도 하지 않고 그대로 있어 보면 우주 태양, 지구 땅의 기운이

강력하게 끌어들여진다. 척수 뇌수의 순환이 잘 되어 머리가 맑아지는 게 느껴지고, 온몸에 기혈 순환이 좋아져 배, 허리 등 하체가 따뜻해진다.(10분)

6. 중단전, 하단전이 저절로 뚫리니, 절대로 억지로 의식적으로 단전호흡 하지 마라.

◉ 주의

심장이 빨리 뛰고 숨이 거칠거나, 고개를 숙이면 혈압이 올라간다. 전신의 힘을 쭉 빼고 살짝 미소 지어라. 옷이 꽉 끼거나 허리띠가 배를 조이면 복압이 올라가니 고개 들고 허리띠를 느슨하게 한다. 혀를 입천장에 말아 붙이고 전신의 힘은 쭉 빼고 가만히 있어 보면 심장박동이 줄어들고 숨이 고요해지며 편안해진다.

깨 달 은

무릎 꿇기

숨을 단전으로 저절로 내려 주며, 가슴 어깨로 들이쉬는 숨을 교정해 주고 온몸에 기운을 모으고 돌려준다. 몸속의 노폐물, 가스, 독소 등을 강력하게 빼 주며 등허리가 가장 잘 펴지고 용기와 배짱을 기르는 참 좋은 수행이다. 무릎 꿇고 수행하는 수행자들은 드물고, 무릎이 아파 수술하는 사람은 점차 늘어난다.

무릎을 건강하고 튼튼하게 하는 가장 좋은 방법이 깨달은 절을 하고 수시로 무릎을 꿇는 것이다. 깨달은 절 수행과 무릎 꿇기는 서 있거나 걷는 것보다 훨씬 쉽고 부담이 없다. 오히려 무릎을 보호하고 무릎 주변의 근육을 발달시켜 주며, 혈액순환이 좋아져 무릎과 배가 따뜻해지며 무릎을 건강하게 해 준다.

1. 무릎을 꿇고 허리, 어깨, 가슴을 쭉 편다
2. 무릎과 무릎 사이를 가능한 한 붙인다.
3. 엄지발가락은 서로 붙인다.
4. 손은 엄지손가락을 네 번째 손가락 시작점에 댄 채, 가볍게 쥔다. 팔

과 손목이 배에 닿게 하고 손은 대퇴부 위에 놓는다.

5. 입으로 숨을 길게 내쉰다.(1회) 어깨, 가슴으로 들이쉬지 말고 저절로 단전호흡된 상태로 숨을 내쉰다.

6. 앞가슴을 가볍게 내밀고 턱을 당기고 얼굴 펴고 혀를 입천장에 말아 붙인다. 전신의 힘을 쭉 빼고 눈을 감고 부처님처럼 아름답게 미소 짓는다.

7. 호흡을 알아차림하다 보면 숨이 고요해지며, 온몸과 마음이 밝은 기운으로 꽉 차서 들숨 날숨의 느낌이 사라지기도 한다. 이때부터는 눈을 약간만 떠 밝은 빛 속에서 숨을 바라보지 말고, 지켜봄 알아차림이 저절로 되게 한다.(20분)

8. 집중의 힘과 지켜봄 알아차림의 힘이 강해지면 눈을 뜨고 하는 게 더욱 효과적이다. 이때 눈동자를 모으면 안 된다. 이게 긴장이다. 눈동자의 힘을 빼고 해야 한다.

9. 스트레스를 받으면 세포 속 에너지 발전소 미토콘드리아가 멈추어 힘이 없어지면서 스트레스를 극복하지 못한다. 무릎 꿇는 수행은 강력한 호흡으로, 기운을 단시간에 모으고 돌려 스트레스를 이기는 비법이다. 절대 기능성 음료나 설탕, 커피, 초콜릿, 달콤한 빵, 과자를 먹지 말고 무릎 꿇고 수행하면 된다.

10. 상, 중, 하 단전이 동시에 뻥 뚫리며, 머리는 맑고 이마는 시원하고 혀는 입천장에 짝 달라 붙어 있고 달콤한 침이 많이 나온다. 가슴이 뻥 뚫려 시원하며 답답함이 깨끗이 사라진다. 피부가 매끈매끈 보들보들해지며 윤기가 돈다.

깨 달 은

11. 종일 수행하는 수행자도 빌빌대는데 어쩌다 한번 가부좌 틀고 앉아서 수행한다고 힘 빼지 마라. 팔자로 혹은 공자 무릎으로 걸으면 힘이 저절로 빠지듯, 가부좌를 잘못하면 양 무릎이 벌어져 기운이 잘 모아지지 않고 흩어진다. 집중이 잘되어 몸이 이완되면 구부정한 불량자세가 되어 힘이 모아지지 않고 빠진다. 그렇게 되면 허릿심, 뱃심이 없어지니 사두박근, 괄약근에 힘이 없어 입이 자꾸 벌어진다. 잠잘 때도 입 벌리면 냉기, 병기, 먼지, 찬바람을 들이마시며 부정적 꿈을 꾸어 잠의 질이 떨어지니 하루 종일 정신이 멍하다.

무릎 꿇는 수행을 아침에 일어나서 바로 하고, 저녁 잠자기 전 20분씩 수행하라. 생생, 씽씽, 팔팔한 최고의 힘을 자랑하게 된다. 무릎 아픈 사람은 보편적으로 배가 차갑다. 저녁 잠자리와 아침 기상 전에 발목 돌리기와 발끝치기를 많이 하면 좋아진다. 특히 절하기 전에 무릎과 오금을 문질러 주면 따뜻해져서 혈액순환이 좋아지고, 관절액이 나오며 좋아진다. 특히 무릎 위 근육이 튼튼해지고 무릎 주변 특수근육이 발달하며 무릎이 건강해진다. 절을 하고 나서 무릎 꿇고 염불 수행을 해 보면, 절하면서 빠져나가지 않은 나쁜 기운이 뱃속 깊은 곳에서 빠져나옴을 알 수 있다. 처음에 힘들면 1분씩 연습하면 다 된다. 염불, 독경, 명상 수행할 때 가장 효과 좋은 자세이다.

절 수행 후 무릎 꿇고 가스 빼기

가스 때문에 가슴이 막히면 화병, 냉병, 상기병이 된다. 얼굴, 머리로 혈압이 올라갈 때 가스가 많으면 혈압이 증폭되고, 배에 기운도 돌지 않는다. 가스가 차면 숨이 배로 내려가지 않는다. 화가 날 때 더욱더 화를 증폭시키는 주범이 가스이다. 이렇게 가스 차고 막혀 자율신경과 단전 복식호흡이 무너지고, 공격 호르몬이 나오는 상태로 단전호흡, 기 수련, 쿤달리니 챠크라, 참선, 독경, 염불, 다라니, 명상, 공부, 컴퓨터, 연구, 예술 활동을 절대 하지 마라. 할수록 더 안 된다.

배를 수행 도우미 배요온대 보호대로 따뜻하게 보온하고, 전신의 힘을 쭉 빼 긴장, 경직을 풀고 밝은 얼굴로 미소 지으며 올바른 자세로 바르게 절하는 것이 유일한 길이다. 자세불량으로 챠크라가 막히고, 가스 차서 막히면 몸도 마음도 망가진다. 완벽한 절 수행으로 뚫고, 펴고, 교정하고 가스를 빼라. 완벽한 동작으로 절하면 머리끝, 손끝, 발끝까지 온몸이 움직여지며 기운이 돈다. 온몸의 세포가 깨어나며 노폐물, 독소, 가스, 나쁜 기운이 다 빠져나간다.

그 후 무릎을 꿇고 양손 엄지를 펴서 서로 맞대고 나머지 손가락은

깨 달 은

붙이고 양 손끝을 맞대어 배꼽 주변에 가볍게 대고 염불을 한다. 위장, 소장, 대장에 숨어 있던 가스가 완벽하게 빠져나가며 턱밑샘, 귀밑샘, 혀밑샘에서 달콤한 감로수 침이 엄청나게 많이 나온다. 침 속에는 소화제, 살균제, 면역제, 항암제가 들어 있어 몸을 유연하게 해 준다. 안구건조, 구강건조, 피부건조를 일시에 사라지게 해 준다. 이때 기운이 잘 돌아 수승화강, 즉 머리의 열은 배로 내려가 배를 따뜻하게 해 주고, 배의 수기가 따뜻해지면서 머리로 올라가 머리를 시원하게 해 준다.

이때 자신의 배, 가슴, 어깨, 머리, 얼굴 등을 관찰해 보면 정신이 맑고 몸은 가볍고 상쾌하며 기운이 꽉 찬 상태임을 알 수 있다. 저절로 되는 자동 단전 복식호흡을 통해 하단전을 뚫게 되면 용기, 뱃심, 배짱이 좋아지며 당당해진다. 맑은 공명의 소리가 나온다.

염불소리를 들어 뇌를 일깨우고, 이때 혀는 입천장을 탁탁 치며 생명뇌를 일깨운다. 원활한 산소 공급과 기운 꽉 찬 긍정의 상태에서 엔돌핀, 도파민, 세로토닌 호르몬의 침이 나오며, 기쁘고 즐겁고 환희심 나며 행복해진다. 상단전, 중단전, 하단전이 열리며 우주 태양의 기운, 지구 땅의 기운이 단전에 모이고 돌아서 수승화강 된다. 얼굴은 밝고 눈동자는 빛나며 지켜봄 알아차림 삼매의 힘이 강력해지고 황금빛 찬란한 에너지가 폭발하며 삼매체험을 한다.

절 수행과 손, 발, 목, 얼굴 풀기

손, 발, 얼굴의 모세혈관이 막히면 주변에 노폐물이 모이면서 손, 발목의 기능이 떨어지며 하나둘씩 문제가 생기기 시작한다. 심장에서 가장 먼 손, 발 주변이 막혀 노폐물이 쌓이는 것이다. 스트레스를 받아 긴장하면 손, 발이 더 떨리고, 축축한 식은땀이 난다. 마음은 잘 다스려지지 않게 되며, 갖가지 병적인 현상들이 생긴다.

목이 막힌 상태로 공부를 하거나 컴퓨터나 스마트폰을 볼 때 보면, 고개를 꺾어 너무 숙이거나 목을 자라처럼 쭉 빼어 일자목을 만든다. 이러한 상태로 운동이나 일을 하거나 걷기를 하면, 뇌에 충격이 가해져 머리에 묘한 현상이 일어난다. 고개를 숙이거나 일자목을 하면 머리는 말할 것도 없고 전신과 마음에도 문제가 생긴다. 이러한 상태로 절하면 바로 상기되어 얼굴이 빨개지고 힘이 쭉쭉 빠져나간다. 걸음을 걸을 때 보면 고개 숙이거나 턱 쳐들고, 등허리 숙이고 팔자걸음으로 신발을 질질 끌며 다닌다. 악관절에 힘이 빠져 음식물을 제대로 씹지 못하고, 언제나 입이 벌어진 바보 같은 얼굴을 하고 있다. 입이 벌어지니 입으로 숨을 쉬게 되어 역호흡을 하며, 찬바람, 먼지, 냉기, 병기가 들어와 눈,

깨 달 은

코, 입, 목구멍 등 온몸에 문제가 생긴다.

의지가 약해져 언제나 우유부단하고, 자신의 일을 찾아서 하지 못하고 지시 받고도 잘못한다. 입이 저절로 벌어지면 괄약근이 힘을 잃게 되어 위산 역류나 요실금, 분실금, 치질이 오며, 배에 힘이 모아지지 않으니 배로 숨이 내려가질 않는다. 깨달은 절 수행을 하며 일어섰을 때, 바른 자세로 괄약근 사두박근이 저절로 조여지면 요실금은 단시일 내에 사라진다.

특히 잠잘 때 입을 벌리고 자면 밤새 기운이 모아지지 않고, 빠져나가니 피로회복이 되지 않는다. 팔, 다리 쥐나고 저린 현상이 점점 심해진다. 꿈을 꾸어도 무서운, 재수 없는 악몽을 꾸게 되어 낮에까지 영향을 주고, 머리는 흐리멍텅, 온몸이 빙빙 도는 것 같은 현상이 온다. 전신의 땀구멍이 막히고 노폐물, 독소, 가스가 차서 절해 보면 숨이 차고, 헐떡거리거나 혈압이 상승한다. 절을 해도 여름엔 에어컨을 틀어 놓고 절하고, 겨울은 따뜻한 곳에서 반팔, 반바지 입고 절하니 노폐물, 독소가 빠져나가지 않아 절을 하나마나이다.

목 구부림, 손목, 발목 막힘 현상을 극복하고 노폐물 독소를 빼내지 않으면 백발백중 몸과 마음에 이상이 온다. 초기엔 병원 검사로 알 수가 없다. 상기병, 화병, 냉병이 동시에 온몸에서 일어난다. 잠잘 때 베개가 너무 높거나 너무 낮은 경우, 또 꼬불꼬불한 베개, 물렁물렁한 베개, 목침 등도 다 목에 이상을 가져온다. 특히 베개를 베지 않아도 목이 경직되며 일자목이 되어 문제가 된다. 반듯이 누웠을 때 베개를 베지 않은 것 같은 느낌이어야 좋고, 양옆으로 뒤척일 때도 편해야 한다. 자신에게 완벽하게 딱 맞는 베개를 선택해야 하고 맞춤베개 만드는 법을 알아야 한다.

　나이 들어 늙으면 저절로 이런 몸이 되어 고통받고 고생한다. 젊은 사람도 이런 현상이 빠른 속도로 늘어나고 있다. 특히 청소년이 제일 문제이다. 자세는 삐딱하고 구부정한 데다 팔자걸음이고 컴퓨터, 스마트폰 할 때는 목을 꺾고 구부린다. 평소 앉아 있는 자세를 보면 참으로 가관이다. 바른 자세를 취하고 바르게 걷고 완벽한 방법으로 깨달은 절 수행을 하면 모든 문제가 일시에 해결된다. 완벽한 절 수행자는 몸과 마음이 가장 건강한, 또 성공하고 출세할 준비가 된 행복한 수행자이다. 엄지손가락으로 귀 위를, 나머지 손가락으로 머리를 문지르고 엄지손가락으로 귀 뒤를, 나머지 손가락은 귀 앞과 볼을 문지른다. 이렇게 눈썹과 미간을 풀고, 엄지손가락 첫째 마디를 구부려 눈 밑과 코 옆을 푼다. 엄지와 검지로 입 주변, 턱과 악관절을 푼다. 이가 시리거나 잇몸이 아플 때, 주변을 풀어 주면 효과가 바로 나타난다. 특히 코 아래 인중에서 광대뼈 주변과 귀 앞을 잘 풀어 주면 얼굴이 가벼워지고 정신이 맑아지며 밝게 웃게 된다.

절 수행과 발, 무릎 풀기

절 수행 앞뒤로 하면 좋은 수행이다. 발목을 돌리고 발가락을 꼼작꼼작 하고 꽉 쥐었다 풀어 주기를 반복한다. 무릎과 무릎 주변, 오금을 양손 바닥으로 뜨겁게 열이 날 때까지 문지른 후 손바닥으로 1분 정도 두드린 다. 쪼그리고 앉아 무릎을 손으로 짚고 오리걸음을 시계반대 방향으로 3분 정도 하면 좋다. 뒤로 걷기를 하거나 계단을 뒤로 내려가기 하면 몸 이 잘 풀리며 무릎 건강에 아주 좋다.

절 수행을 잘못하면 무릎을 괴롭히게 되지만, 깨달은 절 수행을 완벽 한 자세로 하면 무릎 건강에 최고이다. 필요 없는 뱃살, 지방을 빼 주고 무릎 위 근육과 엉덩이, 허리 근육, 장딴지 근육을 튼튼하게 단련하여, 무릎 주변 특수근육과 인대를 발달시키는 최고의 무릎 건강법이다.

무릎은 상체를 받들고 있는 기관이다. 왼쪽 무릎은 아버지, 오른쪽 무릎은 어머니를 상징한다. 부모나 윗사람과의 관계가 나쁘면 무릎에 이상이 온다. 무릎 아픈 사람들의 특징은 배가 차갑고 신장 기능이 떨어 진다는 것이다. 무릎에 힘이 없으면 허리, 배에도 힘이 빠지며 괄약근 도 힘이 빠져 기능을 잃는다.

절 수행과 어깨, 목, 척추 풀기

절을 하며 접족례를 할 때, 손과 손 사이를 어깨넓이로 짚고 팔꿈치는 벌리고 무릎 사이도 벌린다. 팔꿈치는 바닥에 닿게 하고 엉덩이는 뒤꿈치에 닿게 하며, 손을 뒤집어 접족례 하지 않고 이마와 코끝과 턱과 얼굴 전체를 금강저 기도포 바닥에 깊이 댄다. 이때 자신의 목과 어깨, 등허리를 잘 지켜보면 저절로 뒷골과 목, 어깨, 등줄기, 꼬리뼈, 골반 등이 풀어짐을 알 수 있다.

이때 양 어깨에 힘을 살짝 주고 (1초) 뒷목과 뒷골 쪽으로 약간 올리면, 일자목이 C 자 목으로 교정되고 어깨의 높이가 같아지며 척추가 곧게 교정된다. 뒷머리, 뒷목, 등허리, 옆구리, 악관절, 턱, 겨드랑이의 림프가 풀리며 머리가 시원해지고 어깨가 가뿐해진다. 턱 아래 목 부분을 풀어야 몸속 노폐물이 잘 빠져나간다. 몸속 노폐물 빼내는 스위치가 턱 밑 목젖 윗부분이다.

자세 불량과 컴퓨터, 스마트폰, 공부 그리고 베개가 너무 높거나 너무 낮으면 목은 일자 자라목이 되고 어깨는 짝짝이, 척추는 측만이 된다. 특히 남자들은 소변 볼 때, 고개 숙여 내려다보지 말고 정면을 응시

깨 달 은

한 채 엄지발가락에 집중하고 뒤꿈치를 들고 허리, 어깨, 가슴, 얼굴을 쭉 펴라. 챠크라가 열리며 가스, 독소, 나쁜 기운이 쭉 빠져나가고 몸이 가벼워지며 정신이 맑아진다. 건강하지 않은 몸 상태로 출세하고 성공한다 해도, 이미 몸은 망가져 불행과 병이 진행된다. 몸을 건강하게 하는 건 그리 어렵지 않다. 자세를 바르게 하고 스트레스와 잘못된 자세로 굳은 근육, 인대, 신경을 수시로 풀어 주어라. 심장이 심하게 뛰고 숨이 거칠어 헐떡거리면 운동은 되겠지만 건강법은 절대 아니다. 깨달은 절 수행으로 이렇게 교정하면 간단하게 해결되고, 몸과 마음이 동시에 건강해진다.

가슴 챠크라 뚫고 담적 화 풀기

깨달은 절 수행을 하다 보면 과거에 아팠던 곳에서 명현 반응이 오면서 아픈 원인의 마음이 소멸되는 걸 알 수 있다. 이때 몸에서 일어나는 아픈 통증이 있는데, 그곳이 바로 담적, 독소가 모여 있는 곳이다. 몸에 아픈 곳이나 병이 있으면 그 주변을 검지손가락을 구부려 두 번째 마디와 엄지손가락 끝으로 강하게 집어 보아라. 누구나 다 분명 통증이 온다. 그리고 낫는다. 통증이 오지 않으면 신경이 마비된 것이다. 강하게 집고 마음을 집중해 보면 신경이 살아나면서 엄청난 통증이 일어남을 알수 있다. 통증이 사라질 때까지 집어 주어라. 이게 치유이고 예방 의학이다.

이렇게 아픈 곳이 누구나 다 전신 곳곳에, 특히 중요한 머리, 눈, 코, 귀, 입, 가슴, 배에 있다.

사람들은 자신의 몸을, 몸 상태를 잘 모른다. 마음은 언제나 몸을 떠나 떠돌고 있으니 주인 없는 몸뚱이는 병들고 아플 수밖에 없다. 몸뚱이가 아프다고, 괴롭다고, 슬프다고, 피곤하다고 아무리 하소연해도 몸떠난 주인은 알아듣지 못한다. 몸의 병이 깊어져 죽을 정도로 아파야,

깨 달 은

그제서야 허둥지둥 몸에 집중한다. 의사, 약사, 병원을 괴롭히며 자신은 더 괴롭고 재산, 돈 다 날리고 가족까지 괴롭힌다.

이러한 현상은 왜 일어나는가? 스트레스 때문이란다. 스트레스가 만병의 적이라는 것은 누구나 다 안다. 그러나 왜 만병의 원인이 되는지는 잘 모른다. 이렇게 담적이 많은 상태로 절해 보면 100% 효과가 없다고 말할 수 있다. 잘 안되는 절, 하기 싫은 절, 힘든 절을 하니 효과가 좋을 리가 없다. 스트레스 받으면 스트레스 호르몬이 나오며 온몸에서 가장 예민한 심장이 뛰고 숨은 거칠어지며, 혈압이 올라간다. 이때 심장, 폐와 횡격막 가까이 있는, 제 2의 뇌인 위장에 담적, 독소가 생겨 굳어진다. 이때 독소 가스가 발생하여 위장이 팽창하여 움직임이 없어진다. 이렇게 되니 위장에서 피 공급이 안돼, 소화가 잘 안되고 더 많은 가스가 발생하게 된다.

스트레스를 받으면 이를 극복해 보려고 가스, 독소 등이 많이 발생하는 음식을 시도 때도 없이 많이 먹게 된다. 특히 밤에 많이 먹고 자니 독소, 가스가 혈관, 림프관을 타고 전신에 퍼진다. 가스가 머리에 가면 머리가 아프고 정신이 흐릿해지며, 눈에 가면 눈앞이 희뿌옇고 귀에 가면 소리가 나고, 코에 가면 코 막히고, 입에 가면 부르트고 이상이 온다. 특히 입 주변, 광대뼈 아래 부분에 많이 모이는데, 겉으로 드러난 피부 트러블이 그런 것이다. 머리에 번뇌 망상이 꽉 차 있고, 가슴에 부정적 감정이 터질 듯 들어 있고, 온몸엔 피로와 독소, 가스, 병고액난이 꽉 찬참으로 고통스럽고 괴로운 느낌이다.

잠자고 일어나 보면 어깨나 목이 뻣뻣한 경우도 대부분이 담적 현상이다. 심장에 압이 너무 세면 왼쪽 어깨가 결리며 화, 분노가 잘 나고, 폐에 압이 강해지면 오른쪽 어깨가 결리며 슬픔이 일어난다. 숨이 차며 코가 막히고 뒷골, 뒷목, 악관절, 턱이 뻣뻣해지는 경우도 이 담적 현상이다. 그 주변을 강하게 집어 보면 알 수 있다. 통증이 크게 온다. 특히 겨드랑이, 림프 관련된 곳, 명치, 배꼽 주변, 횡격막 주변, 가로 주름 있는 곳과 그 주름 바로 상부 일대에 통증이 강하게 일어나는 곳이 많다. 눈물이 찔끔찔끔 나오며 얼굴이 완전 일그러진다. 특히 고개 숙이고 허리 굽혀 공부, 컴퓨터, 일 많이 하고 운동 하지 않는 사람들의 경우 아주 심하다.

평생 모인 담적 덩어리를 한 번도 풀어 주지 않은 사람들이 대부분이다. 마사지, 지압, 경락 관리를 받아도 그때뿐이다. 담적 덩어리를 풀어 주고 가스를 빼 주고 스트레스 받지 않게 해야 한다. 특히 가슴에 맺혀 있는 응어리를 풀어 주고, 위장을 풀어야 한다. 위산이 역류한다면 위장의 괄약근이 풀린 것으로 위장이 굳었다는 뜻이다. 위장의 겉부분에 담적 독소가 쌓여 위장이 굳었으니 위 내시경을 해도 절대 안 나온다. 심장은 펄떡펄떡 뛰고 숨은 거칠어 식식대니, 제2의 뇌라는 위장은 참으로 괴롭다. 여기다 불결하고 질 나쁜 음식을 시도 때도 없이 들여보내니 죽을 맛이다. 이런 것들을 통틀어 화병이라 한다. 이렇게 되면 머리는 상기병, 아랫도리는 냉병이 된다. 이런 현상을 극복 못하면 건강은 없다. 백발백중 더 아프다. 약으로 침으로 절대 극복 못한다.

수행 중 머리가 맑지 않고 눈은 뿌옇고 가슴은 답답, 명치는 멍멍하며 체한 것 같다. 컨디션 나쁠 때는 수행으로 극복하려 하지 마라. 시간 낭비요, 에너지 낭비이며 부정적인 몸과 마음을 증폭시킬 뿐이다. 검지 손가락을 구부려 다이아몬드로 만들어 두 번째 마디와 엄지손가락 끝으로 미간, 가슴, 명치, 겨드랑이 부분 중 통증 심한 곳을 강하게 집어 보라. 바로 즉석에서 풀리고 뚫리며, 미묘하고 신기한 신바람 나는 현상이 일어나 컨디션이 좋아진다.

담적 덩어리로 인해 막히면, 기혈 순환이 나빠져 정신이 맑지 않고 눈빛이 흐리며 몸이 무겁고 컨디션이 좋지 않다. 모든 일에 자신감이 떨어져, 능력 발휘 못하고 매번 좌절하고 실패한다. 뚫어 버리는 순간, 바로 즉석에서 눈빛이 밝아지고 정신이 맑아지며 몸이 가뿐하고 상쾌하며 컨디션이 최고가 된다.

본인 스스로 배워서 수시로 실천해 뚫고 빼 버리는 게 정답이다. 절을 하고 도인 체조로 요가, 헬스, 운동을 아무리 해도 안된다. 절하기 전에 1분이라도 뚫고 해야 효과적으로 절할 수 있다. 뚫어 보면 박하사탕 먹은 듯 화한 느낌, 시원한 파스를 바른 듯한 서늘한 느낌이 든다. 가슴이 뻥 뚫리고 가스, 독소가 빠져나가며 몸이 날아갈 것 같이 가볍고 용기, 배짱, 뱃심 등이 솟는다.

절하고 싶은데 절이 잘 안된다는 착한 불자님들을 위해 특별히 이 내용을 바친다. 부정적인 몸과 마음을 바꾸고, 새사람 새불자가 되도록 스스로 자신을 다스리는 방법이다. 이젠 몸 건강 걱정하지 말고, 막힌 곳 스스로 뚫어 버리고 깨달은 절을 하며 깨달을 준비를 하라.

진짜 업장소멸이란?

우리의 정신은 끊임없이 윤회한다. 엄청나게 많은 세월 동안 찰나도 멈추지 않고 생각, 감정, 기억이 계속 일어나고 사라지고를 반복하고 있다. 생각은 깨닫기 전까지, 깨달을 때까진 끊임없이 반복된다. 수많은 생의 진화 과정을 거치면서 굶어 죽지 않으려고, 얼어 죽지 않으려고, 잡아먹히지 않으려고 또한 잡아먹고 살아 보려고 부단히 노력하던 에너지들이 우리의 생명 뇌에 입력되어 있다. 무의식중에 이러한 기억이 떠올라, 언제나 두렵고 무겁고 불안하며 초조하다.

심장이 너무 뛰어 가슴이 아프다. 숨이 너무 거칠어 슬프다. 현대 인류의 삶은 인간을 잡아먹던 호랑이, 사자, 늑대보다 수천억만 배 더 무서운 삶이 되었다. 죽이고, 먹히고, 잡히고, 짓밟히고 망해야 하는 경쟁, 가슴 떨리고 소름 돋는 무서운 공포 등 사바세계의 삶은 고통의 연속이다. 부모님과 선생님의 잔소리, 지적, 훈시, 체벌, 동료의 왕따, 폭력, 가난, 배고픔 등으로 두려워한다. 용돈 한번 못 써 보고 부모 원망, 무서운 아버지가 싫고, 죄지은 것도 없는데 경찰 보면 두려워하고, 폭력배, 조폭, 깡패 인연도 없는데 무서워하고, 자동차 사고, 화재 사고,

전쟁이 무섭고, 죽어 보지도 않았는데 죽는 걸 제일 두려워한다.

착한 사람 중, 머리는 좋은데 몸이 부실해서 자신을 잘 다스리지 못하면서 집에선 아내가 무서워서 술, 회사에선 상관, 부하가 무서워 술을 마시는 사람들이 있다. 결국 술한테 지고 만다. 종과 노예로 살던 슬픔이 채 마르기도 전에 돈의 노예, 일과 삶의 노예가 되니 참으로 서글프다. TV, 영화, 책 등 부정적이고 공포스러운 기억을 되살아나게 하는 것들이 너무 많다. 특히 TV 뉴스에선 차 사고 나고, 불나고, 죽이고, 훔치고, 못된 짓 하는 게 매일 수시로 나온다. 영화는 죽이고 죽는, 뺏고 빼앗기는 소재가 제일 많고, 학교에선 공부로 싸우고, 이기고, 진다. 이런 철저한 경쟁 사회에서 돈 벌려고 아웅다웅 평생 고생해야 하는 슬픈 현실이 우리의 삶이다.

특히 종교는 은근히 어이없는 일이 많다. 입만 열면 지옥, 귀신 타령이다. 눈망울 툭 튀어 나온 게 사람 짓밟고 있는 것 만들어 놓고 겁주고, 지옥 갔다고 겁주며 재 지내라 하고, 시커먼 사진가구 모셔 놓고 노골적으로 장사한다. 사주팔자 떠들며 부정적으로 매도하고 불행으로 겁주고 삼재 소리 해 가며 겁을 준다. 행복하게 살아 보려고 열심히 살아왔지만 건진 건 겨우 불행뿐! 깨달아 보려고 수행 열심히 했지만 오리무중이고 아직도 뭐가 뭔지 모를 뿐! 이러한 사건 사고, 삶의 기억들이 무의식중에서 시도 때도 없이 우리의 뇌와 인생, 삶을 지배한다.

의식적으로 열심히 하자며 애써 보지만, 자신도 모르는 사이에 무의식의 부정적인 강력한 에너지 앞에 언제나 무릎을 꿇고 만다. 몸도 피곤, 마음도 피곤, 몸도 아프고, 마음도 아프며, 복잡하고 혼란스러우며,

지치고 지쳐 힘이 없다. 과거의 충격적인 기억들은 시도 때도 없이 나타나, 마음을 부정적인 방향으로 끌고 가며 언제나 좌절하게 한다. 성공하고 출세해 잘나간다 해도 불안하고 피곤하며, 스트레스 받는 것은 다 똑같다. 이런 삶의 모습으로, 불행과 병고액난의 노예로 살지 마라.

진짜 업장소멸이란, 이러한 지난 세월의 더럽고 추한 생각으로 지배 받던 삶에서 온전히 벗어나는 것이다. 진짜 업장소멸이란 부처님처럼 온전한 깨달음이어야 한다. 온전한 깨달음이 안 된다면, 중요한 대안이 바로 지켜봄 알아차림 의식의 힘을 강력하게 기르는 것이다. 있는 그대로 지켜봄 알아차림 받아들임과 고마움의 감사가 저절로 되게 한다. 많이 베풀고, 해치지 않고, 도둑질 하지 않고, 빼앗지 않고, 속이지 않는 선행으로 자신을 닦아야 한다. 깨달은 절 수행으로 몸의 디톡스를 하고, 먹어서는 안 될 것을 절대 먹지 않는다. 지켜봄 알아차림으로 마음의 디톡스, 특히 뇌에서 일어나는 부정적인 잡생각, 감정들이 실체가 아님을 알아차려야 한다. 강력한 진언 '나는 본래 부처인 나다'로 물리쳐야 한다.

'나는 본래 부처인 나다' 진언은 지켜봄 알아차림이 가장 잘 되는 염송이다. 과거 에고 중생의 나란 생각, 감정이 즉시 사라진다. 부정적 집착, 애착, 착각, 착란이 순간 사라진다. 에고 중생의 작은 나가 즉시 사라지고, 우주처럼 크고 텅텅 빈 부처님과 똑같은 부처인 본래 나가 된다. 특히 부정적인 생각, 감정의 지독한 불행 원인이 사라진다. 회광반조의 비법이며 내려놓고 놔 버리는 구체적인 방법이다. 마음이 즉시 밝아지고 많은 잡생각을 일시에 끊어 버리는 업장소멸의 왕이다. 의지를

146

펼 때마다 부정적으로 물고 늘어지며, 교묘하게 의지를 갉아먹고 넘어뜨리는 잡생각을 알아차려 단호히 물리쳐라. 절대 속지 마라. 반응하지 마라. 자신이 자신을 속이고 자신한테 속는, 어리석음을 빨리 깨닫자.

뇌 속의 생각일 뿐 실체가 없는 허상이다. 잡생각, 감정, 느낌은 내가 아니다. 내 마음이 아니다. 내 생각이 절대로 아니다. 그냥 일어났다 사라질 뿐! 뜬구름 같고 물거품 같고 허깨비 같다. 실체가 없다. 뿌리가 없다. 실상이 아니다. 착각이다.

순수의식, 참마음, 불성이 참나다. 나는 본래 부처인 나다. 참마음은 고요하고 깨끗하며, 영원한 자유와 행복이다.

4
부처님의 메시지

부처님처럼 아름답게 미소 짓는 얼굴로 알아차림하고,
완벽하게 올바른 자세로 지켜봄 알아차림해야 한다. 올바른
동작으로 절하면서 매 동작마다 마음으로 지켜봄 알아차림하여
몸의 상태를 꿰뚫어 보아야 한다. 절하고 있는 자신의 마음
상태를 또렷이 지켜봄 알아차림하여 참으로 고요하구나,
평화롭구나, 행복하구나, 기쁨이 넘치는구나를 지켜봄
알아차림해야 한다. 표정과 자세 동작의 순간마다 몸과 마음의
상태를 꿰뚫어 보면서 절하는 것은 반야의 지혜를 닦아 가는
깨달음의 절 수행이다.

우리도 부처님처럼

부처님은 허리, 어깨, 가슴을 당당하게 펴시고 생명 모두는 본래 다 부처님, 생명 모두는 본래 다 부처이다, 모두 다 부처이다 하신다. 지혜와 자비 넘치는 아름다운 미소를 지으시며 웃으라 하시고 우릴 지켜보신다. 언제 어디서나 어떤 일에도, 자신의 몸과 마음을 지켜봄 알아차림으로 깨달으라 하신다.

입꼬리 귀에 걸고 부처님처럼 아름답게 미소 지어야 한다. 나는 수행중 친견한 아름답고 찬란한 부처님을 생생하게 기억한다. 그 기억을 살려 미간 백호상에서 찬란한 빛이 나오고 아름답게 미소 짓는 멋진 부처님을 조성하여 세계 대장경과 함께 법당에 모셨다. 그리고 매일 수시로 부처님을 친견하며, 언제나 부처님처럼 미소 짓는 연습을 끊임없이 하고 있다.

법당에 들어서면 부처님께서 '너 본래 부처다, 모두 다 부처다' 하신다. 이때 세계의 모든 대장경에서 합창을 한다. '너 본래 부처다, 모두 다 부처다' 참으로 환희심 넘치는 황금 연꽃이 활짝 피어난다. 부처님을 공경하고 찬탄하며 고마움의 감사로 바라보면, 부처님께선 날 지켜보시고 내 마음을 다 아신다 하신다. 부처님 마음과 나의 마음, 텅텅 빈 참마음 불성이 하나임을 체험하게 하신다. 참으로 기쁨의 눈물이 가슴을 타고 흐른다. 환희심 철철 넘치는 순간이다.

모든 이들이 법당 참배하고 친견하고 나와, 이구동성으로 하는 말이 부처님 미소가 진짜 아름답다며 좋아한다. 누구나 저절로 얼굴이 쫙 펴지고 아름다운 미소를 짓게 된다. 세로토닌 행복 호르몬이 쏟아져 저절로 웃게 만드시는 부처님이시다. 미간 찌푸리고 오만상 쓰며 울며불며 성질내다가 침울해지고, 또 우울, 근심 걱정, 초조, 불안, 두려움, 무서움, 긴장, 경직으로 고개 푹 숙이고 고민해봤자 어떤 것도 해결 못 한다. 어깨 움츠리고 마음 쪼그라들며 깜짝깜짝 놀랄 뿐이다. 불행 도착에 괴로움 시작이요, 지옥 건설이다.

요즘은 애들이나 젊은이나 늙은이나 다 등허리가 구부정하고 노인 같다. 이러한 상태이니 숨 처리가 제대로 될 리가 없다. 자동 단전 복식 호흡이 안 되니 생명 뇌의 자율신경 조화가 깨지고, 생명의 중심이 무너져 별의별 병이 다 생긴다. 마음은 지구가 생긴 이래 최고로 복잡하고 혼란하다. 숨을 제대로 못 쉬니, 죽은 자만도 못한 극도로 불행한 일들이 일어난다. 집 안 환경도 좋고 가정도 좋고 먹거리도 풍부해 몸은 좋은데, 숨을 제대로 못 쉬니 몸과 마음이 동시에 지옥이 된다. 부처님은 얼굴, 허리, 어깨, 가슴을 당당하게 쫙 펴고 계신다. 미소 지으면 세로토닌 행복 호르몬이 나와 저절로 행복해지며, 마음이 긍정적으로 바뀌고 부정적인 번뇌 망상, 잡생각이 저절로 사라진다.

가슴을 쫙 펴면 중단전 챠크라가 열리면서 저절로 숨이 단전으로 내

깨 달 은

려가 자동 단전 복식호흡이 되어, 본래 몸의 건강을 찾게 된다. 이렇듯 부처님의 메시지는 새로 만들고 창조한 게 아니라, 본래부터 웃게 되고, 미소 짓게 되는 행복이다.

허리, 어깨, 가슴을 쫙 펴면 몸의 시스템이 정상이 되어, 부정적인 가슴의 응어리가 싹 빠지고, 가슴이 뻥 뚫리고, 마음의 문이 확 열린다. 숨 처리가 완벽하게 저절로 잘 되고, 몸 건강과 수행이 저절로 잘 된다.

절하면서 미소 짓기와 가슴 펴기를 철저히 해야 한다. 이 두 가지가 잘 되어야 깨달은 절 수행의 기초가 잘 되었다 할 수 있다. 마음지킴, 마음챙김, 바라봄, 지켜봄, 알아차림이 저절로 자연스럽게 되어 부정적 마음을 알아차리니 더욱더 마음이 밝아진다. 긍정적 마음으로 인해 맑고 고요한 평화와 온전한 행복이 열린다. 이것이 깨달음의 길이다.

절 수행 시작 5분 중요

인간의 몸은 자꾸 막히고, 아프고 굳는다. 피곤하고, 힘이 빠지고 마음은 자꾸 싫증 내고, 싫어한다. 두려워하고 포기하려 한다. 부정적으로 생각한다. 이런 몸과 마음이니 절을 완벽하게 하지 않으면, 결국 부정적인 몸과 마음 연습이 될 뿐이다.

허리, 어깨, 가슴이 쫙 펴지고 괄약근, 사두박근, 엉덩이 아래가 조여지고 가슴에서 아랫배까지 가로 주름이 쫙 펴지며 중단전 챠크라가 열려야 한다. 모든 관절이 풀리고 들숨이 저절로 아랫배로 내려와 자동 단전 복식호흡이 되고 기혈 순환이 좋아져 수승화강 되어야 한다. 그래야 머리, 얼굴은 시원하고 온몸은 따뜻해 기운이 꽉 차게 된다. 용기와 배짱이 생기고, 입꼬리, 눈꼬리, 귀에 걸린 미소로 행복 호르몬 세로토닌, 기쁨 호르몬 도파민, 엔돌핀이 5분 이내로 쏟아져 나온다. 밝은 기운이 꽉 차고 좋은 호르몬이 나오면 집중력이 강화되고 마음도 대긍정으로 바뀐다. 잡생각이 뚝뚝 떨어져 나가며, 몸과 마음의 절 수행 몰입이 잘 되어 효과적인 수행을 하게 된다.

깨달은 절 수행을 5분 동안 철저히 하면 잡념 망상, 시비분별이 뚝뚝

깨 달 은

떨어져 나감을 느끼게 되며, 부정적 마음에 끌려다니지 않고 절 수행을 끝까지 잘할 수 있다.

특히 아침 기상 시간에 바로 일어나지 말고 왼쪽으로 누워서 발가락을 꼼작꼼작 움직이며 '나는 본래 부처인 나다' 염송을 5분 동안 하며 지켜봄 알아차림하라. 밤새도록 꿈꾸며 혼란했던 정신이 싹 사라지고 맑은 정신으로 돌아와 상쾌한 하루를 시작할 수 있다. 침이 엄청나게 많이 나온다. 침은 소화제, 살균제, 면역제, 항암제가 모두 들어 있어, 우리 몸을 건강하게 해 주고 유연하게 해 준다. 참으로 고마운 기분 좋은 침이 나오면 숨은 자동 단전 복식호흡이 된다는 뜻이고, 온몸은 따뜻하고 머리는 시원하다는 증거이다. 번뇌 망상, 잡생각이 너무 많고, 화나고, 두렵고 무서운 공포로 긴장, 경직이 심할 때는 '오직 모를 뿐' 염송을 5분 동안 머리, 얼굴, 이마를 향해 집중적으로 하라. 잡생각하는 뇌를 최면 걸 듯이 쉬게 하며 텅텅 비우는 비전의 수행이다.

시험 시작 5분 전, 면접 시작 5분 전, 중요한 대인관계 5분 전, 아이디어가 떠오르지 않을 때 5분 동안 '나는 본래 부처인 나다'를 집중적으로 염송한다. 지켜봄 알아차림이 깨어 있어야 기적보다 위대한 마음 작용이 일어난다. 세계적으로 성공하고 출세한 사람들의 특징이 5분 동안 강한 집중력으로 몰입을 한다는 점이다.

절을 하게 된 동기

나는 어려서부터 절하는 걸 아주 싫어했다. 제삿날 한밤중에 졸린 눈으로 절하기, 세배 돈 받으려고 설날 절하기 등 어쩔 수 없어 부모님과 어른들께 형식적으로 절하는 걸 아주 싫어했다. 나는 지금도 법당에서 부처님께는 무수히 많은 절을 하지만 그 외에는 잘 안한다. 제사, 천도재, 49재는 절대 하지 않는다. 마음도 없는데 형식적으로 그냥 대충 하는 절은 하고 싶지가 않다.

한때는 법당에서도 절하기 싫어, 걸망 메고 밀짚모자 쓴 채 절한 경우가 종종 있었다. 이랬던 내가 이렇게 절을 많이 하고, 또한 절하는 법 교육, 절 수행 점검까지 하고 있는 것은 해인사에서의 절이 계기가 되었다. 처음 해인사에서 3000배를 할 때, 하기 싫은 마음은 많았지만 그렇게 힘들지는 않았었다. 어린 시절부터 각종 스포츠, 등산 등의 운동을 좋아했기 때문이다.

다른 스님이나 재가불자들은 힘들어 죽을 것 같은 표정으로 했지만, 나는 스스로 큰 자부심을 느끼며 절 수행을 했고 마음이 뿌듯해지는 경험을 했다. 그 후 백련암 마당에서 성철 큰스님을 뵙는 순간, 누군가 내

깨 달 은

머리와 어깨를 눌러 절을 시키는 느낌이 들어 뒤돌아보니 아무도 없었다. 하늘이 누르고 있다는 느낌이 들어 저절로 무릎 꿇고 절을 하니, 이번엔 땅이 나를 확 일으켜 세우는 느낌이 들었다. 절을 마치고 서 있는데 하반신이 젤리 같은 것에 빠져 있는 듯한 신비한 느낌이 들면서, 몸은 흔들리지 않고 마음은 참으로 평온한 느낌을 받았다. 이 경험이 계기가 되어 절을 많이 하게 되었다.

티베트에서 수행할 때 절을 많이 하고 나서 알게 되었다. '아! 내가 티베트 의학승 수행자로 절을 많이 한 과거 삶의 정신 에너지가 계기가 되어 절을 많이 하는 구나!' 라고.

절 수행 포교기

『절을 氣차게 잘하는 법』과『호흡에 맞춰 절하는 법』이란 책을 세상에 알리며 한국 불교의 절 수행을 3년 내에 통일시키겠다는 원을 세우고 시작했지만 산 너머 산, 300년 해도 안 될 것 같은 느낌이 든다. 한국 불교의 어깨 너머로 배운 절 수행은 방법도 가르침도 지침도 없다. 자기 멋대로, 하고 싶은 대로이다. 동작이 잘 안 되는 경우, 호흡이 잘 안 되는 경우, 혈압이 올라 얼굴이 붉은 경우, 절만 하면 잡생각이 들끓는 경우 등 갖가지이다. 배워 본 적이 없고, 배우려고도 안 해 대충 배우고, 자기도 제대로 못하면서 남을 가르친다고 나선다.

성심껏 절하면 되지 무슨 기차게 절하는 법이 필요하냐고 비방하고, 참선하던 스님이 왜 하필 절이냐며 무시해도, 나는 굴하지 않고 매일 절 교육을 하고 점검도 해 주었다. 매주 토요일 철야정진, 매달 3000배 하는 중에 강민구 판사님, 김용주 변호사님, 하헌정 교수님, 건강 심사평가원 대경 거사님 등 지성인들이 절을 열심히 하면서 절 수행 바람이 불었다. 이름 있는 기업 대표들의 도움과 손길이 이어지면서 신이 나 있을 때, KBS '생로병사의 비밀', SBS '백세 건강시대', MBC, BBS, BTN,

깨 달 은

조선TV 등 방송 매체와 〈한겨레신문〉, 〈동아일보〉, 〈조선일보〉, 〈불교신문〉, 〈법보신문〉, 〈현대 불교신문〉, 〈불광〉 등 언론 매체가 절 수행 홍보에 큰 힘을 주었다. 그 후 KBS '아침마당'에 출연했을 땐 반응이 폭발적이었다. 이젠 알 만한 불자들은 대충 다 안다.

내 얼굴은 몰라도 절 수행 책과 법왕정사 청견 스님을 알고 있는 걸 보면, 절 수행이 많이 알려졌음을 실감하게 된다. 절 수행을 열심히 해서 병도 고치고 소원도 이루고 생생해지는 좋은 체험들이 쏟아져 나오면서, 난 꿈이 커지기 시작했다.

'세계 인류에게 절하는 방법을 알려 보자.' 이런 생각을 하고 있을 때, 〈한겨레신문〉 권복기 기자가 취재를 왔다. 난 참으로 묘하게도 알려 하면 알게 되고, 필요하면 누가 나타나 도와주고 저절로 모든 게 되곤 한다. 한겨레 기자가 절 교육을 배우고 교정도 받고 나서 하는 말이 최근 중국을 돌아보고 왔다며, 중국에 당뇨병 환자가 참 많은데 당뇨병에 절보다 좋은 게 없는 것 같다고 했다. 그러면서 나보고 제주도 의료 특구에 가서 절을 짓고 중국 사람 제도하면 좋을 것 같다는 말을 덧붙였다. 나는 그 말에 고무되어, 미국 세도나에 가서 108명이 2박 3일 만에 만배, 묵언, 단식하면서 의료 테스트하여 절 수행의 효능을 세계 인류에 알리겠다는 큰 원을 세웠다. 고비마다 도와주신 많은 분들께 항상 감사의 마음을 갖는다.

절 수행은 완벽한 기초

화끈하게 절하는 걸 좋아하는 사나이들은 법왕정사에서 하는 깨달은 절 수행을 아주 힘들어한다. 보일러 틀어 놓고 창문 닫고 옷 껴입고 목도리 장갑, 수행 도우미 발로해까지 신고, 천천히 절하는 것을 답답해한다. 이렇게 절해야 숨차지 않고 헐떡거리지 않으며 혈압 올라가지 않고, 상기되지 않고 몸속 노폐물, 독소, 가스, 나쁜 기운을 모조리 싹 빼낼 수 있다. 그래야 머리는 시원하고 깨끗하며, 어깨는 가볍고 가슴은 뻥 뚫려 마음의 문이 활짝 열린다. 이때 단전호흡이 저절로 되며 온몸에 혈액순환, 림프순환, 뇌수 척수 순환, 기운 순환이 잘된다. 수승화강이 잘되어 수행이 잘되니 마음집중, 마음 알아차림이 잘되는데, 체험이 없는 절 수행자들은 힘들어한다.

이렇게 디톡스를 해야 최고 최상의 수행자가 되는 것이다. 몸에 나쁜 건 저절로 안 먹게 되고 양도 알맞게 조절이 잘된다. 이게 진짜 건강법이다. 한국 사람은 본래 얼굴 검은 사람이 없다. 이렇게 제대로 수행하면, 모두 하얗게 되고 주걱턱, 사각턱은 교정되고, 큰얼굴은 작아지고 온몸이 깨끗해진다. 누구나 키가 커지고 할머니도 1cm 이상은 커진다.

깨 달 은

목, 손목, 발목을 뚫고 정화하지 않으면 아무리 노력해도 기혈이 순환되지 않으며 생생한 몸을 만들지 못한다. 반드시 보호대를 착용하고 절해야 몸의 온도가 올라가 효과가 나타난다. 특히 손발의 모세혈관 노폐물을 빼내지 못하면, 병을 고치는 건 고사하고 건강의 영원한 적이 된다. 손에는 비닐장갑과 면장갑을 끼고 손목 보호대를 착용하고, 발에는 면양말과 발로해를 신고 발목 보호대를 하고 절을 해 보면, 모세혈관이 열리며 노폐물이 빠져나간다. 차츰 손발이 따뜻해지며 손가락의 관절통, 엄지발가락의 통풍, 통증이 저절로 사라짐을 알게 된다. 깨달은 절 수행이야말로 완벽하게 디톡스가 되는 유일한 방법이다.

절 수행과 탐진치

절을 하면서 자신을 바라보고 꿰뚫어 보며 지켜봄 알아차림할때, 참으로 많은 생각과 감정이 떠오름을 보게 된다. 좋은 생각과 감정으로 기쁘고 즐거울 땐 그 속에 욕심이 있다는 사실, 그 뒤엔 집착이 따라오고 있다는 것을 알아차려야 한다.

나쁜 생각과 감정으로 슬프고, 우울하고, 싫어지고, 모두 다 못마땅하면 그 속에 분노, 성냄이 있다는 사실을 알아야 한다. 성냄, 분노의 습관과 집착이 도사리고 있다는 사실을 꿰뚫어 보며 지켜봄 알아차림으로 절해야 지혜로운 깨달은 절 수행이다. 특히 멍한 상태로 아무 생각, 감정, 느낌도 없이 절할 때 그 속에 어리석음이 숨어 있다는 사실을 알아차려야 한다.

욕심, 성냄을 지켜봄 알아차림하지 못해 어리석어지고 어두운 무명의 삶이 되어 간다. 오감을 통해 밖으로 향하던 의식, 잡생각으로 인해 전생, 과거, 미래로 향하던 의식을 회광반조하는 깨달은 절 수행을 해야 한다. 초기 절 수행자는 표정, 자세, 동작, 호흡, 염불, 알아차림을 순차적으로 연습하여 집중력이 좋아져야 한다. 깨달은 절 수행의 최종

깨 달 은

목표는 마음속으로 염불하며, 절하는 나를 지켜봄 알아차림이 순간순간 찰나찰나 이어지는 것이다.

번뇌 망상을 좇는 절이나 번뇌 망상과 하나되어 에고 나가 강화되는 절은 올바른 절 수행이 아니다. 병과 불행을 창조하는 수행이다. 지켜봄 알아차림이 또렷이 살아 있어야 깨어 있는 절 수행이다. 번뇌가 일어나는 순간, 지켜봄 알아차림으로 인해 번뇌 망상은 찰나에 저절로 사라진다.

무섭고 두렵고 기분 나쁘고 스트레스 받을 게 없다. 자신의 부처, 참마음이 언제나 깨어 있어 바라보고 꿰뚫어 보며, 지켜봄 알아차림으로 깨달은 절을 하니, 참마음이 각성되어 환하게 밝아지고 몸도 더 건강해진다.

절 수행 계정혜

자신을 한없이 낮추고 부처님을 공경 찬탄하며, 고마움의 감사가 넘치게 절하는 것이 계이다. 밝은 표정으로 부처님처럼 아름답게 미소 지으며, 바른 자세로 합장하고 서서 완벽한 자세로 절을 시작한다. 완벽한 동작으로 무릎 꿇고 나아가고 들어오며, 손을 쫙 펴 올려 접족례를 하고 나아가고 들어오며 합장하고 일어서며, 발을 서로 붙이고 저절로 단전 복식호흡이 되게 한다. 저절로 괄약근 사두박근이 조여지게 서 있는 동작을 완벽하게 하고, 숨차지 않고 헐떡대지 않으며 몸과 마음이 안정되게 절을 해야 진정 계를 닦는 절이라 할 수 있다. 엉터리 같은 동작과 긴장되고 힘든 표정으로, 혈압이 올라가고 얼굴이 붉어지고 숨은 차올라 헐떡대며 가슴 터질 것 같은 상태에서 절하면 안 된다. 잡념 망상이나 후회, 절하기 싫은 생각이 일어난 상태로 죽기 살기로 절하는 것은, 예의도 성스러움도 고귀함도 없는 절이다. 해서는 안 될 절 수행이며, 계를 닦는 절이 아니라 탐진치 3독을 좋아하며 계를 파하는 절이다.

절 동작과 자세, 표정이 완벽하게 좋은 상태로 정신차림이 잘되어 절하는 숫자를 또렷또렷하게 잘 헤아려야 한다. 절 수행 동작에 '부처님

깨 달 은

고맙습니다' 염불을 대입하여 번뇌 망상에 휩쓸리지 않도록 해야 한다. 또렷한 정신 상태로 몰입이 잘되어 에고 나가 사라지게 해야, 선정 삼매를 닦는 절 수행이다. 절 수행을 하면서 마음 안테나를 잘못 세우면 과거 전생의 기억과 관련된 번뇌 망상과 미래의 근심 걱정거리들이 찰나찰나 뚫고 들어온다. 이런 상태로 절하는 것은 선정 삼매를 닦는 것이 아니라, 팔만사천 번뇌 망상을 창조하는 귀신놀이 절이다.

부처님처럼 아름답게 미소 짓는 얼굴로 알아차림하고, 완벽하게 올바른 자세로 지켜봄 알아차림해야 한다. 올바른 동작으로 절하면서 매 동작마다 마음으로 지켜봄 알아차림하여 몸의 상태를 꿰뚫어 보아야 한다. 절하고 있는 자신의 마음 상태를 또렷이 지켜봄 알아차림하여 참으로 고요하구나, 평화롭구나, 행복하구나, 기쁨이 넘치는구나를 지켜봄 알아차림해야 한다. 표정과 자세, 동작의 순간마다 몸과 마음의 상태를 꿰뚫어 보면서 절하는 것은 반야의 지혜를 닦아 가는 깨달음의 절 수행이다.

특히 절을 하고 일어선 자세에서, 힘을 쭉 빼고 밝은 얼굴로 잡생각이 딱 끊어지고 광대무변한 마음과 하나되는 순간을 지켜봄 알아차림하는 것이 절 수행의 가장 중요한 포인트이다. 초기 수행자는 집에서 혼자 절하면 잘 안되는 것이 당연하다. 법당의 부처님 앞에서 절을 해야 한다. 또한 절을 잘하는 도반과 함께 하면 좀 더 잘할 수 있다. 정확하게 배우고, 점검받고, 교정받고 완벽해지면 계정혜 삼학을 닦는 거룩한 절 수행자가 된다.

몸, 맘, 쉼, 봄, 앎, 깸

생명의 중심인 숨을 잘못 쉬어 인류는 고통받고 있다. 부정적인 마음과 부정적인 표정, 자세불량, 노폐물, 독소, 가스 가득 찬 불편한 병든 몸으로 잠자고 꿈속에서 매일 전투하며 헷갈린다. 자율신경 중 교감신경은 극상승하고 부교감신경은 잠을 잔다. 쓸데없이 심장이 과도하게 뛰고 숨은 더욱더 거칠어지며 언제나 마음은 폭발할 준비가 다 되어 있는 상황이다.

심장의 불기운은 훨훨 타오르고 신장의 물기운은 꽁꽁 얼어붙어 불을 끄지 못해 기혈, 림프, 뇌척수 순환이 잘 되지 않는다. 심장이 열 받으니 기는 흩어지고 피는 끓으며 병고액난 불행은 폭발하고 행복이 사라진다. 심장의 불기운과 신장의 물기운은 서로가 상극이다. 서로 협조를 잘해야 소통이 잘 이루어져 머리는 시원하고 발은 따뜻한 두한족열 수승화강이 되니, 이는 몸의 제일 중요한 철학이다. 머리는 상기되어 뜨겁고 가슴은 화병으로 답답하고 몸은 냉병으로 차가워 머리에서 발끝까지 병이 온다.

이런 상황에서 제일 문제가 되는 것은 심장을 더욱 뛰게 하는 술, 담배, 커피, 초콜릿, 탄산음료, 기능성 음료, 피로회복 음료, 인삼, 녹용, 뜨겁고 매운 자극적인 음식이다. 또한 몸에서 가스를 심하게 발생시키는 식품인 동물성 음식, 빵, 과자, 라면, 토스트, 피자, 햄버거, 설탕을 많이 먹어 더욱더 나빠지게 부채질한다. 방부제, 화학조미료, 인공색소, 빙초산, 빙수, 아이스크림과 프로폴리스 등 각종 약들로 인해 온몸의 챠크라와 관절부위, 모세혈관 등이 막힌다. 때문에 목 구부러지고 허리 굽고 어깨 움츠러들고 무릎 벌어지고 발은 팔자걸음이 된다. 몸의 기운은 흩어지고 빠져나가니 머리는 더욱더 상기되고 가슴은 더욱더 화가 많아지고 몸은 더욱더 차가워진다.

배가 차가우면 배로 숨쉬지 않고 가슴, 어깨로 역호흡하게 된다. 가슴이 답답하면 배로 숨쉬지 않고 가슴, 어깨로 역호흡하게 된다. 머리가 뜨거우면 배로 숨쉬지 않고 가슴, 어깨로 역호흡하게 된다. 이런 몸으로 어떻게 스트레스를 이기겠는가? 이런 몸으로 수행하면 수행이 잘 되겠는가? 건강법, 수행법이 억만 가지 있어도 이런 문제를 풀 수 있는 답은 오직 깨달은 절 수행에 있다. 폐 속, 피 속, 몸속, 뱃속의 노폐물, 독소, 가스 등을 빨리 빼 버려라. 몸에 있어서는 안될 것은 가지고 있지 마라. 가지고 있으면 어리석은 것이다. 먹어서 안 좋은 것, 안되는 것 먹지 마라. 좋은 것도 빨리 많이 먹는 것, 밤에 먹는 것, 간식으로 먹는 것 등은 다 나쁘다. 기본적으로 이렇게 몸관리를 해야 절을 할 수 있고 호흡을 다스리고 마음을 깨달을 수 있게 된다.

수행과 삶에서 참으로 중요한 다스림은 숨이 저절로 자동 단전 복식호흡이 되는 것이다. 우리의 폐는 대기와 압력이 같고, 가슴 흉부는 대기보다 기압이 조금 떨어지고, 횡격막 아래 배는 기압이 조금 더 떨어진다. 배에 노폐물, 독소, 가스, 지방이 많으면 횡격막이 내려오질 않아 숨이 거꾸로 역호흡 된다. 또한 목, 어깨, 가슴, 허리의 부정적인 자세와 팔자걸음은 가슴, 허리, 명치가 막히고 몸이 경직되어 숨이 내려가지 못하고 거꾸로 역호흡 되게 한다.

성장기엔 숨을 역호흡해도 별 이상이 나타나지 않는다. 성장기에 숨을 거꾸로 쉬면 턱은 사각턱, 주걱턱이 되고 아랫입술은 두툼하게 튀어나오고 입이 자꾸 벌어진다. 어깨는 키어깨가 되어 불안정해 보이고 명치, 배꼽, 허리띠 부분에 가로 주름이 생기며, 멍한 얼굴로 구부정하고 주저주저하는 못난이가 되어 간다.

이목구비와 몸이 나쁜 것은 모두 호흡과 관련이 있다. 자세 불량, 호흡 불량, 먹거리 불량으로 청소년 행복도 세계 꼴찌라는 사실은 참으로 부끄러운 사실이다. IQ는 세계 최상위급이지만 건강은 꼴찌이다. 눈이 나빠 안경 쓰는 것이 마치 유행 같고 비염에 코 훌쩍거리며 거꾸로 숨을 들이마신다. 무슨 청소년이 노인처럼 피로에 찌들어 팔자걸음인지 모르겠다.

깨달은 절 수행은 가슴 답답한 응어리를 풀어 버리는 비전이며 인류에게 전하는 강력한 메시지이다. 참으로 깨달은 절 수행은 소중하다. 우리 마음은 우리 몸을 통해 나온다. 몸이 맑고 밝고 깨끗하고 건강해야 본래 부처 마음이 나올 수 있다. 깨달은 절 수행 호흡과 염불은 강력한 알아차림 사띠로, 번뇌 망상 쉼의 고요이다.

우주 태양, 지구 땅의 밝고 맑은 기운의 총집결이다. 더욱더 강한 알

깨 달 은

아차림으로 지켜봄 알아차림이 저절로 되는 진정한 몸 맘 앎이다. 알아차림을 알아차림하는 지켜봄 알아차림으로 텅텅 빈 우주 허공처럼 다 갖추고 다 받아들이게 된다. 또한 다 이루게 되는 지혜와 자비 무량복덕 무량공덕을 갖추게 된다. 부처님을 믿고 부처님 가르침을 믿고 배우고 실천 수행함은 이 세상에서 가장 강력한 쾌락이다. 삼매는 기쁨과 행복의 극치의 멈춤이고, 깨달음은 걸림 없는 영원한 자유의 초월, 불성의 연꽃이다.

절 수행 미소, 릴랙스

깨달은 절 수행을 완벽하게 해야 하는데 동작 처리나 스피드 조절, 호흡 처리를 잘못하면, 자율신경이 무너져 숨이 차 헐떡거리게 된다. 심장 박동은 빨라져 두근거리며 몸과 마음이 긴장되고 경직되어 굳어지며 뭉친다. 이런 현상이 다시 몸에 영향을 주어 혈압은 오르고 얼굴은 붉어진다. 목과 어깨가 뻣뻣하고 손, 발, 겨드랑이에서 식은땀이 나며 초조, 불안, 공포, 언어장애, 자포자기, 불면증, 식욕부진, 폭식증 등과 스트레스가 심해진다.

마음이 긴장하면 몸도 긴장한다. 마음이 긴장하지 않으면 몸도 긴장하지 않는다. 몸의 긴장이 다 안 풀려 있으면 마음이 아직도 긴장하고 있다는 증거이다. 몸을 보면 마음을 알 수 있다. 몸을 통해 마음이 나오는 것을 지켜보면 더욱더 쉽게 알 수 있다. 몸이 이완되면 마음도 유연해진다. 이렇게 교감신경의 흥분된 상태를 극복할 수 있는 유일한 길은 부교감신경의 작용이다. 허리, 어깨, 가슴을 쫙 펴고 전신의 힘을 쭉 빼고, 부처님처럼 미소 짓는 얼굴로 숨이 저절로 자동 단전 복식호흡이 되도록 해야 한다.

깨 달 은

긴장, 경직, 흥분 상태가 되면, 수행 도우미 휴 힐링베개를 베고 바로 누워서 전신의 힘을 쭉 빼고 털끝 하나 움직이지 않게 하고 생각이나 의도를 일으키지 않고 미소 지으면 된다. 그런데 우리는 자꾸 얼굴을 찌푸리고 불안해하며, 억지로 참거나 자꾸 도망가려고 애를 쓴다. 이런 마음은 실은 더 긴장하고 있는 상태이다. 몸과 마음의 긴장은 즉시 풀어야 한다. 긴장 에너지는 너무 강력한 에너지라서 극한 부정의 마음을 만든다. 이기려고 한다거나 극복하려고 도전하지 마라. 좌절 아니면 지는 거다. 초조, 불안, 긴장, 경직, 흥분에 시달리게 된다.

　　이러한 부정적 마음과 몸을, 우리 마음 중에서도 싫어하는 마음이 관리해서 더 나빠지는 것이다. 아플 때처럼 아픈 것을 싫어하는 마음이 저절로 개입되니, 더 아픔을 느끼게 되는 것과 같다. 불행한 사람들은 불행을 싫어하는 부정적인 마음으로 불행을 관리하니 더욱더 불행해진다. 이럴 때 제일 좋은 방법이 완벽하게 절하는 깨달은 절 수행인데, 참으로 묘하게도 예쁘고 착한 어린이도 절하면 긴장하고 경직된다. 어른들은 말할 것도 없다. 평소 긴장, 초조, 불안, 두려움, 불평불만을 달고 사는 사람이 절하면 도깨비 같은 얼굴로 변한다. 긴장 에너지는 날카로운 칼이나 뾰족한 창 같아서 치명적인 상처를 입게 된다.

　　심장은 우리 신체 기관 중 가장 예민한 곳이다. 조그마한 마음의 변화에도 예민하게 반응한다. 부정적이며 긴장된 마음은 심장에 치명적이다. 심장을 잘 다스려 마음을 잘 관리할 수 있는 가장 좋은 방법이 깨달은 절 수행의 지켜봄 알아차림이다. 눈꼬리, 입꼬리 귀에 걸고 미소 지으며, 고마움의 감사 넘치는 깨달은 절 수행을 해 보라. 뭉치고 굳은 근육이 풀리고 막힌 관절 챠크라가 열리며 몸과 마음이 가벼워진다. 이때 손바닥 노궁혈, 발바닥 용천혈에 묘한 자극이 일어나며, 미간, 눈자위, 광대뼈 부분에 기운이 꽉 차 있음을 알게 된다. 이런 게 몸과 마음의 이완에서 오는 것이란 걸 알게 된다.

이완의 테크닉 중 중요한 것은 아무것도 하지 않고 힘 빼기이다. 사람들한테 수행 중 힘 빼라 하면 힘 빼는 게 뭔지 잘 모른다. 주먹을 쥐고 힘 주라 하면 힘 준 걸 알게 된다. 이 상황에서 힘 빼라 하면 그제서야 그 상태를 안다.

머리가 복잡할 때는 머리, 이마, 미간의 힘을 빼면 된다. 눈이 피곤할 때는 눈 감고 눈썹, 눈자위, 눈동자의 힘을 빼면 된다. 가슴이 답답하면 기관지, 폐, 가슴, 명치의 힘을 빼면 된다. 목, 어깨, 턱과 악관절 등의 힘을 수시로 빼면 된다. 발이 차가우면 몸 전체가 이완이 잘되지 않았다는 뜻이다. 발에 힘을 빼고 발바닥 용천혈, 발가락에 집중하여 지켜봄 알아차림하면, 발이 따뜻해지면서 온몸이 따뜻해지고 이완이 잘 된다. 누워서 전신의 힘을 쭉 빼 보라. 이젠 다 잘되는데 명치 부위는 힘이 잘 빠지지 않는다. 심장의 영향을 가까이에서 받는 곳이라 그렇다. 자신을 한없이 낮추고 또 낮추고 겸손한 자세를 취하라. 고마움의 감사가 철철 넘쳐야 한다. 지켜봄 알아차림이 살아 있는 깨달은 절 수행은 인류의 마지막 답이다. 또한 이완하는 최고 기술은 깨달은 절 수행이다.

힘 빼기 순서는 머리(대뇌, 소뇌) → 이마(전두엽) → 미간, 상단전 챠크라(생명 뇌) → 눈 → 코 → 입, 혀 → 귀, 악관절, 턱, 얼굴 전체 → 목뼈 → 척추 → 요추 → 꼬리뼈 → 골반 → 무릎 → 발목 → 뒤꿈치 → 발

깨 달 은

등 → 발가락 → 발바닥까지 차례로 힘을 뺀 후, 발바닥 용천혈에서 멈추고 마음을 집중한다. 이렇게 힘을 빼어 릴랙스하면 의식, 무의식의 잡념 망상이 현저히 줄어들며 몸과 마음이 평화로워진다. 이완이 잘 안되면 수행이 안 된다. 이때는 챠크라를 열고 담적을 간단히 얼굴 부위에서 뚫어 보면 잘된다. 순간 기운이 돌며 정신도 맑아지고 몸은 더욱더 가벼워진다.

절 수행과 뇌지도

뇌과학에서 공개된 뇌지도를 보면 뇌에서 가장 발달한 부분이 손과 입에 관련된 신경이다. 말 잘하며, 밥 잘 먹고 손재주 좋으며 일 잘하는 사람이 머리가 좋다는 얘기이다. 말만 잘하고 실천하지 않으면 골치 아픈 사람이다. 밥은 잘 먹는데, 운동하지 않고 일하지 않는 사람은 비만인이다. 손재주는 좋은데 일하기 싫고 게으른 사람은 남의 것을 뺏으려 하고 훔치려 한다. 성공하고 출세한 사람들의 특징은, 일을 즐기고 말을 잘하며 리더십이 있고 밥을 언제나 맛있게 먹고 건강하다. 늘 끊임없이 고마워하고 감사하며 산다.

말을 잘하고 밥을 맛있게 먹는 사람들의 공통점은 턱과 악관절, 치아가 유난히 발달해 있다. 턱과 악관절이 발달한 사람들은 의지가 매우 강하다. 성공하고 출세할 수밖에 없는 조건이다. 반대로 턱이 빈약한 사람들은 이빨 형태가 참으로 가관이다. 제멋대로 이리저리 나 있다. 또한 부실하다. 치열이 안 좋은 사람들은 말을 잘하나 거짓말을 잘하는 사람이 많다. 턱과 악관절이 약해 밥도 제대로 씹지 않고 혀를 슬슬 굴려 넘기며, 의지도 박약하고 우유부단한 성격이 많다.

깨 달 은

손재주가 좋고 일을 잘하는 사람들의 특징 중 하나는 엄지손가락의 발달이다. 펜을 쥘 때나 젓가락을 잡을 때 둘 다 동일한 모습으로 잡는 게 공통점이다. 손재주도 좋고 일도 잘하는 사람 중에 공부에 취미가 별로 없고 착한 사람들의 경우, 젓가락을 잡을 때 검지손가락을 이용해서 잡는다. 음식을 집을 때 보면 입술 끝이 뾰족하게 나오는 걸 보게 된다. 이런 사람들은 일도 잘하고 착하지만 마음이 좁쌀이다. 검지가 발달하여 이것저것 지적하며, 부정적 표현을 하게 된다. 착하지만 부정적인 마음이 마음속에 축적된다. 일하기 싫어하고 게으른 사람 중에 엄지손가락이 길어 펜을 잡을 때 보면 엄지손가락이 검지 밖으로 쑥 나가 있는 이들이 있다. 악관절이 약하면 의지가 빈약한 것처럼, 손아귀에 힘이 없으면 의지가 약해진다. 제대로 잡질 못한다. 또한 젓가락질하는 걸 보면 꼭 불구자 같다. 불쌍하고 가난하고 어리석어 보인다.

　　절을 할 때 합장, 접족례, 손가락 붙임, 손목 꺾기 등을 완벽하게 하며 부처님 고맙습니다 염송을 고마움의 감사 넘치게 해야 한다. 절하고 염불하는 자신을 또렷하게 지켜봄 알아차림해야, 깨달은 절 수행으로 뇌를 가장 아름답게 발달시킬 수 있다.

　　수행 중 오감을 극복하는 과정을 보면, 눈은 감으면 차단되지만 귀는 열려 있어 '부처님 고맙습니다'를 반복하는 자신의 염송을 끊임없이 들어야 한다. 입을 통해 팔만사천 망상이 쏟아져 나오니 짧은 언어 '부처님 고맙습니다' 염송을 반복하여 번뇌 망상을 차단하면 된다. 손은 합장하고 접족례를 하며, 이런 공경의 마음으로 베풀고 나누고 도움을 주면서 일하면 된다.

몸을 극복하기 위해서는 완벽하게 깨달은 절을 하여 몸속 노폐물, 독소 등을 빼 버리고 챠크라를 열어 호흡을 알아차리는 명상을 하면 된다. 코앞에서 호흡을 알아차림하면 생명 뇌를 일깨우며 대뇌의 잡스런 생각을 차단하게 된다. 챠크라가 열린 완벽한 자세로 수행해 보면 우주 태양의 기운과 지구 땅의 기운이 꽉 차게 된다. 몸과 숨과 마음이 고요해지고 호흡 초월과 몸 초월이 이뤄진다. 몸과 마음을 지켜봄 알아차림하는 것이 또렷해짐을 깨닫게 된다.

숨을 거꾸로 역호흡하는 절, 염불, 독경, 다라니 수행은 자동 단전 복식호흡이 되지 않아 상기가 된다. 불량한 자세의 참선이나 명상은 자율신경이 무너지고, 공격 호르몬과 스트레스 호르몬이 나와 몸과 마음이 무너지니 수행도 건강법도 아니다. 몸과 마음이 불행해지고 병 걸려 괴로워지는 나쁜 방법이다. 격투기, 등산, 마라톤, 특히 역호흡이 가장 심한 수영도 운동은 되지만 건강법이 아니다. 운동도 제대로 못하고 물에 뜨지도 못하는 이론가 건강 전도사들 중 수영을 제일로 꼽는 이들을 보면 참으로 안타깝다. 지켜봄 알아차림의 수행으로 본성의 마음을 찾아야, 뇌가 바뀌고 에고 중생이 바뀐다. 업장, 습관, 관념이 사라지고 집착, 착각에서 벗어나 부처님 마음으로 살아가게 된다. 이 세상에서 유일하게 온전한 수행과 완벽한 건강법은 오직 깨달은 절 수행이다.

깨 달 은

내려놓, 놔 버림

흙탕물을 그냥 두면 저절로 가라앉아 맑은 물이 되듯이, 우리 마음도 다 내려놓고 놓아 버리면 저절로 고요해지고 맑아지고 밝아진다.

고요하게, 맑아지게, 밝아지게 하려는 의도도 다 내려놓고 그냥 기다려라. 오직 그냥 기다릴 뿐이다. 바른 자세로 힘 쭉 빼고 미소 지으면, 온몸에 기운이 꽉 차고 몰입이 되면서 잡념 망상이 딱 끊어지고 텅텅 빈 고요 속에 맑아지고 밝아진다. 기쁨, 즐거움, 행복이 넘치면서 이때 찬란한 광명 현상이 일어난다.

몸의 힘을 쭉 빼고 이완된 상태로, 입꼬리 귀에 걸고 미소 지어야 에고 중생 부정적인 마음이 사라지고 잡생각도 덜 일어난다. 인간 진화의 시스템은 공포와 두려움으로 인한 긴장과 경직 때문에, 긍정보다는 부정적인 마음이 압도적이다. 진짜 참다운 진화는 아름답게 미소 지으며 순수의식, 참마음, 불성, 깨달음으로 사는 것이다. 번뇌 망상 마음이 천지사방, 전생, 내생, 과거, 미래로 다녀 봤자, 겨우 육근과 육경이 만나는 지점이다. 지켜봄 알아차림으로 놓아 버려라.

팔만사천 번뇌 망상, 에고 중생, 고정관념, 편견, 선입견, 잘하려는 마음, 안 된다는 마음, 마음 깨끗하게 하려고 하는 마음, 고요하게 하려는 마음, 깨달으려는 마음 모두 다 내려놓아라. 지켜봄 알아차림이 언제나 깨어 있는 삶이 순수의식, 참마음, 불성, 깨달음의 삶이다. 수행과 몰입 알아차림이 잘 안 될 때 모든 걸 다 내려놓으면 바로 좋아진다.

전신의 힘을 쭉 빼고 털끝 하나 움직이지 않게 하고, 숨소리도 나지 않게 하며 아무것도 하지 마라. 보려고, 들으려고, 움직이려고 하는 의도를 알아차리고 잡생각 일어나도 그냥 두라. 저절로 사라지며 무심해진다.

깨 달 은

잘못하면 나쁜 길

잘못하는 수행은 시간 낭비에 인생을 허송세월하는 것이며, 더 나쁜 길로 가게 되니 종착역이 뻔하다. 잘못하는 운동이나 건강법은 병 걸리고, 고통받을 불행의 원인을 만드는 길이다. 에어컨, 선풍기 틀어 놓고 헉헉거리며 정신없이 하는 절은 혈압이나 올리고 성질을 북돋아, 결국 상기시키고 만다. 절 삼매는 고사하고 병 걸리며 몸을 망가뜨리는 지름길이다. 뻐딱하고 구부정한 자세로 수시로 졸면서 참선하고, 졸음 참아 보려고 커피 마시고 카페인 피로회복제 마시니, 정신이 잠깐 깬 것 같지만 실은 흥분된 상태이다.

심장이 뛴다. 숨이 거칠다. 이런 게 무슨 수행이며 참선인가! 마음 고요는 고사하고 몸 고요도 못하는 게 무슨 수행인가! 가슴, 어깨 들먹거리면서 숨 들이쉬며 하는 염불, 독경, 다라니 수행은 상기병과 불행의 지름길이다. 저절로 단전호흡이 되어야 하는데, 역호흡으로 억지로 단전호흡하면 100% 상기되며 몸과 마음에 이상이 온다. 어깨, 가슴으로 숨을 깊이 세게 들이쉬고, 오랫동안 참아 보라. 도깨비 귀신 같은 게 바로 보인다. 이게 진짜 도깨비 귀신이 아니라 뇌의 착란이다. 일종의 정신병 증세이다.

생명 뇌에서 주관하는 자율신경이 무너졌다는 무서운 증거이다. 수영이 참 좋은 건강법이라고 공공연히 추천하는 사람들이 있는데 오염 심한 수영장에 가 보라. 물이 차가우니 백발백중 소변이 나온다. 수압에 의해 배가 들어가며, 숨이 배로 내려가지 않는다. 어깨, 팔을 심하게 움직이니 숨을 거꾸로 쉬게 된다. 숨을 거꾸로 쉬는 것은 건강법이 아니다. 병 걸리는 비법이고 불행을 자초하며 인생 망가지는 일이다.

더러운 냄새 콜콜 나는 찜질방에서 땀을 빼면, 몸속 깊은 곳에서 노폐물이 나오기는 커녕, 세포 사이의 물이 빠져나온다. 차가운 식혜 한 잔 마시면 바로 원상복귀되며 몸은 열이 빠져나가 차가워진다. 얼굴 붉고 가슴에 털 많은 남자들이 뜨거운 사우나 탕 물속에 머리를 넣고, 오랫동안 숨을 참다 일어나는 걸 보면 반쯤 익은 고기 같다는 느낌이 든다. 얼굴 붉어지면 고혈압이고 상기된 것이며, 심장이 심하게 뛰어 가슴이 답답해진다. 배, 무릎, 발은 차가워진다. 또 구부정한 자세로 신문 보며 반신욕하는 것은 어리석은 짓이다.

모든 운동 중에 제일 나쁜 게 윗몸일으키기와 목 돌리기, 팔 돌리기이다. 뱃심 없는 상태로 윗몸일으키기를 해 보면 허리가 심하게 구부러지고 디스크 걸리기 딱 좋다. 이러니 숨이 배로 내려가지 못하고 바로 헐떡대기 시작한다. 일어나지지 않으니 목이 심하게 구부려져, 목 디스크 위험이 크며 목이 막힌다. 왜 이런 것으로 체력 테스트를 하는지 참으로 모를 일이다. 그까짓 것 한 번 더 해 무엇하랴. 목숨을 걸지 마라. 힘들게 하다 병 걸리지 말고 차라리 누워 자라. 나도 격투기 운동을 좋아했으며 당구, 수상스키, 스노보드는 선수급이고 등산, 맨손 암벽등반을 즐겨 했으나 최근엔 이런 운동을 거의 하지 않는다. 건강법이 아니라는 것과 운동선수의 평균 사망 연령이 가장 낮다는 사실을 알아야 한다.

자 이제 시간 낭비하며 힘 빼지 말고 병들어 돈 날리고 고생하지 마라. 벌떡 일어나 맑은 얼굴로 부처님처럼 미소 지으며, 입꼬리 귀에 걸고 모든 걸 내려놓고 지켜봄 알아차림하며 또렷한 정신으로 깨달은 절 수행을 하라. 절 수행은 세세생생 인류 최고의 심신건강법이다.

절 수행 중 황당한 경우

『절을 氣차게 잘하는 법』이란 책을 세상에 내놓고 나니, 절을 간절히 정성스럽게 하면 되지 무슨 기차게 잘하는 법이 필요하냐며 공식적으로 반박하는 분이 있었다. 그분을 찾아가 뵙고, 절하는 모습을 보았는데 너무 어이가 없어 웃고 말았다. 제대로 알려 주고 가르쳐 주니, 그제서야 고맙다고 한다.

'부처님 크신 은혜 고맙습니다. 부처님 고맙습니다' 염송을 절 수행 동작에 맞춰 하는 것을 싫어하고 거부하는 분들을 자주 접하며 스스로 당황했다. 절 수행 체험 중 부처님 가피를 알게 된 고마움의 감사, 이런 내용이 세상 속에, 특히 불교 속엔 없었다.

대부분 '고맙습니다'란 말을 쑥스러워하고 부끄러워서 못한다. 큰 법당 건물 벽 대형 플래카드에 '부처님 크신 은혜 고맙습니다'를 붙여 놓았더니, 법왕정사에 찾아오는 분마다 의아하게 생각하며 열이면 열, 모두 다 피식 웃는다. 전 세계 사찰 중에서 처음 보는 일이란다. 자신은 몇십 년 절에 다녔어도 부처님 가피 한번 못 받았고, 죽기 살기로 기도해도 잘 안 되는데 '부처님 크신 은혜 고맙습니다'란 말이 어색하단다. 부

깨 달 은

처님께 고마운 것도 감사한 것도 없단다. 참으로 비극적이고 불행한 부정적인 말이다. 이러한 환경 속에서 절하며 끊임없이 '부처님 고맙습니다. 부처님 크신 은혜 고맙습니다' 염송을 교육하고 당위성을 알려 주고 실천하게 했다. 그 결과 법왕정사에 오면 '부처님 고맙습니다'와 절을 배우고 실천하여 밝은 에너지를 얻게 된다.

절 수행을 마치고 부처님께 기도 올린 다음, 바로 부모님 은혜에 감사 기도 올리는 걸 싫어하는 분을 많이 보게 되었다. 아버지를 싫어하는 마마보이, 어머니를 싫어하는 딸들에게 부모를 위한 기도 시간이라고 아무리 강조하고 당위성을 설명해도 자기는 절대로 하기 싫단다. 부모의 은혜를 갚지도 못하면서 싫어하기까지 하는 데는 무슨 사연이 있겠지만 참으로 황당하고 씁쓸하다. 이런 분들은 대부분 부모와의 관계에 상처가 있다. 부모한테서 배운 게 별로 없다. 부모와의 관계가 나쁘니 세상 밖에서의 대인 관계를 참으로 힘들어한다. 자신의 부모를 미워하는 것은 자신의 유전자를 미워하는 것과 똑같다. 결국 자신을 미워하는 것이다. 스스로 자신을 불행의 길로 이끈다. 출세하고 성공한 아름다운 사람들은 부모, 조상에 대한 효심이 아주 특별하다.

자신과 가장 가까운 사람을 위한 축원기도를 거부하는 일도 많이 있었다. 부부 사이가 나쁘다는 증거이다. 미워하고 싫어하며, 서로가 말 안 하고 각방 쓰고 별거하고 혹은 이혼한 경우 등등이니 이해는 간다. 이렇듯 우리는 가까운 사람과의 관계에서 업을 많이 짓는다. 미운 사람 매일 보니, 매일 미워하며 미운 업을 수시로 끝없이 짓게 된다. 이런 업을 가지고 멀리 떠난다 해도 마음속의 미움은 끝까지 따라간다. 사람은 스스로 상처를 만들기도 하고, 남에게 주기도 한다. 마음은 상처투성이다. 만신창이이다. 이런 상처투성이 마음으로 자신을 바라보니 너무 불쌍하고, 남을 보니 너무 밉다. 이러한 어리석음으로 자신과 남을 대하며 더욱더 나빠진다. 차라리 눈 딱 감고, 웃으며 기도하는 게 훨씬 현명한 일이다. 이런 업을 녹이라고 기도를 끝까지 끌고 가는 것이다.

입꼬리 귀에 걸고 부처님처럼 아름답게 미소 지으며 절하는 것을 우습게 여기고, 자신은 죽어도 웃을 수 없다는 참으로 황당한 경우도 보았다. 내 자신을 생각해 보면, 지난날 웃지 않았던 게 가장 후회스럽고 지금이라도 웃게 되었다는 사실이 부처님 가피라 느낀다. 그래서 웃지 않는 분들에게 웃으며 절할 것을 강조한다. 효과가 좋다고, 가피가 빠르다고, 바로 건강해진다고, 행복 호르몬이 샘솟는다고 뛴다. 이렇게 말해 줘도 자신은 화끈하게 절하는 게 좋다며, 웃으며 절하는 게 자신에겐 어울리지 않는다며 헉헉대며 절을 한다. 보일러 틀어 놓고 창문까지 닫아 놓고, 땀이 너무 많이 나서 죽을 것 같은데 웃으라고 하니 참으로 웃긴다 한다.

깨달은 절 수행의 최종 무기인 '나는 본래 부처인 나다' 염송 대입을 가르치기 시작하니 별의별 얘기가 쏟아져 나온다. '나는', '내가'라는 유신견에 빠진 것이다. 불교를 모르는 것이다. 깨닫지 못한 중생이 어떻게 부처냐 하며 따진다. 이렇게 따지는 게 뭔가? 그게 바로 너 에고 중생이다. 자신도 제대로 모르면서 시시비비 따지는 게 더 어리석은 것 아닌가?

나도 한때 무상, 무아를 머리로는 분명 이해하였으나 온 마음과 온몸

깨 달 은

의 에고는 언제나 거부하던 때가 있었다. 무상, 무아 이론을 통해 잡생각, 번뇌 망상, 시비분별이 딱딱 끊어져야 하는데 분별심이 수시로 강하게 일어나 혼돈 속에 갇혀 산 적이 있었다.

법왕정사를 이끌며 살아온 세월을 되돌아 보면, 대도시 건물에 세들어 살며 많은 집세와 관리비를 감당 못해 쩔쩔 맨 이유가 아마도 신도회를 조직하지 않고 재를 지내지 않았으며 또한 이렇게 황당한 견해를 가진 사람들 때문이다. 이런 사람들이 많아 안타까웠지만 그래도 신심 장한 상근기 불자님들의 끊임없는 도움으로 돈 얘기나 운영에 관한 얘기 한번 안 하고 잘 유지할 수 있었다.

이렇게 몸과 마음이 아픈 사람들이 절을 완벽하게 하기란 참으로 쉽지 않다. 그럴수록 완벽하게 절해서 고마움의 감사 넘치는 대긍정의 자세로 부처님처럼 미소띤 얼굴로 업을 녹여야 한다. 자신의 순수의식, 참마음, 참나, 불성을 깨우치는 지켜봄 알아차림의 참절을 해야 한다. 다행히도 법왕정사는 경북 청도 아름다운 곳에 깨달은 템플스테이 전용 수련원과 세계의 대장경을 모신 법당, 와불 부처님 법당을 건립했다.

이젠 순수의식, 참마음, 참나, 불성을 체험하며 깨달은 절 수행법을 세상에 알리려 한다. 절 수행 세계 중심 센터를 활용해 불교를 위해, 그리고 이 세상과 인류를 위해 힘껏 정진할 것이다.

잘못하는 수행자의 공통점

깨달은 절 수행을 지도하다 보면 절 수행을 열심히 하다 포기하는 사람들과 절 수행을 열심히 하는데 효과가 없다는 사람들, 그리고 절 수행을 열심히 하는데 더 힘들고, 아프고, 괴롭고 자꾸 나빠진다는 부류가 있다. 이런 수행자들에겐 묘한 공통점이 있다. 미간을 찌푸리고, 고개를 숙여 자라목이고, 어깨 움츠리고 등이 굽어 명치에 가로 주름이 있고, 허리가 굽어 배꼽에 가로 주름이 있다. 이들은 숨을 가슴, 어깨로 거칠게 역호흡하고 팔자걸음이 심하며, 입을 벌리고 입으로 숨 쉬며 괄약근, 사두박근이 조여지지 않는다.

　배에서 힘이 빠져 용기, 배짱, 뱃심이 없고 요실금, 분실금, 치질 등에 걸려 있다. 배꼽 가로 주름은 초조, 불안, 근심 걱정을 만들고 가슴 가로 주름은 화 잘 내게 하고 오목가슴은 더 들어간다. 미간 찌푸림으로 상단전 막히고, 어깨 움츠리고 등 구부려 중단전 막히고, 허리 구부려 하단전이 막혀 있다. 고개를 숙여 목이 막혀 있고 자라목, 어깨 움츠림으로 뒷목, 목, 어깨 등이 막혀 있다. 어깨가 축 늘어지고 다리를 질질 끌며, 멍한 표정으로 부정도 긍정도 아니고 우유부단하다. 이런 수행자

깨 달 은

들이 절을 많이 하여 막힌 곳이 풀리고 뚫려 몸이 건강해지기 시작하면, 신체 중 건강하지 못한 곳에서 독특한 냄새가 난다. 머리 좋고 착한 심성을 가진 사람 중에 이런 분들이 많다. 이런 분들은 몸속에 가스, 독소가 많이 생기는 나쁜 음식을 좋아한다. 특히 이런 분들이 참선 명상이나 요가의 호흡법, 단전 호흡법 수련 등을 하면 문제가 생긴다.

절 수련에서도 이런 수행자들은 절을 빨리해 심장이 뛰고 숨이 차다. 이 상태에서 호흡법 수련을 하는 것은 좋지 않다. 완벽하게 극복하고 나서 깨달은 절 수행법을 배우고, 지속적인 관리지도를 받으며 교정해야 한다. 경전을 빨리 독경하거나, 다라니나 주력을 목탁 치며 빨리해 보면 집중은 잘 되는데 지켜봄 알아차림은 시간이 지날수록 더욱더 안 된다. 수행이란 이름으로 하는 그냥 집중은 에고 중생의 가짜 나를 키우는 불행한 수행이다. 지켜봄 알아차림 의식이 커지고 강력해져야 한다. 이런 잘못된 현상으로 인해 몸에 병이 오고, 이미 병이 와 있으며, 불행 속에 있음을 알아야 한다. 행복하고 건강하게 성공하고 싶으면 이런 자세와 습관을 빨리 수정해야 한다. 깨달은 척, 잘하는 척하는 사람 중에 볼이 터질 것처럼 살이 쪄 있고 개기름이 줄줄 흐르며 턱은 3개, 배는 불룩, 팔자걸음 아주 심한 이들이 있다. 커피, 카페인 음료를 달고 살고 스스로 인슐린 주사를 놓으면서도 떠드는 걸 보면, 몸과 마음 다스림 못하는 어리석은 중생이란 사실을 모르는 것 같아 안타깝다.

한 가지씩 고치는 게 아니라 총괄적으로 모두 다 한 번에 수정하면 완벽하게 깨달은 절 수행이 된다.

절 수행자의 아쉬움

그동안 매일 절 교육과 점검을 해 주고, 매주 법회를 열고 매달 3000배 그리고 108배 만 일 수행결사를 하고 2박 3일 만 배 수행하는데 10만 명 정도가 동참하였다. KBS '생로병사의 비밀', '아침마당', SBS '백세건 강시대', MBC, BBS, BTN, 조선 TV 등 방송 매체에 출연하고 〈한겨레 신문〉, 〈동아일보〉, 〈조선일보〉, 〈불교신문〉, 〈법보신문〉, 〈현대 불교 신문〉, 〈불광〉 등 언론 매체에 대대적으로 소개되어 유명세를 타게 되었다. 특히 공중파 TV에서 기적의 건강법으로 널리 소개되면서 스트레스 해소를 위해, 병을 고치기 위해, 피로회복에 좋다며 많은 사람들이 절 수행을 배우러 법왕정사에 찾아왔다. 다이어트, 불면증, 공황장애 등을 치유하려는 많은 사람들이 절 수행을 배우고 실천하여 거의 100% 효과를 보았다.

하지만 매우 안타깝게 생각한 점은 아픈 사람들은 완전히 나을 때까지 뿌리를 뽑아야 하는데 조금만 좋아지면 그만둔다는 것이다. 재발하면 다시 찾아와 하소연하는 걸 부지기수로 보아 왔다. 빨리 좋아지지 않아 포기하고 조금 좋아지면 그만두고, 안 좋아지면 아예 완전히 그만둔

깨 달 은

다. 소원이 이루어질만 하면 그만두고 소원이 이루어지면 완전히 그만둔다. 소원이 이루어지지 않으면 영원히 그만둔다. 이런 점이 참으로 안타깝다.

절 수행은 돈 한 푼 들지 않고, 준비도 별로 필요치 않고 간편하게 집이나 사무실에서 언제나 가볍게 할 수 있다. 지속적으로 꾸준히 절 수행을 하면, 건강과 힘, 용기, 배짱이 좋아지고 대인관계도 참으로 좋아진다. 나를 낮추고 남을 높이는 절 수행이 몸에 익으면 상대방이 단번에 알아본다. 고마움의 감사가 철철 넘치는 마음으로 절한 에너지는 참으로 맑고 밝고 향기롭다. 가정에서 가족과 함께하면 가족 관계가 더욱더 좋아진다. 자녀들에게도 직접 온몸과 마음으로 보여 주는 진짜 교육이다. 근심 걱정, 초조, 불안, 불평불만의 기운이 집안에 꽉 차면 그 집에 사는 사람 모두 다 부정적인 마음을 갖게 된다. 집에서 절하면 이러한 기운이 즉시 정화되어 진짜 업장소멸이 되어 사라진다.

평생, 세세생생 부처님께 절할 것을 발원하고 실천수행하면, 기적보다 찬란한 부처님 가피의 광명이 언제나 쏟아진다. 꾸준히 절한다면 조석으로 108배면 충분하다. 불행의 초기, 병고액난 초기에 정신 차리고, 지켜봄 알아차림의 깨달은 절 수행으로 극복하는 것은 참으로 쉬운 일이다. 그러나 시기를 넘기면 모든 게 다 꼬이고 막혀 힘이 든다. 미리미리 예방하면 건강, 행복을 지키기가 훨씬 쉬운 법이다.

절 수행 좋아하는
사람들의 공통점

시끌시끌한 종교는 동적인 종교라 하고, 조용하고 고요하며 깨달음을
추구하는 불교는 정적인 종교라 한다. 참선 명상이 대표적이고 염불이
나 독경도 결국에는 마음속으로 조용히 하는 수행이다. 절 수행자도 초
기에는 정신없이 헐떡대며 절하지만, 수행이 익으면 절을 하는지 멈추
어 있는지 구분이 안 될 때도 있고, 숨소리도 나지 않고 스스로 숨을 지
켜봐도 참 고요하다. 숨이 사라진 느낌이 들 때가 많다. 발끝부터 손끝,
머리끝까지 모두 다 움직이는 동적인 상태에서, 숨과 마음이 고요해지
는 절은 참으로 미묘한 수행이다.

마음은 몸과 호흡에 부정적 영향을 주어 몸을 아프고 병들게도 하고,
숨을 거칠게 하여 몸을 더 힘들게도 한다. 이때 몸과 호흡은 마음에 더
부정적인 영향을 준다. 고마움의 감사가 넘치는 마음은 몸과 호흡에 좋
은 영향을 주어, 평화롭고 자유로우며 건강하고 행복하게 한다.

스트레스를 받으면 동적인 사람들은 스포츠, 춤, 노래, 술, 수다 떨기
등으로 푼다. 정적인 사람들은 스포츠, 노래, 춤, 술, 수다 떨기 이런 걸
싫어하는 경우가 많다. 조용하고 점잖고 착한 부류들이다. 먹고 잠자기

깨 달 은

로 풀다가 몸이 비대해져 다이어트 겸 절 수행 하는 사람들의 경우, 물어보면 노래 듣기는 좋아하고 부르긴 싫고 박치 몸치란다. 이런 분들에게 절 수행은 최고의 스트레스 해소법이다. 절을 아주 잘하고 좋아하는 사람들 중에 이런 분들이 많다. 깨달은 절 수행 후 스트레스 지수를 체크해 보면 이런 분들은 거의 제로 상태이다. 이런 분들에게 깨달은 절 수행을 가르쳐 주고 지속적으로 관리하는 게 내게는 큰 보람이다.

어느 종교 단체에 가 봐도 법왕정사 불자들처럼 밝고 생생한 얼굴과 날씬하고 건강한 몸을 가진 사람들을 못 봤다. 이런 착한 불자들 중에 '부처님 크신 은혜 고맙습니다'는 아주 좋아하고 잘하는데 '나는 본래 부처인 나다'하며 절하는 것은 부끄러워하며 꺼리는 사람들이 있다. 하심은 저절로 잘되나, 부처라는 진실은 힘들어한다.

자존감이 낮은 착한 불자들이여! 부처님께서 하시고픈 말씀은 딱 하나 '너는 본래 부처다'이다. 믿고 확신하고 거룩함을 찾아보자. 깨달은 절 수행은 몸과 마음을 잘 다스리는 예방의학이다. 화를 내려놓고 정신을 맑게 하고, 마음의 문을 활짝 열게 한다. 정적이고 착한 사람들에게 최고의 수행법이며 운동이다.

5
고통을 통과한 시간들

'부처님 죄송합니다. 진짜 참회합니다. 잘못했습니다.
용서하세요.'가 저절로 술술 나왔다. 부처님께서 '이제 됐다.
열심히 수행 잘하고 부모님께 참회하라.'고 하셨다. 순간
눈시울이 뜨거워지고 피눈물이 쏟아졌다. 눈을 뜰 수가 없었다.
뜨거운 피눈물이 하염없이 쏟아졌다. 참으려 해도 도저히
통제가 되지 않았다. 코에선 콧물이 심하게 나오고 입에선
침이 줄줄 흘러나오고, 얼굴, 머리, 온몸에선 식은땀이 비 오듯
쏟아졌다. 얼굴, 목, 가슴, 손, 두루마기 등이 피눈물, 콧물,
땀으로 범벅이 되었다.

가장 힘들던 봉정암 만배!

백담사에서 만배를 하고 바로 봉정암에 올라 만배를 하기로 마음먹었다. 왠지 신날 것 같고 멋진 만배일 것 같아 백담사에서 열심히 만배를 하였다. 새벽 예불을 잘 모시고 아침 공양을 하니, 공양주 보살님께서 주먹밥을 하나 싸 주시며 '봉정암에 가서 열심히 절하세요.' 한다. 그 주먹밥을 보는 순간, 내가 너무 초라해 보이고 불쌍하다는 마음이 자꾸 들었다. 어린시절 어머님께서 쪄 주신 맛있는 찐빵 생각이 나서 눈물이 핑 돌았고, 갓 구워 낸 빵이 너무 먹고 싶어졌다. 자꾸 슬퍼지고 쓸쓸해지며 세상에 나 혼자뿐이란 느낌이었고, 참으로 묘한 마음이 들어 발걸음이 무거웠다.

간신히 봉정암에 도착해 사리탑에서 만배를 하려니 너무 피곤하고 힘이 들었다. 칠정례 올리고 바위틈에 앉아 걸망을 끌어안은 채 30분만 잠을 청하려 했는데, 3시간이 지나가 버렸다. 절을 하려고 몸을 움직이는데 전신이 말을 듣지 않았다. 10분만 절을 해도 몸이 쫙 풀리는데, 그날따라 몸이 날 죽이려는 듯 꼼짝할 수가 없었다. 할 수 없이 절하기를 포기하고 쉬었다.

다시 내려와 백담사에서 만배를 하고 올라오는데 검정 고무신에 구멍이 나서 모래와 물이 자꾸 들어와 신경 쓰였다. 슬슬 짜증이 나며 불길한 예감이 불쑥불쑥 올라왔다. 봉정암에 도착하니 사리탑에 올라갈 힘도 없었다. 몸살이 나 온몸이 후들후들 떨리며 춥기까지 했다. 얼굴, 가슴, 머리에선 엄청나게 뜨거운 열이 났다.

　죽을 만큼 힘이 들어 그동안 두 번이나 포기했었다. 봉정암에서 백담사까지 2시간 만에 뛰어 내려간 적도 있었건만, 산장에서 하루 자고 영시암에서 또 자고, 간신히 백담사에 도착하여 며칠을 푹 쉰 다음 만배를 했다. 그래서 봉정암으로 향하는 발걸음도 가벼웠고 주변 경관도 더욱 아름답게 보였다. 봉정암에 도착해 쉬지도 않고 바로 사리탑에서 만배를 시작하려고 했다. 한 비구니 스님이 바람이 심하게 불어 무서운지 사리탑에 찰싹 붙어서 탑돌이를 하고 있었다.

　내가 절을 할 때마다 앞에서 마주쳤다. 너무 못생기고 못난 얼굴이라는 생각이 들어 내 마음은 자꾸 시끄러워졌다. 언제 끝나려나 지켜보면, 날 보고 절을 그만두라는 표정인 것만 같았다. 화가 나서 짜증이 증폭되고 신경이 날카로워지고 입에서 뭔가 말이 나오려고 자꾸 요동을 쳤다. 참자, 참고 절하자, 이번이 세 번째이다, 어쨌든지 만배를 해야 한다. 무조건 하자. 마음을 누르고 몸을 눌렀지만 더 이상 참지 못했다. 도깨비 같은 얼굴과 조폭 같은 폼으로, 결국 못된 욕을 하고야 말았다. 그 비구니 스님은 너무도 황당한지 노란 얼굴로 주저앉아 울고 말았다. 잘못했다고 참회하고, 미안하다고 용서를 빌었다. 하지만 너무 많이 눌러 참은 나의 몸과 마음에서 나온 참회와 용서는 힘이 하나도 없었다. 3

번째 포기를 하고 나서 바라본 산하는 온통 잿빛이었다.

　네 번째 만에 드디어 백담사에서 만배, 곧바로 봉정암에서 만배를 하게 되었다. 참으로 멋진 곳, 봉정암 적멸보궁에서의 만배는 세세생생 기억이 날 것 같다. 만배를 마치고 가장 먼저 떠오른 사람은 그 비구니 스님이었다. 아무도 그 스님에 대해 아는 사람이 없어, 백담사에서 봉정암을 200번 오르내리며 참회를 하였다.

부처님 오신 날
피눈물의 업장소멸

요즈음도 조계사 법당에 들르면 예전에 모시던 작은 부처님이 자꾸 생각난다. 출가 전에도 힘들 때나 기분 좋을 때나 수시로 법당에 들러 부처님을 뵈오면 진짜 살아 계신 부처님을 만난 듯했다. 부처님을 뵈면, 난 언제나 내 삶의 앞날에 대해 참으로 진지하게 여쭈었다. 여쭙고 절하고, 또 여쭙고 절하고를 반복하다 매번 지혜로운 답을 얻곤 하였다.

한번은 깊은 산속 토굴에서 날짜도 시간도 모르며 열심히 용맹정진한 적이 있었다. 점차 시간이 지날수록 수행도 아니고, 수행 아닌 것도 아닌, 무의미한 날들이 계속되었다. 그러던 중, 그동안 미숫가루 후원을 해 주시던 분이 오셨다. 내일이 부처님 오신 날이라 오셨단다. 불상도 없고 등도 없고 꾀죄죄한 못난 스님 하나뿐! 묘한 생각이 들며 입이 딱 붙어 말이 나오지 않았다. 그분을 따라 서울로 올라와 조계사 법당에 들렀다. 부처님 오신 날 법회를 마친 오후라, 아직도 법당 참배하는 불자들이 많았다. 다들 깨끗하고 예쁜 옷을 입고 화사하게 단장하고 오셨다. 평소에도 우리 불자님들이 이렇게 예쁘게 하고, 많이 오셨으면 좋겠다는 생각이 들었다.

깨 달 은

부처님 오신 날 봉축 행사도 못하고, 내가 좋아하는 부처님 모실 곳도 없고, 등 하나 달지 못하고 신도 한 명 없는 상황이 부끄러웠다. 돈한 푼은 고사하고 차비도 제대로 없는 내 삶을 뉘우치며 참회의 절을 올렸다.

'부처님 죄송합니다. 진짜 참회합니다. 잘못했습니다. 용서하세요.' 가 저절로 술술 나왔다. 부처님께서 '이제 됐다. 열심히 수행 잘하고 부모님께 참회하라.'고 하셨다. 순간 눈시울이 뜨거워지고 피눈물이 쏟아졌다. 눈을 뜰 수가 없었다. 뜨거운 피눈물이 하염없이 쏟아졌다. 참으려 해도 도저히 통제가 되지 않았다. 코에선 콧물이 심하게 나오고 입에선 침이 줄줄 흘러나오고, 얼굴, 머리, 온몸에선 식은땀이 비 오듯 쏟아졌다. 얼굴, 목, 가슴, 손, 두루마기 등이 피눈물, 콧물, 땀으로 범벅이되었다. 온몸의 분비물들이 절하는 앞쪽의 다다미로 다 퍼졌다.

도저히 통제가 안 되어 어쩔 수 없이 절을 그만하고 고두례하고 있었는데 콧물, 눈물이 더 많이 나오고 울음까지 터져 나왔다. 몇 시간을 이렇게 있다가 일어났는데, 눈 주위가 너무 부어서 앞이 잘 보이지 않았지만 몸은 참으로 가벼웠다. 두루마기 앞자락과 소매가 가관이었다. 내 앞의 다다미를 어떤 불자님이 보시고 바닥을 닦아 주셨다. 그러면서 처음부터 날 지켜보았다며, '스님, 부처님 오신 날 진짜 업장소멸하셔서 복 많이 받으셨다.'고 부러워하셨다.

절을 잘못하여 새까만 김 상사

낮에는 참선하고 밤에 3000배를 하며, 천 일 동안 300만 배 했다. 큰 절과 보궁 유명 기도처에서 하루 만배씩 100군데에서 100만 배를 하여 400만 배를 채웠다. 무리하게 목표를 세운 탓에 많이 힘들었고 무릎과 발톱 밑이 제일 아팠다. 제대로 된 샤워시설도 없었으며 차가운 물로 닦아야 한 적도 있었다. 땀을 너무 많이 흘려서 옷을 세탁하고 말리는 게 무척 불편했다.

　요즘은 참으로 시절이 좋아져 문제가 없지만 그때는 어쩔 수 없는 상황이었다. 이런 문제 때문에 절을 계속 할까 말까 고민할 때, 땀이 나지 않는 방법이 있다기에 알아보고 실천했다. 진짜로 땀이 나지 않고 참 좋았다. 이때부터 나는 신통력이 아닌 신통력을 발휘하기 시작하였다. 108배를 4분에 하고 숨도 차지 않으며, 헐떡거리지도 않은 상태로 땀도 흘리지 않았다. 다른 절 수행자들은 기적 같은 절을 하는 나를 많이 부러워하였다.

　누가 칭찬이라도 해 주며 대단하다고 치켜세워 주기라도 하는 날에는 완전 절 수행에 미쳐 버렸다. 그런데 어느 날부터인가 얼굴이 붉어지

깨 달 은

기 시작하면서, 머리는 빠지고 눈은 충혈되고 귀에서 소리가 계속 들리고 입에 침이 말랐다. 이빨은 흔들리고 잇몸이 부었으며 이 닦을 때마다 피가 났다. 극도로 피곤할 정도로 절을 했는데도 잠은 오지 않고 번뇌 망상 잡생각이 끊임없이 일어났다. 손가락 마디, 발가락 마디, 무릎, 허리, 목, 얼굴 등이 검붉다가 검어지기 시작했다. 600만 배를 마쳤을 때 나는 검은빛 스님이 되어서, 아는 스님이 지어 준 별명이 '월남에서 돌아온 새까만 김 상사'였다.

평소 잘 알고 지내던 분들 중에 날 알아보지 못하는 사람도 있었다. 이때쯤, 스님 절하는 모습을 찍은 비디오라며 테이프를 하나 건네받았다. 난 지금도 사진 찍는 것, 촬영하는 걸 좋아하지 않는다. 그래서 관심이 없었는데, 이 비디오 테이프를 통해 절하는 내 모습을 보고 깜짝 놀

랐다. 도깨비 같은 시커먼 얼굴로 미친 듯이, 일어서는 것도 아니고 앉는 것도 아닌 공 굴러가는 것 같은 모습으로 절을 하고 있었다. 경거망동하며 절하는 내 모습을 보고 너무 부끄럽고 한심스러웠다. 얼굴은 성난 도깨비 같았고, 화가 너무 잘 났고 몸은 시커멓고 점점 이상해지기 시작했다.

절을 하여 얼굴과 피부가 깨끗해지고 건강해져 모든 병을 다 치유해서 건강하다는 분들을 보며, 난 나의 원인을 알게 되었다. 원인은 땀 흘리지 않고 절을 해 노폐물, 독소, 사기, 병기, 객기가 피부와 몸에 꽉 차서 장기를 괴롭힌 것이다.

깨 달 은

갈수록 고행주의

나는 절하기 좋은 체격으로 크지도 작지도 뚱뚱하지도 빼빼하지도 않다. 뼈가 굵고 관절이 튼튼하며 운동을 좋아한 덕에 처음 해 본 3000배가 그렇게 힘들지 않았다. 정신이 매우 맑고 눈동자가 아주 선명하게 동그랗고 깨끗한 눈빛이 되었다. 온 세상을 다 얻은 것 같은 좋은 느낌을 체험하게 되니 수시로 3000배를 하게 되었다.

이때쯤 3000배가 좋다는 소문이 전국에 퍼지고 성철 큰스님께 화두를 타려면 3000배를 해야 한다는 둥 절 수행 하는 분들이 많아지게 되었다. 3000배 하다 말고 그만두는 사람, 참으로 힘들게 죽기 살기로 절하는 사람, 무릎이 아파 다리 질질 끌고 다니는 사람, 3000배 하고 나서 몸살 앓는 사람들을 보면서, 내 마음속에서 우월감이 슬슬 자라면서, 보란 듯이 수시로 3000배를 즐기게 되었다. 낮엔 참선하고 밤에 30분만 자고 1000일간 3000배 하면 좋겠다는 마음이 일어남과 동시에 잘할 수 있다는 생각이 들었다. 곧바로 3000배 1000일 정진에 들어갔다.

남들은 다 자는데 법당에서 혼자 3000배 하며 첫날은 참 뿌듯했다. 내가 진정 부처님 제자이구나, 나에게 이런 힘이 본래 있었나, 참 스님이 되어야지 하며 우월감에 날아갈 것 같았다. 작심삼일이라더니 하루 전부터 힘들고 하기 싫고, 왜 내가 이렇게 힘든 걸 정해서 하고 있나 그만두어야지 별의별 생각이 떠오르며 머리는 복잡하고 가슴은 답답했다. 절하기 좋은 체질이라던 내 몸은 절하기 제일 싫어하는 몸으로 바뀌어, 온몸이 축축 처졌고 무릎이 후들후들 떨리며 별의별 현상이 다 일어났다. 죽을 것 같은 느낌을 받으며 겁이 없던 내가 등골이 오싹하며 뒷머리에서 묘한 쭈뼛한 현상이 일어나 놀라기도 했다. '그래, 그만두자. 포기하는 게 정답이다.'라고 결론을 냈지만 내면의 자존심은 날 자꾸 3000배로 내몰았다. 천일 동안을 3000배와 싸우면서 300만 배 하는 동안, 다시는 절대로 절하지 않겠다는 말을 마음속으로 3억 번은 한 것 같다.

'절 잘한다 대단하다.' 칭찬을 많이도 들었는데, 그때마다 그 소리가 절하다 죽으라는 말로 들렸다. 힘들고 고통스러운 순간의 연속이 내 삶의 전부였지만, 못난 자존심인지 못된 욕심이 많아서인지 거의 끝나 갈 때쯤부터 묘한 현상이 일어나며 초인적인 힘이 발휘되었다. 기쁜 마음과 환희심을 많이 체험하며 3000배 천일 기도를 마치게 되었는데, 내 마음은 바뀐 게 하나도 없는 것 같았다.

이때 서울 조계사 법당에 들르게 되었는데 법회를 바로 끝마친 후였다. 나도 모르게 부처님 앞에 나아가 3배를 올리고 바로 돌아서서 불자님들에게 3배를 올리니 불자들이 어리둥절한 표정으로 날 바라보았다. 나도 모르게 '저는 3000배 천일 기도를 마쳤는데, 이제는 하루에 만배씩 100군데 유명 사찰에서 기도하려 하니 잘할 수 있도록 도와 달라.'고

깨달은

말을 했다. 박수가 터져 나왔다. 엄지손가락을 치켜세워 주며 밝은 표정으로 날 반겨 주는 모습들이 나를 멋진 스님으로 대우해 주는 느낌이 들었다. 또 스스로를 속이고 스스로에 속고 말았다.

만배 기도를 또 죽기 살기로 하였다. 난 지금까지도 대중들과 함께 매달 3000배 하며 1000만 배를 향해 나아가고 있다. 이렇게 과거엔 어쩔 수 없이 의무감으로 절을 했는데, 최근엔 이 세상 모든 사람들이 깨달은 절 수행을 통해 몸과 마음이 건강해지고 진짜 행복하길 발원하며 절을 한다.

절 수행 신비 현상

젊은 시절 한때, 절 수행을 하며 체험한 이야기들을 많이 하고 다녔다. 스님들 모임이나 재가 불자들의 모임, 법회 현장, 군 법당에서 법문할 때 이런 체험을 이야기하면, 모든 분들이 신기해하며 귀를 쫑긋하고 듣는다. 부러워서 침을 꼴깍 삼키며, 자신도 저런 체험을 해 보겠다고 참으로 열심히 수행하는 분들도 보았다. 일평생 수행했는데 그런 체험 하나도 없는 게 부처님 가피를 받지 못해서라고 원망하는 분들도 보았다.

나는 믿음이 가지 않고 앞뒤가 안 맞는 설화, 신화 같은 이야기를 믿지 않고 앞으로도 그럴 것이다.

수행 중에 누구나 다 똑같진 않지만 비슷한 체험을 하게 된다. 하루에 만배씩 하던 어느 날이었다. 절하기 아주 싫은, 절대로 절하면 안 될 것 같은 그런 몸과 마음 상태였지만 울며 겨자 먹는 식으로 할 수 없이 절을 했다. 절할 때는 전신이 후들거렸고, 일어설 때는 식은땀이 계속 흐르며 온 세상이 노랗게 보였다. 무릎은 까져 피고름이 흐르고, 머리는 상기되어 터질 것 같았다. 눈에선 천지 사방으로 불꽃이 튀고, 귀에선 괴상망측한 굉음이 들렸다. 얼굴이 극도로 굳어져 갔고 차츰 도깨비

깨 달 은

같은 표정으로 변해 갔다.

　긍정적인 마음, 고마움의 감사, 공경심 이런 마음이 하나도 없이 절을 했다. 사형장에 끌려가는 죄수가 마음이 훨씬 편할 거라는 생각을 하며, 억지로 할 수 없이 죽기 살기로 절을 했다. 지금 생각해 보면 탁 내려놓고 쉴 것을, 그때 왜 그렇게 절을 했는지 모르겠다. 집착도 뭐도 절대로 아니었다. 한계점에 도달할 때쯤, 부처님 미간 백호상에서 황금빛 찬란한 빛이 커졌다 작아졌다, 밝아졌다 조금 흐려졌다, 넓게 비치다

좁게 비치다를 반복했다. 평소 믿지 않았지만, 황금빛 찬란한 부처님 광명의 현상이 일어나니 의심이 들었다. 눈을 씻고 보아도 그대로 보이고 눈을 감았다가 떠 보아도 똑같고, 볼을 손바닥으로 때리고 귀를 아래로 잡아당기고 정신 차려 보아도 똑같은 모습이었다.

잡생각, 번뇌 망상 하나 없이 부처님 광명의 빛에 몰입되어 있었다. 더욱더 자세히 보이며, 그 빛이 더욱 선명하게 찬란하게 아름답게 보였고, 그 작은 빛의 알갱이 속엔 또렷한 부처님이 헤아릴 수 없이 많이 보였다. 환희심, 공경, 찬탄, 고마움의 감사, 기쁨이 뭉게구름처럼 터져 나와 턱이 떨어질 것만 같았다. 이때쯤 부처님께서 벌떡 일어서시더니 뚜벅뚜벅 걸어 나오셔서, 내 이마를 만지시고 머리를 쓰다듬어 주시고 등허리를 두드려 주시며 날 사랑하신단다. 이런 체험이 있은 후, 태양 빛이나 가로등 불빛, 야구장의 불빛, 멋진 샹들리에, 고속도로에서 컨테이너 싣고 가는 자동차 불빛만 보아도 그때와 비슷한 느낌이 든다.

한때 밤의 고속도로에서 아름다운 불빛을 체험하며 질주한 적이 많이 있었다. 한때는 좋아서 즐겼지만 시간이 어느 정도 지나니 처음 그런 느낌이 사라지며 시시해졌다. 그런데도 이런 현상이 계속 일어나니 수행에 방해가 되었다. 어떤 이는 이런 체험이 딱 한번으로 끝나면, 또 해보려고 애쓰며 노력하기도 한다. 이런 게 다 마장이라며 능엄경을 들먹이며 정신 차려야 된다면서도, 내심 부러워하는 분을 본 적이 있다.

이런 체험이 있은 후, 나는 수행의 체계와 완벽한 자세와 호흡법, 끈기 있게 집중하는 구체적인 테크닉 등 많은 것을 알게 되었다.

수행법들이 갈수록 복잡하고 혼란스럽고 황당해져 간다. 참선하며

깨 달 은

보는 놈을 보라며 꼭 놈 자를 쓴다. 구체적으로 설명도 못하면서 부처를 만나면 부처를 죽이고 조사를 만나면 조사를 죽이라고 말한다. 이론은 너무 거창하나 실체는 잘 모른다. 이런 것들은 이제 버릴 때가 되었다.

나는 이제 모든 수행에 대입하여 수행을 즐길 수 있게 되었다. 언제나 저절로 수행을 즐기고 있다. 수행하려고 애쓰지도 않는다. 수행 잘하려고 노력하지 않으며 저절로 수행한다. 나의 유일한 취미는 수행이다. 오늘도 젊은 수자들과 함께 3000배를 하는데 언제나 제일 앞에서 불자들을 이끈다. 사시 예불을 2시간씩 하면서도 언제나 난 생생하다.

진짜 나이는 숫자에 불과하다. 부처님 가피로 언제나 생생하다. 수행법을 알려 주고 점검해 주고, 아픈 수행자를 빨리 낫도록 도와주며, 언제나 깨달으신 부처님과 살아 있는 모든 부처님께 감사한다.

신묘한 체험 신통력

만배를 마치고 법당에서 잠깐 대자로 누웠는데 천장 지붕이 없어지고 하늘이 또렷이 보였다. 그중 북두칠성이 선명하게 보였는데 눈을 떠 봐도 감아 봐도 정신을 또렷이 차려 봐도 계속해서 보였다. 법당 앞에 나와 하늘을 보니, 북두칠성과 하늘의 별자리가 그대로 선명하게 보였다. 법당 벽이 가로막혀 있는데도 밖의 모습이 선명하게 보였고, 밖으로 나와 둘러봐도 똑같은 모습이 보였다. 땅속과 하늘을 쳐다보니 참으로 신기한 색상의 찬란하고 아름다운 모습들이 스펙터클하게 펼쳐졌다.

아침 일찍 일출을 보기 위해 남산타워에 갔는데 참으로 멋지고 아름다운 서울 하늘을 보게 되었다. 황금빛 찬란한 아주 미세한 모습의 부처님이 꽉 찬 하늘을 보는 순간 저절로 합장, 저절로 미소, 저절로 환희심, 기쁨이 뭉게구름처럼 내 가슴에서 입으로 빠져나왔다. 턱이 빠져나올 것만 같았다.

염불 삼매를 체험하고 나서, 금강경 독경 삼매 체험으로 마음의 빛이 환하게 보였다. 더욱더 맑아지고 밝아지고 난 후, 사람들의 몸속이 훤히 보이기 시작했다. 호흡을 잘못해서 어딘가 막히고, 순환이 안 되면

깨 달 은

머리, 얼굴은 상기되고 가슴은 화병되고 하체는 냉병이 되는 이치를 알게 되었다. 이런 현상을 극복할 수 있는 지혜가 보이기 시작했다.

아픈 사람을 보면 내 손이 저절로 아픈 곳에 가서 눌러붙었다. 서울 명동 거리에서 하루 종일 서서 사람들을 지켜보았는데, 내 손이 모든 사람들을 향해 움직이는 걸 보고 가슴이 아팠다. 이때 나도 모르게 나온 말이 '인류 모두가 절을 하여 몸과 마음이 건강했으면 좋겠다.'였다. 인류에게 절을 알릴 수 있는 방법이 떠오르기 시작하더니, 절을 더 잘할 수 있고 더 효과적으로 할 수 있는 방법들을 알게 되었다.

금강경 독경을 많이 할 때, 어느 날부터인가 밤에 자는 것도 깬 것도 아닌 채로 밤새 금강경을 찰나에 한 번씩 저절로 독경한 체험처럼 그런 상태가 되었다. 밤새 혼자서 법문을 하고 아는 소리를 하더니, 어느 날부터인가 주식의 주 자도 모르는 내가 사라 팔아라 조언을 하게 되었다. 이걸 어떻게 알았는지 하루에 몇백 명씩 몰려와서 물었다. 말 한마디 하지 않고 엄지, 검지 펴면 가위이고(X), 엄지, 검지 접으면 동그라미(O)를 했는데, 백발백중 맞았다. 너무나 신기해서 증권거래소에 구경 갔는데 세상에 있는 돈을 모두 다 벌 것 같은 확신이 들었고, 수행자가 제일 부자라는 걸 느끼게 되면서 모든 욕심이 사라졌다. 지금도 난 주지라는 명예, 통장, 카드, 돈 모두 내려놓고, 없어도 여유 있고 단순하게 슬슬 웃으며 산다. 열심히 깨달은 절 수행하며 매일 부처님 초기 경전을 읽으며 수행자들에게 도움을 주며 산다.

화 내림, 화 다스림

불행한 일로 요추와 고관절, 왼쪽 눈, 왼쪽 귀를 다쳐 걸을 수도 설 수도 앉을 수도 없고, 누워서 움직이지도 못하는 상황에 처한 적이 있었다. 고관절에서 하루 종일 입이 딱딱 벌어지는 극심한 통증이 느껴졌다. 그 고통을 염불 삼매 체험과 부처님 가피지 묘력으로 극복했다. 하지만 그 당시 온 마음과 온몸에서 화가 나, 입만 벌리면 90%가 욕설이었다. 통증보다 더 괴로운 상황이었다. 그러던 중, 언제까지 고쳐 줄 수 있다는 각서를 써 달라는 내게, 나보다 더 화를 내는 유명인을 보고 크게 실망하였다. 또 깨달았다는 분들의 공통점은 천도재 지내라는 것인데 그 말을 들으면 더욱더 화가 났다.

참아라, 알아차려라, 염불해라, 정신 차려라, 웃어라, 요가체조, 운동, 절 등을 미친 듯이 해 봐도 여전히 온몸에서 화가 났다. 마지막으로 선택한 게 술이었다. 밥 한 숟가락 안 먹고 15일쯤 쭉 술만 먹으니 몸과 마음이 축 늘어졌다. 화는 나지 않는데 죽을 것 같아 더 이상 못하고 15일쯤 쉬었다 다시 15일 술 먹고를 반복했다. 그러던 중, 비몽사몽간에 부처님이 나타나셔서 이마를 만져 주시고 머리를 쓰다듬어 주시고 등허

깨 달 은

리를 툭툭 두드리시며 무슨 말씀인가 하셨는데 알아듣지 못했다.

그때 카드섹션같이 부－처－님－크－신－은－혜－고－맙－습－니－다 글자가 계속 나타났다 사라지는 신비한 현상을 보며 부처님에 대한 믿음이 커지고 고마움의 감사가 저절로 되었다. 화가 나는 현상이 조금씩 줄어들며 내가 앞으로 어떻게 살아야 하는지 알아차리게 되었고, 절을 하면서도 매 동작마다 '부처님 고맙습니다'를 했다. 일상생활에선 온종일 '부처님 고맙습니다' '부처님 크신 은혜 고맙습니다' '나는 본래 부처인 나다'를 반복하며, 내 마음속의 불행, 성냄에 융단 폭격을 가해 지독한 성냄과 분노에서 벗어났다.

절을 하고 나서 무릎 꿇고 염불하고, 다시 염불하며 행선하고 나서,

대자로 누워 와선 수행을 3일 정도 계속 해 보면, 자신의 한계와 포기하려는 마음이 일어남을 수도 없이 알아차리게 된다. 그래도 꾹 참고 계속하면 임계점에 도달한 후 신통방통한 체험을 하게 된다. 환희심 나는 참 행복을 맛보며 부정적 관점이 확 사라지고 고마움의 감사가 넘치게 된다. 천천히 완벽하게 절하며 간절한 마음으로 '부처님 고맙습니다'를 해 보면 저절로 눈빛이 밝아지고 미소가 지어지며 힘이 솟고 고마움의 감사, 기쁨이 넘치는 체험을 하게 된다. 그렇게 해서 행복 호르몬이 쏟아져 나와야 화가 나지 않는다는 사실을 알게 되었다.

화가 날 때 뇌근육, 이마, 미간, 눈동자, 혀, 턱, 목, 어깨, 가슴, 엄지 손가락의 힘을 자꾸 빼야 한다. 화낼 때 생긴 몸속의 독소 노폐물은 절을 통해 빼내야 한다. 화날 때마다 지켜봄 알아차림하고 참회하며 '부처님 고맙습니다' 하며 미소 짓고 절하는 공덕은 참으로 크다. 모든 어려움도 가볍게 이길 수 있고 깨달음으로 가는 중요한 에너지이다. 괴로움과 고통 없이 어떻게 수행을 하겠는가? 또한 이런 마음이 있어야 수행하고, 부처님을 믿고 부처님 가르침을 배우고 실천 수행하며, 화를 알아차리고 잘 다스리다가 깨달음을 얻게 되는 것 아니겠는가? 지나고 보니 참으로 소중한 시간들이었다.

깨 달 은

회장님 울리기 포기하기

절을 700만 배 마치고 전국에 있던 많은 토굴을 인연 있는 분들에게 그냥 다 주었다. 돈, 통장, 카드, 전화기, 자동차, 소장품, 숟가락, 젓가락, 발우 모두 다 버리고 떠돌다가, 양평 소리산 인이피에 정착해 토굴을 지었다. 설악산 봉정암은 봉황의 머리, 횡성 봉복산은 봉황의 배를 상징한다. 봉황 꼬리인 양평 봉미산의 계곡 등에 토굴 7군데를 짓고 24시간 수행에 몰입했다.

인이피 토굴에서 새벽 예불을 올리고, 봉미산 토굴까지 신나게 부처님 모시고 걸어 올라가 온종일 기쁨으로 수행하고, 저녁엔 랜턴도 없이 산 능선을 타고 환희심으로 걸어 내려왔다. 거동 수상자로, 혹은 간첩으로 조사 받은 게 한두 번이 아니었다. 이때쯤, 절 수행 기도를 많이 한 신통력 있는 스님으로 세상에 알려지면서 별의별 제안을 많이도 받았다. 특히 납골당 사업을 함께 해 보자는 제의가 제일 많았다. 지금도 난 이런 것에 거부감이 크다. 깨달았다는 큰스님 절의 천도재, 49재, 납골당을 보면 눈이 저절로 감긴다.

이때 인연이 된 기업 회장님이 한 분 있었다. 함께 큰 꿈을 꾸었다 포기하게 되어 크게 실망을 드린 회장님께 다시 또 참회하는 마음으로 이 글을 쓴다. 당시 회장님께 완벽한 절 수행을 가르쳐 드리고 깨달은 와선 수행법을 알려 드리면서 좋은 인연을 맺게 되었다. 특히 절 수행 후, 잠깐의 와선 수행으로 잠, 피로, 스트레스를 완벽하게 해소해 젊은 사람 못지않은 건강을 찾게 되고, 무념무상의 숙면일여로 순수의식, 참마음, 참나를 체험하시게 되었다.

회장님은 깨달은 절 수행의 선 자세에서 부처님처럼 아름답게 미소 짓는 표정으로 상단전, 중단전, 하단전이 열리고 자동 단전 복식호흡이 되는 완벽한 자세를 좋아하셨다. 이렇게 서서, 온몸의 힘을 쭉 빼고 털 끝 하나 움직이지 않게 숨소리도 나지 않게 고요하게 하고, 그냥 무심으로 아무것도 하지 않으면 지켜봄 알아차림이 되며 번뇌 망상, 잡생각이 딱 끊어지고 마음이 멈추는 순간이 오는데 이를 특히 좋아하셨다. 또 와선 수행 중 코선으로 저절로 자동 단전 복식호흡이 되며 배와 온몸이 따뜻해지고 순식간에 정수리가 얼음처럼 시원해지는 체험을 놀라워하셨다. 머리 복잡하고 피곤한 게 싹 사라지는 체험을 놀라워하셨고 특히 큰 대자 와선으로 일자목과 굽은 등과 허리, 골반이 펴지며 중추신경이 열리고 자율신경이 트이며 오장육부의 기능이 좋아지는 과정을 신기해 하셨다. 이렇게 온몸의 기능이 활발해지고 건강이 넘치니, 마음은 언제나 밝아지고 또렷또렷한 상태로 유지되어 와선 수행할 때마다 삶에서 꼭 필요한 지혜와 아이디어가 끊임없이 나오는 신바람 나는 체험에 매료되어 환희심을 느끼셨다.

와선 수행법을 세계 인류에 알리자며 큰 마음을 내시어 짓고 있던 대

216

형 건물을 전체 다 와선 수행 센터로 만들겠다고 하셨다. 나는 더욱더 구체적인 내 생각들을 제안했다. 완벽한 높이의 베지 않은 것 같은 베개 만드는 법, 와선 삼매를 체험할 수 있는 매트 만드는 법, 누워서 저절로 자동 단전 복식호흡이 되는 도구, 우주 태양, 지구 땅의 기운을 끌어당겨 몸에서 증폭시키는 비법 등을 알려 드렸다.

직접 체험해 보고 놀라워하시며 이 세상 모든 사람들, 특히 사회 지도자들에게 알려야 한다고 하셨다. 또 젊은 학생들에게 알려야 생생한 정신으로 공부에 집중할 수 있다고 하셨다. 종교인, 공무원, 예술가, 법조인, 정치가, 의사, 연구직 등등. 특히 기업체 직원들이 오후만 되면 피곤에 지쳐 흐리멍텅하고, 회식한 다음날은 사우나에 가서 소중한 시간을 낭비하는 게 안타깝다고 하셨다.

샐러리맨을 위한 와선 수행은 본인은 물론 가정, 회사, 나라 등 이 세상을 위해서 꼭 필요하다. 많이 먹으면 많이 자게 되고 식곤증으로 피곤하며 정신이 맑지 못하기 때문에 점심 식사 후 와선으로 피로를 풀고 정신을 맑게 하는 것이 중요하다. 더불어 식사 조절이 필요하기 때문에 나는 일본의 수행 식사 문화를 알아보려고 일본의 큰 사찰에 딸린 호텔의 정진 요리도 체험하였다. 또 미얀마와 태국의 위빠사나 수도원을 방문하여 구조와 운영체제 등 전반적인 상황을 알아보았다. 모든 것들이 착착 진행되어 갔다. 그때쯤 회장님께서 내 마음을 읽으셨는지 빌딩의 제일 꼭대기 층에 기둥 하나 없이 천 평 전체를 세상에서 제일 멋진 법당 불사를 하시겠다고 했다. 태국의 제일 아름다운 부처님보다 더 찬란하고 아름다운 부처님을 모시겠단다.

　난 이때쯤 돈 많고 성공한 재벌들을 대하면서 간이 커지기도 했지만, 한편으로는 묘한 생각이 들기 시작했다. 복이 없는 내가 공부, 수행도 제대로 못한 내가 이런 큰 복을 감당할 수 있을까? 스스로 자신에게 물을 때마다 난 자꾸 도망을 갔다. 그리고 내면에서는 자꾸 때가 아니라고 했다. 먼 훗날 수행 중에 답을 알게 되었다. 그때의 난, 편한 걸 좋아하고 내 멋대로 사는 걸 즐기며 은근히 게으름에 빠져서 싫은 마음, 두려운 마음이 살살 끓어올라 왔던 것이다. 결국 자신감, 용기, 배짱을 사라지게 한 게으른 마음, 그 마음에 속아 버렸다.

　결국 무너지고 말았다. 포기하고 말았다. 그 후로 엄청나게 후회를 했다. 회장님을 생각하면 지금도 고개가 절로 숙여진다. 눈이 감긴다. 눈시울이 뜨거워진다. 너무 죄송하고 미안해서 입이 떨어지질 않는다.

깨 달 은

지금도 회장님 사모님께서 주신 수박 한 접시가 어제 일처럼 생생하게 떠오른다. 넓고 큰 예쁜 접시에 수박 앞뒤를 잘라서, 껍질은 그대로 두고 씨를 다 골라내고 빨간 부분을 바둑판처럼 자르고 고풍스런 포크로 꽂아 가지고 나오셨다. 그리고 회장님 건강하게 해 주셔서 고맙다고 인사하시던 참으로 고귀한 모습이 아직도 생생하다. 회장님은 일생 동안 포기한게 딱 그 일 한 가지라고 하셨다. 그저 죄송할 따름이다.

깨달은 절 수행과 와선 수행을 위한 템플스테이 법당 108평을, 지금은 선량하신 절 수행 불자님들의 복전으로 이루어 가고 있다. 난 한국 불교의 세계화뿐 아니라 세세생생 모든 인류의 가슴에 깨달은 절 수행과 깨달은 와선 수행의 씨앗을 뿌리며, 부처님 크신 은혜에 온몸과 마음을 기쁨으로 바치려 한다.

6
절 수행과 건강법

따뜻한 곳에서 절 수행 복장을 갖추고 부처님처럼 아름답게
미소 지으며 '부처님 고맙습니다' '부처님 크신 은혜
고맙습니다'를 염송해 보라. 고마움의 감사 철철 넘치는 마음,
공경, 찬탄으로 높이 우러러보며 '나는 본래 부처인 나다'
염송을 해 보라. 허리, 어깨, 미간을 쫙 편 반듯한 자세로
겸손한 손과 발로 자신을 한없이 낮추고 낮추며, 베풀고 나누고
도와주고 가르쳐 주며, 언제나 기쁜 환희심으로 온몸과 마음을
리셋하라. 온몸과 마음을 이완하고 표정, 자세, 동작, 호흡법,
집중법, 지켜봄 알아차림으로 절을 완벽하게 하여 스트레스를
예방하고 완벽하게 풀어 버려라.

절 수행과 스트레스

심장이 강하고 튼튼하면 스트레스를 덜 받는다고 한다. 심장이 약해 잘 놀라고 착하며 마음결이 비단 같은 사람들이 있다. 이런 사람들이 사바 세계에서 편안하고 행복하게 살아가기 위해서는 철저하게 깨달은 절 수행을 해야 한다. 그들은 잘못한 것도 없으면서 긴장하고 마음이 졸아들고 가슴이 두근두근 뛰며, 온몸과 마음이 초조, 불안으로 경직되곤 한다. 그리고 두려움, 무서움이 증폭되어 자유가 사라지면서 스트레스로 나타난다. 얼굴 표정과 입으로는 스트레스를 안 받은 척하지만 온몸으로 나타난다.

심장이 강한 사람들도 얼굴 표정을 감춰 속여 보고, 입으로 거짓말해 보지만 가슴이 뛰고 혈압이 올라 얼굴은 붉어지고 입술이 떨린다. 눈동자가 가만히 있질 못하고 숨은 갈수록 거칠어지고 가슴은 답답해지고 명치는 멍멍해진다. 팔다리가 후들거리고 뱃속에서도 이상 신호가 계속 나타난다. 이렇듯이 착한 사람이나 악한 사람이나 똑같이 머리, 얼굴, 표정, 입으로는 속일 수 있어도 심장이나 위장, 다리, 발 등은 양심, 진심, 참마음과 가까워 속일 수가 없다.

착한 사람들은 심장이 약해 떨다가 스트레스를 받는다. 마음이 약한 사람들은 심장, 위장, 다리, 발 등의 양심이 정확하고 정직하여 스트레스를 받게 된다. 이렇게 스트레스를 받게 되면 제2의 뇌라 하는 위장이 경직되며 가스, 독소, 노폐물을 발생시킨다. 또한 제2의 심장이라는 발과 장딴지는 후들거리고 막히며, 제2의 폐라 하는 대장과 피부는 기능을 잃게 된다.

스트레스를 받으면 자꾸 음식을 많이 먹게 되는데, 위와 장은 굳고 기능이 떨어져 있으니 가스, 독소, 노폐물 등이 많이 생긴다. 이것들이 림프관과 혈관을 타고 전신을 떠돌다가 기능이 좋지 않은 곳에서 뭉치게 된다. 머리가 띵하고 얼굴이 붉고 혈압이 상승한다. 눈이 침침하며 희뿌옇고 귀에서 소리나고 입에 이상 생기고 입 주변, 얼굴, 목 등에 여드름 같은 게 많이 난다. 어깨가 결리고 목은 뻣뻣, 뒷골이 당기고 가슴 답답하고 명치는 뻐근, 겨드랑이와 손에선 식은땀이 줄줄 흐르며 초조, 불안, 근심걱정, 두려움, 무서움이 증폭된다. 스트레스 호르몬이 더 나오게 되어 온몸을 지배한다. 아픈 곳을 만져 보면 독소 뭉친 덩어리가 잡히는데 이 덩어리를 엄지와 집게손가락으로 풀어 주면 꼭 트림과 방귀가 나온다. 즉석에서 머리가 시원하고 눈이 밝아지며 가슴이 확 뚫린다. 이런 현상을 이겨 보려고 약 먹고, 보약 먹고, 술 마시고, 좋은 음식 먹어 보지만 그런 것으로는 해결되지 않는다.

우리 몸은 묘하게도 스트레스 받으면 좋지 않은 음식을 찾게 된다. 가스 많이 발생하는 술, 커피, 빵, 과자, 피자, 튀긴 음식, 토스트, 탄산음료, 설탕 음료, 인스턴트 가공식품 등을 많이 먹어 스트레스를 더욱

깨 달 은

증폭시킨다. 수행한다며 오신채 등을 철저히 지키면서, 한편으론 이런 음식을 선호하는 걸 보면 수행 잘 안 되게, 스트레스 많아지게, 병 걸리게 하는 행동과 무엇이 다르겠는가?

스트레스를 받으면 온몸이 경직되어 움직이는 걸 싫어해, 운동하지 않고 걷지도 않게 된다. 온몸의 임파와 정맥이 순환되지 않아 울혈이 생겨 곳곳이 막힌다. 특히 손과 발의 모세혈관이 쉽게 막히며 기 혈액 순환이 나빠지고 산소 공급이 나빠진다. 피가 탁해지며 독소 가스가 발생하여 병으로 변한다. 이러한 현상을 극복하는 최선의 방법은 깨달은 절 수행이다. 절을 열심히 하고 검사해 보라. 스트레스 지수가 0으로 나온다. 자신 있게 말할 수 있다. 100%라고.

추운 곳, 에어컨, 선풍기 등을 피하라. 따뜻한 곳에서 절 수행 복장을 갖추고 부처님처럼 아름답게 미소 지으며 '부처님 고맙습니다' '부처님 크신 은혜 고맙습니다'를 염송해 보라. 고마움의 감사 철철 넘치는 마음, 공경, 찬탄으로 높이 우러러보며 '나는 본래 부처인 나다' 염송을 해 보라. 허리, 어깨, 미간을 쫙 편 반듯한 자세로 겸손한 손과 발로 자신을 한없이 낮추고 낮추며, 베풀고, 나누고, 도와주고, 가르쳐 주며 언제나 기쁜 환희심으로 온몸과 마음을 리셋하라. 온몸과 마음을 이완하고 표정, 자세, 동작, 호흡법, 집중법, 지켜봄 알아차림으로 절을 완벽하게 하여, 스트레스를 예방하고 완벽하게 풀어 버려라. 먹어서는 안 될 것은 안 먹고, 해서는 안 될 것들은 철저히 안 하며, 깨달은 절 수행으로 몸과 마음을 건강하게 하라. 스트레스를 예방하고 극복하고 깨달음을 향해 정진하는 것이 수행자의 계율이다.

어깨는 돌덩이처럼 무겁고 단단하며, 가슴은 답답하고 명치는 아프고 주먹만한 덩어리가 잡힌다. 물리치료를 받아 보면 그때뿐 도로묵이다. 많은 사람들이 이런 걸 평생 짊어지고 힘들게 산다. 참으로 안타깝고 한심한 현실이다. 죽어야 없어진다니 너무도 무책임한 말이다. 배꼽 주변과 중완 주변, 명치, 중단전 챠크라 주변 등을 풀면 간단하게 해결된다. 뭉친 곳을 풀고서 시작하는 깨달은 절 수행은 참으로 행복하다.

깨 달 은

상기병=화병=냉병, 종합병

상기병은 참선 수행을 잘못하면 걸리는 것으로 알고 있고, 화병은 화나고 힘들어도 참고 참다 생기는 병이며, 냉병은 타고난 것으로 알고 있다. 절 수행을 지도하다 보면 얼굴이 상기되어 힘들어 하는 부류가 있고, 가슴이 답답하고 터질 것 같다는 부류가 있다. 반면 절을 열심히 해도 할 때는 괜찮은데, 평소엔 몸이 너무 차가워서 힘들어 하는 부류가 있다. 상기병 다스린다고 머리와 얼굴을, 화병 다스린다고 가슴을, 냉병 다스린다고 온몸을 건드려선 절대 안 된다. 평생 고생한다. 근본 원인인 자세와 숨을 다스려야 한다.

이런 분들을 하도 많이 보게 되고 이와 관련된 심각한 얘기를 듣게 되어 차츰 관심이 커지게 되었다. 이런 병의 원인이 무엇일까? 어떻게 절해야 좋아질까? 계속 자문을 해도 답이 안 나와 부처님께 진심으로 간절히 기도를 하고 답을 얻었다. 이런 병의 공통점은 숨을 거꾸로 역호흡하는 경우가 대부분이고, 활성산소 수치가 높다는 것이다. 병원에 누워 있는 환자분들을 살펴보면 입을 벌리고 숨을 거꾸로 가슴으로 쉰다. 역호흡이다. 또한 자세가 안 좋으면 등과 허리가 구부러지고 명치와 배꼽에 가로 주름선이 생긴다. 팔자로 걷는 사람 중에는 기가 빠져 화가 잘 나고 근심 걱정, 초조, 불안으로 심장이 심하게 뛰며, 숨은 거칠어지고 가슴은 답답하고 터질 것 같은 경우가 많다.

몸의 체온이 1℃ 떨어지면 면역력은 뚝뚝 떨어지고, 체온이 1℃ 올라가면 면역력은 5배 올라간다. 몸이 차가우면 몸이 굳게 되고, 몸속 노폐물이 배설을 방해하며 노폐물, 독소 등이 몸에 쌓여 기분도 나빠지고 우울해진다. 냉병의 저체온증과 저혈당증으로 인해 무력증, 소화불량, 우울증, 의욕상실, 자신감 결여, 불면증, 정신분열, 과잉행동 장애가 일어난다. 특히 암은 저산소, 저체온, 저염도, 저기(氣), 저에너지로 인해 생긴다.

몸속에 있어서는 안 되는 노폐물, 독소, 가스, 병기, 객기, 사기가 많은 경우 혈액순환, 림프순환, 뇌수 척수 순환, 기 순환이 잘되지 않아, 손, 발, 배, 허리, 엉덩이, 무릎, 다리 등이 차갑다. 이렇게 순환도 안 되고 소화력도 떨어진 상태로 약을 먹어 봤자 그때뿐이다.

이렇게 종합적으로 오는 무서운 상기병, 화병, 냉병 현상을 우습게 생각해선 안 된다. 특히 봄에 꽃필 때, 가을 단풍 들 때, 보름 전후, 눈비 오기 전에 이런 현상이 심해진다. 이럴 때 머리나 가슴을 다스려서는 절대 안 된다. 완벽하게 깨달은 절 수행을 하면 된다. 머리, 가슴, 배, 숨에 집중하지 말고 발에 집중하고 힘을 쭉 빼고 하라. 따뜻한 곳에서 옷을 껴입고 장갑을 이중으로 끼고 발로해 양말 신고, 녹차에 빛소금을 타서 마시며 천천히 절을 한다. 손발의 모세혈관이 열리면서 등줄기가 뚫리고 온몸에 기가 돌면서 피부가 열려 노폐물, 독소 가스 등이 빠져나온다. 이때, 몸에서 나는 냄새를 통해 확실히 극복되는 걸 알 수 있다.

녹용, 인삼, 커피, 기능성 음료, 초콜릿, 설탕 등 상기되는 음식은 절대 삼가해야 하며 탄산음료, 빵, 과자, 라면, 피자, 파스타 등 가스가 많이 나는 음식도 마찬가지이다. 찬물, 차가운 과일, 아이스크림 등 차가운 음식은 모두 다 상기병, 화병, 냉병을 더 심하게 하는 음식이니 피하는 것이 좋다.

절 수행과 감기 몸살 극복

자신의 몸과 마음을 잘 관찰해 보면 감기 몸살이 오는 걸 정확히 알 수 있다. 목구멍이 칼칼하고 몸이 나른하며 정신이 흐릿해진다. 먹는 꿈을 꾸게 된다. 서지 못하고 자꾸 앉으려 하거나 누워 자려고 하며 등허리, 목이 싸늘해지고 손, 발, 무릎 등이 차가워진다.

감기 몸살이 가까이 와 있다는 증거이다. 이때쯤 자신도 모르게 욕을 한다든지 소리를 지르게 된다. 따지고 싸우고 성질을 내기도 한다. 감기 몸살 걸리면 가슴이 답답하고 얼굴과 머리에서 열이 난다. 코가 막히고 코딱지가 계속 생기며 눈은 건조하고 충혈된다. 입은 건조해지고 혀에는 백태가 끼고 입술은 부르트고 어깨는 축 처지며, 허리는 자꾸 구부러지고 발은 팔자로 걸으며 신발을 질질 끌고 다닌다.

밤새 꿈을 꾸며 깊은 잠을 못 잔다. 잔 것 같지 않아, 머리는 멍멍하며 신경질, 짜증이 자꾸 올라온다. 목이 잠기면 편도가 붓기 시작한다. 이때쯤 추운 곳에서 양말을 벗고 웅크리고 자게 되면 완전 감기에 걸리게 된다. 찬물로 발을 닦거나 샤워를 하거나 찬물과 아이스크림을 먹으면 감기는 더욱더 깊어진다. 감기는 때가 되면 낫는다. 주사 맞고 약 먹

깨 달 은

어 고치면 감기에 더 잘 걸린다는 통계도 있다. 절을 하다 보면 감기 몸살 날 때가 있는데 참으로 힘들다. 잡생각이 엄청나게 일어나서 정신 집중이 되지 않으니, 절하는 게 수행이 아니라 자신과의 결투이다. 가슴 답답한 것을, 속이 냉한 것을, 그리고 상기된 것을 고쳐야 진짜 감기 몸살을 이기는 깨달은 절 수행이 된다.

방을 환기시키고 따뜻하게 한 후, 가벼운 면옷을 여러 겹 껴입고 수행 도우미를 착용하고 산을 제거한 가루 비타민C와 단기선차, 슈퍼 유산균 효소와 소금녹차 등을 마신다. 입을 꼭 다물고 입꼬리 귀에 걸고 아랫입술로 윗입술을 누르고 합장한 손가락 끝에 힘을 준다. 웃으면서 눈을 크게 뜨고 용기 있고 당당하게 배와 다리에 기운 꽉꽉 차게, 이기려는 의지 강하게 하며 절을 하면 피로, 독소, 땀 등이 많이 나온다. 감기 몸살 기운이 뚝 떨어진 기분, 감기를 이겼다는 느낌이 올 때까지 하라. 차츰 머리는 시원하고 눈도 맑고 침도 많이 나오고 컨디션이 회복된 느낌이 든다.

샤워를 한다든지 머리를 감는다든지 발을 닦는다든지 하지 말고 찬물이나 찬 음료수를 절대 먹지 마라. 절 수행을 마친 후, 고두례 변형 자세로 코와 입을 양손으로 가리고 혀를 입천장에 말아 붙이고 숨을 지켜보라. 숨이 저절로 아랫배로 내려가고 머리, 이마가 더욱더 시원해지며 가슴 답답한 게 없어진다. 코에서 뜨거웠던 숨이 시원한 숨으로 바뀐다. 우리의 폐는 너무 더우면 화기가 펄펄 끓고, 너무 차가우면 콧물이 줄줄 나온다. 잠자기 전에 가슴과 배, 무릎, 발을 마사지하고, 코선을 10분 정도 하면 몸이 따뜻해지고 코가 뻥 뚫린다.

입 벌리고 자면 냉기, 병기, 사기가 들어오니 입에 3M 무독성 종이 테이프를 붙이고 자면 된다. 아침에 일어나 편도가 부어 있으면, 날된장에 대파 흰 부분만 넣어서 끓여 뜨겁게 마시면 좋아진다. 또 녹차를 많이 넣고 뜨거운 물을 부어 오래 우려낸다. 쓰고 떫고 짠, 식은 녹차를 마시면 화기가 쑥 내려가며 온몸에 기가 돌고 따뜻해진다. 깨달은 절 수행을 계속 하다 보면, 편도와 목이 풀리면서 감기 뚝이란 말이 튀어나오고, 감기가 나은 것을 스스로 확인하게 된다.

서울, 부산, 대구, 광주, 언양, 청도 법당 등에서 깨달은 절 수행을 포교하다 보니, 일주일 단위로 KTX나 고속버스를 타게 된다. 이동하는 중에 땀 흘리며 차를 타고 가다 보면 100% 코감기에 걸린다. 특히 시간이 없어 심야 고속버스를 타게 되면 코감기가 더욱 심해진다. 콧물이 줄줄 흐른다. 아침에 도착해 보면 편도는 부어오르고, 목은 잠기게 된다. 이런 현상을 10여 년 겪었으나, 깨달은 절 수행의 효과로 법회를 무사히 할 수 있었다.

최근엔 사시예불에 2시간 수행하고 1시간씩 법문해도, 또 3000배 하면서 2시간씩 법문해도 목소리는 여전하다. 깨달은 절 수행은 마음만 깨끗하게 해 주는 게 아니라, 폐와 기관지를 깨끗하고 건강하게 해 준다. 폐와 기관지가 건강해지니 마이크가 필요 없다. 말할 때, 염불, 독경 수행할 때 범종 같은 공명을 일으키며 소리를 낸다.

웰빙 힐링 디톡스 다이어트

나는 지옥같이 괴롭고 고통스런 죽음의 문턱을 여러 번 넘나들었다. 절을 많이 하고 수행을 잘해서 부처님 가피로 극복했다는 소문이 널리 퍼져 많은 사람들이 찾아온다. 방문하시는 분들을 보면 참으로 다양한 아픔을 갖고 오신다.

나는 지독하게 아픈 병고액난을 통해, 저절로 내 마음과 내 몸, 내 병을 끊임없이 철저히 꿰뚫어 보면서 많은 것을 알게 되고 극복하게 되었다. 아마도 티베트의 의학승이던 과거의 정신에너지가 있어서 그런 것 같다.

그래서인지 수행을 통해 건강해질 수 있음과, 뇌과학 수행, 정신과학 수행, 호르몬 과학 수행, 절 수행과 몸 건강 등에 관심이 높았다. 그러던 차에 TV 방송국과의 인연으로 건강 프로그램을 만들면서 의학적으로 증명해 보는 계기가 생겼고, 더 확실한 믿음을 갖게 되었다. 프로그램에 참여한 모든 분들이 이구동성으로, 정확한 방법으로 절하는 것은 인류사에 가장 쉽고 효과 빠른 안전한 치유법이라고 말했다.

여기서 핵심은 믿음, 종교, 수행, 잘나고 못나고를 떠나 내 몸속에 있어서는 안되는 것들, 즉 노폐물, 독소, 가스, 병기, 객기, 사기, 탁기, 부정적인 마음을 빨리 빼 버리는 것이다. 인스턴트 가공식품의 첨가물, 독소 등은 잘 빠져나가지 않는다. 몸속에서 담적을 단단하게 뭉치게 해 통증을 일으키며 독소, 가스 발생이 더해져 순환이 나빠진다. 바른 자세를 유지하고 밝은 얼굴로 고요하게 자동 단전 복식호흡을 해 보라.

절 수행을 통해 우주 태양, 지구 땅의 기운과 산소의 에너지가 온몸 모든 세포에 전달되고 돌게 되면, 몸속의 나쁜 에너지들은 저절로 빠져나간다. 이때 몸을 관찰해 보면 뱃속에서 꾸룩꾸룩하며 냄새 지독한 가스가 트림과 방귀로 빠져나갈 때 괄약근이 심하게 아프기까지 하다. 내장과 온몸과 마음이 가뿐해지고 상쾌한 느낌이 든다. 완벽한 호흡법의 깨달은 절 수행은 이 세상에서 가장 지혜롭고 완벽한 디톡스 체조이며, 운동이고 수행이다. 특히 걷지 않고 운동하지 않아 생긴 림프와 정맥의 울혈이 완벽하게 풀리어 해소된다.

마음속 번뇌 망상은 저절로 사라진다. 이게 웰빙이며 힐링이며 진정한 디톡스요, 지혜로운 건강 다이어트이다. 먹지 않는 게 다이어트가 아니다. 절 수행은 깨달은 다이어트이다.

깨 달 은

몸, 마음, 뇌의 적, 가스 참

절 수행을 해도 얼굴과 표정이 바뀌질 않아 몸 건강에 별 도움이 되지 않는 사람들이 있다. 웃지 않고, 힘이 없고 불평불만, 우울, 불안, 부정적이고 염세적이며, 스트레스에 과민반응을 하는 사람들이 있다. 이는 절을 잘못하여 몸과 숨, 마음과 뇌의 관리를 잘못하고 있는 것이다. 절 수행을 통해 행복하고 낙천적이며 언제나 만족감과 쾌활, 명랑, 언제나 미소, 아름다움, 상냥함, 그리고 몸과 마음이 건강해져야 한다. 이렇게 바뀌지 않으면 절을 잘못해서 몸을 더 힘들게 만들고, 인생을 더 망가뜨리게 하는 것이라 할 수 있다.

손, 발, 얼굴의 모세혈관이 막히면 손목, 발목, 목 주변에 노폐물이 모이며, 주변 부위가 막혀 기혈 순환이 나빠진다. 자동 단전 복식호흡이 안 되며 얼굴, 머리는 상기되고 가슴은 막혀 답답해지고 횡격막 아래쪽은 차가워진다.

특히 배가 차가워지고 가스가 많이 발생하여 자동 단전 복식호흡이 안 되면, 역호흡되어 가슴, 어깨로 숨을 올려 들이쉬게 된다. 이때 위장에 있던 독소, 가스와 핏속의 가스가 상기를 일으켜 어깨와 목이 뻣뻣해지고 등허리, 가슴, 어깨, 목, 뒷골 쪽에 담 결린 현상이 온다. 가스는 더 많이 올라오며 몸은 더욱 더 뻣뻣해지고, 혈액순환은 최악의 상태로 심장은 심하게 뛰고 숨은 더욱 거칠어진다. 이런 현상은 스트레스 중에서도 제일 강력한 스트레스이다. 이때 음식을 먹으려는 호르몬의 영향으로 스트레스를 이기려고 많이 먹게 되는데, 몸 건강에 나쁜 음식을 선호하게 된다. 가스를 많이 발생시키는 빵, 과자, 라면, 피자, 토스트, 탄산음료, 튀긴 음식, 인스턴트 가공식품 등을 먹어 더욱더 가스를 몸속에 쌓게 되어 점점 더 힘든 상황이 온다.

또한 수시로 차가운 물이나 맥주, 아이스크림, 냉동식품을 즐기며 위장을 차갑게 해 소화력을 떨어뜨려 더욱더 가스를 많이 발생하게 한다. 밤늦게 야식을 먹어 전신을 가스로 채우고, 이것도 모자라 몸에 좋다는 현미와 설탕 많이 든 찰떡을 제대로 씹지도 않고 먹어 가스를 대량 발생하게 한다. 걷지도 않고 운동, 일도 안 해 변비가 되어 소장, 대장에 가스가 꽉 찬다. 복부 X-레이를 찍어 보면 뱃속에 가스 찬 게 여실히 드러난다. 변비 걸린 사람들의 대장은 분홍색이 아니라 검푸른 색이란다. 과민성대장증후군 같은 현상이 일어나면 몸, 마음 다스림이 참으로 어렵다.

땀구멍까지 막히며 온몸의 독소, 가스와 축적된 지방으로 인해 몸의 시스템이 무너진다. 특히 호흡 시스템이 무너져 몸과 마음에 부정적인 영향을 강하게 준다. 머리는 맑고 시원해야 하는데, 흐리멍텅하고 의욕도 없이 우울하고 불안하며, 염세적이 되어 스스로를 극복하지 못한다. 세상만사를 안 된다, 할 수 없다, 못한다, 재수 없다란 말로 못 박는다.

깨 달 은

완벽하게 깨달은 절 수행으로 노폐물과 땀이 줄줄 쏟아지도록 절을 해야 한다. 몸속의 독소와 가스가 싹 빠져나갈 때까지 절하고 나면, 완벽한 절 수행이 인류 최고 건강 예방 치유의 탁월한 비전이란 사실을 깨닫게 된다. 이렇게 간단한 처방을 모르니 별의별 방법으로 어리석게 헤맨다. 시간 날리고, 돈 날리고, 몸 망가지고 가정까지 파괴하는 가스 괴물을 알아차려야 한다. 가스로 가슴이 막히면 화병이 되고 상기된다. 이때 가스는 얼굴, 머리를 타고 올라 증폭된다. 배에 기운이 돌지 않게 하는 주범이 가스이다. 화날 때 더 화나게 증폭시키는 주범도 가스이다. 이렇게 가스가 차고 막혀 자율신경과 호흡이 무너지고 공격 호르몬이 나와 상기된 상태로, 단전호흡이나 기 수련, 참선, 염불, 독경, 명상 등을 하면 절대 안 된다.

누워서 배를 따뜻하게 하는 뜨거운 돌덩어리나 복대를 하고 있어 보면 배는 따뜻해지는데 입안, 콧구멍, 얼굴이 건조해진다. 상기된다는 얘기다. 배로 숨이 내려가지 않아서이다. 이런 것 하지 않으면 배는 다시 차가워지고 머리, 얼굴은 더 뜨거워지니 절대 하지 말고 완벽하게 깨닫은 절 수행을 해야 한다. 배를 수행 도우미 배요온대 보호대로 따뜻하게 하고 올바른 자세로 긴장, 경직을 풀고 전신의 힘을 쭉 빼고 밝은 얼굴로 미소 지으며 숨차지 않게 절을 해야 한다. 그래야 노폐물, 독소, 가스 등이 빠져나가며 숨이 저절로 단전 복식호흡 된다. 부교감신경의 활성화로 인해 흥분, 성냄이 사라지고 마음에 안정이 온다. 배, 허리, 엉덩이, 다리, 무릎, 손, 발 등이 따뜻해지며 몸과 마음을 완벽하게 다스릴 수 있는 힘을 기르게 된다.

정신이 흐리멍텅하고 눈앞이 희뿌옇고 가슴이 답답한 게 다 가스의 영향이다. 혈액순환이 나빠지며 배가 차가워지고 자꾸 체하게 되며, 소화력이 떨어지고 면역력이 떨어져 감기도 잘 걸리고, 모든 병 앞에 저절로 무릎 꿇게 된다.

깨달은 절 수행을 하다 보면 명치, 배꼽 주변, 단전, 가슴이 뻥 뚫리는 현상이 일어나고 가스가 싹 빠져나가며, 몸이 가뿐해지고 머리가 확 맑아짐을 알 수 있다.

완벽한 전신운동 건강법

발가락과 발목을 꺾고 무릎을 꿇고 허리 구부려 접고 고개 숙이며 경추와 척추, 요추 등을 늘리며 고관절과 골반을 교정한다. 어깨를 풀고 손목을 꺾으며 팔꿈치 구부리며 관절, 근육, 신경 등을 풀며 기 순환, 혈액순환, 림프순환, 뇌척수 순환 등을 좋아지게 한다. 장갑을 끼고 발로해 양말을 신어 모세혈관 노폐물을 빼내고, 옷을 꺼입고 손목, 발목, 목 보호대를 하고 따뜻한 곳에서 땀이 잘 나오게 한다. 노폐물, 독소, 가스, 나쁜 기운 등을 빼는 게 제일 먼저 해야 할 건강법 중 하나이다.

아무리 절을 잘해도 숨차고 헐떡거리며 상기되면 제대로 된 절이 아니다. 바른 자세로 절하면 허리, 어깨, 가슴 등이 쭉 펴지며 괄약근, 사두박근이 저절로 조여진다. 숨이 자동 단전 복식호흡이 되면서 폐가 깨끗해진다. 폐, 가슴, 횡격막 등이 이완되며 부교감신경이 활성화되어 스트레스와 피로가 가볍게 극복된다.

입으로 '부처님 고맙습니다'를 끊임없이 염송하고 마음으로 공경, 찬탄, 고마움의 감사를 하며 얼굴은 부처님처럼 아름답게 미소 지으니 불평, 불만, 원망 등이 없어지고 화가 잘 나지 않는다. '부처님 고맙습니다'를 염송하며 절하면 부처님의 찬란한 가피가 온다. 부정적인 마음에 빠지지 않는다. 언제나 또렷한 마음이 되어 몸과 마음 알아차림이 좋아져 과거 전생, 미래로 가지 않고 현재의 긍정에 머물러 마음을 잘 단속하게 된다.

발끝에서부터 머리끝, 손끝까지 모두 움직이면 체온이 상승하여 머리는 시원해지고 온몸은 따뜻해진다. 몸에서 필요 없는 것들이 모두 빠져나가고 뱃살, 군살 등이 싹 빠져나가며 면역력은 극상승하고 나쁜 콜레스테롤은 뚝 떨어지고 좋은 콜레스테롤은 수직 상승한다. 고혈압은 떨어지고 저혈압은 올라가며 온몸에 밝은 기운이 꽉 차고 모든 챠크라와 목구멍이 열리고 가슴이 뻥 뚫린다. 마음이 확 열려 자신을 낮추고 타인을 높이는 대자대비 마음을 실천하게 되는 세계 유일의 전신 운동 건강법이다. 즉석에서 체험하게 된다.

머리는 깨끗하고 이마는 시원하고 얼굴은 훤해지며 어깨는 가볍고 가슴은 시원하며 온몸이 따뜻해져 상쾌함을 체험하게 된다. 절 수행자들의 공통점은 살결이 깨끗하고 얼굴이 맑고 곱다는 것이다. 병원 검진 시 공통적으로 나타나는 게 거의 다 대장, 소장이 아주 건강하고 깨끗하며, 유난히 피가 깨끗하다는 것이다. 깨달은 절 수행을 많이 하다 보면, 과거에 병을 앓은 신체 중에서 명현 반응이 꼭 일어난다. 이 현상이 그때 그 병의 원인이 없어지는 업장소멸의 증거이다.

깨 달 은

한심한 몸 관리, 병 걸림

사람들은 마음을 알려고 하지 않는다. 안다 해도 초조, 불안, 두려움, 성냄, 근심 걱정, 고통, 부정적인 마음뿐이다. 몸도 몰라, 뇌도 몰라, 숨은 더 모른다. 안다고 해도 잘못된 상식뿐이다.

마음은 모든 것의 근본이다.

생명의 중심은 숨이다.

마음을 아무리 잘 다스려도 자세가 무너지고 숨을 거꾸로 쉬면 오히려 몸의 생명, 뇌의 자율신경 체계가 무너진다. 호르몬이 부정적인 시스템으로 흘러가고, 자꾸 먹어 대니 몸에 노폐물, 독소, 가스 등이 꽉 찬다. 이렇게 되면 마음에 더 나쁜 영향을 주어, 몸과 마음이 병과 불행을 끊임없이 창조하게 된다.

언제나 자신의 마음, 숨, 얼굴 표정, 몸, 자세 등을 바라보아야 한다. 무슨 생각을 하는지 알아차려야 자신을 잘 다스리게 된다. 특히 찰나찰나 일어나는, 뿌리도 실체도 없는 생각을 알아차려야 한다. 그렇지 않으면 잡생각에 속아서 빠지게 되어, 먹고 자고 또 먹고 자고 화내고를 반복하게 된다.

숨을 거꾸로 잘못 쉬면 모든 시스템이 무너져 얼굴, 머리는 상기되고 고혈압, 정신병 등이 온다. 가슴은 심장병, 우울병, 화병이 오고 횡격막 아래 배, 허리, 엉덩이, 다리, 무릎, 발에 냉병이 온다. 이게 성인병이며 만병의 시작이다. 이런 병들을 초기에 검사해 보면 아무 문제가 없다. 의사는 똑똑한 머리로 많은 의학을 공부했지만, 생명의 중심인 숨으로 생긴 현상을 모른다. 환자 자신도 왜 이런 현상이 왔는지 알 길이 없고, 의사들도 잘 몰라 기계로 검사만 하려 한다. 부러지고 찢어진 상처를 바로 대처하듯, 이런 현상이 보이기 시작하면 자신의 몸, 생명의 중심인 숨을 지켜봐야 한다.

병 불행이 깊이 진행되었으면 엉성한 곳 여기저기 다니며 병을 키워선 안 된다. 그런 곳들은 자기가 다 고쳐 줄 것처럼 자신 있게 덤빈다. 고치지도 못하면서 시간만 끌다 책임도 양심도 없이 다른 곳으로 보낸다. 떼 버려라, 보약 먹어야 된다. 마귀, 사탄 짓이요, 조상 천도재 지내라. 굿하라, 점치라며 부정적으로 말한다. 거기에 속아 종이 되어 끌려 다닌다. 한심한 일이다. 이제 병 걸리면 자신의 몸을 관찰하고 호흡을 관찰하면 원인을 알 수 있다. 이런 상황에서 단전호흡하라며 가르쳐 주는 사람도 사이비이다. 아플 때 단전호흡 잘못하거나 코앞에서 들숨 날숨 지켜보기 잘못하면 정신이상에 시달릴 수 있다.

또한 TV 등에서 뭐가 좋다 하면 우르르 덤벼들어 이것저것 좋다는 것 다 먹고 고쳐 보려다가 병만 키우는 경우가 아주 많다. 최고의 공인된 전문가를 찾아가야 한다. 사기꾼이 환상적으로 보이듯 돌팔이가 더 설친다. 병으로 아픈 사람들을 지켜보면 참으로 쓴웃음이 나온다. 나도

깨 달 은

한때 살아 보려고, 병을 이겨 보려고 갖가지 방법을 다 써 본 경험이 있다. 어이없고 어리석은 시절이었다.

　이런 분들이 절하는 모습을 보면 참으로 한심하다. 불행한 사람은 더 불행해지게 절하고 병 걸린 사람은 더 빨리 병이 진행되게 절하고 혈압이 높은 사람은 혈압을 자꾸 올려 얼굴 빨개지게 절을 한다. 화병 걸린 사람은 가슴이 더 답답하고 화가 치밀게 절하고 냉병 걸린 사람은 순환이 더 안 되어 더 차가운 몸이 되게 절을 한다. 머리 복잡한 사람은 더 머리 복잡해지게 절을 한다. 힘이 없어 절을 못한다는 사람은 그나마 남은 힘까지도 빼 버리는 절을 한다. 팔자걸음, 자라목 등은 죽어도 안 고친다.

　허리, 무릎관절이 아픈 사람들은 백발백중 허리, 무릎을 철저히 고장 내는 절을 하고 있다. 절에 가 보면 업장소멸엔 절이 최고란다. 절을 잘못해 평생 고통받는 사람들이 들으면 화낼 일이다. 불면증 환자들은 하루 종일 졸면서 오후에 낮잠을 잔다. 커피, 초콜릿, 카페인 음료 등을 끊고 절을 해야 하는데 이런 걸 계속 먹으면서 절하니 잠도 안 오고 몸만 피곤해진다.

　이런 식으로 절하면 절대로 안 된다. 몸만 고생시키는 어리석은 짓이다. 제대로 깨달은 절을 완벽하게 배우고 점검받고, 지혜롭게 자신의 몸과 마음을 지켜봄 알아차림으로 사랑해야 한다.

100세 시대 건강법, 절

자식도 가족도 돈도 없이 골골대며 잘 먹지도 못하고 움직이지도 못하면서, 80~90세 이상 사시는 분들이 있다. 물론 요양병원 입원하여 낫지도 좋아지지도 않으면서 약을 한 움큼씩 먹으며 사시는 분도 많다. 그래도 100세까지 살게 되는 세상이란다.

무릎 아파 힘든 분들의 공통점은 배와 무릎이 차갑고, 무릎 위 대퇴부 근육이 부실한 경우가 많다. 나도 한때 상기되어 배와 하체가 차가운 상태로 절을 잘못해 관절이 부실해졌다. 무릎을 90도 이상 절대로 구부리지 말라는 진단을 받았었다. 그 후 완벽한 절 수행으로 무릎 주변 특수 근육이 발달되어 무릎을 잘 보호해 주고, 무릎 위 대퇴부 근육이 튼튼해졌다. 지금은 종일 절을 하거나 오랫동안 무릎을 꿇고 앉거나 오랜 시간 서서 법문을 해도 일체 통증이 없다. 봉정암에서 백담사까지 뛰어 내려오기를 수십 번 했을 정도로 무릎이 건강하다.

TV에서 요실금, 분실금 팬티 광고하는 것을 보면 쓴웃음이 나온다. 절하면서 일어설 때 괄약근, 사두박근, 엉덩이 아래 근육을 꽉 조이면 아랫배가 당겨지면서 주변 근육들이 튼튼해지기 때문에 요실금 같은 현

깨 달 은

상들이 없어진다. 이런 수행이 잘 안 되면 반듯이 누워서 허리, 엉덩이를 살짝 들면서 엉덩이, 괄약근, 사두박근을 조였다 풀었다 하는 동작을 수시로 하면 좋아진다. 요실금 팬티로는 배에서 기운이 빠져나가는 현상을 극복할 수 없다. 배가 차가우니 배에 힘이 없고, 괄약근에 힘이 없어져 생긴 현상이다. 허리를 쭉 펴고 일자로 걸으며 입을 꽉 다물면, 배에 힘이 생기고 괄약근도 강해지고 의지도 강해진다.

척추가 굽어 있고 측만되어 있고 몸에 힘이 없으니 허리가 아픈 것이다. 특히 배에 힘이 없고 허리에 근육이 없으니 아플 수밖에 없다. 절을 하면 등, 허리, 배, 엉덩이, 대퇴부, 장딴지 등에 근육이 생기고 몸이 튼튼해지고 유연해져, 허리 건강 예방 치유에 최고이다. 허리나 무릎에 통증이 있을 때 며칠 편안하게 쉬면 통증이 조금씩 줄어드는 경우가 많다. 이럴 경우에는 무릎 주변 근육과 허리 주변 근육 중 엉덩이 허리 근육을 기르는 운동을 하는 것이 최고의 방법이다. 절을 조금씩 조금씩 천천히 해 보면, 서 있거나 걷기보다 오히려 쉽다. 온몸이 유연해지며 뭉치고 경직된 근육도 풀리고 척추, 골반, 어깨도 바르게 교정되며 몸이 전체적으로 좋아진다.

고혈압, 당뇨, 고지혈, 비만 등은 몸속의 노폐물을 빨리 빼내는 절을 하는 것이 최우선이다. 아침에 따뜻한 녹차에 빛소금을 1% 정도 넣어 마시고 절하는 것이 좋다. 절을 하며 테스트해 보면 나쁜 콜레스테롤 수치는 뚝 떨어지고 좋은 콜레스테롤 수치는 올라간다. 절 수행만큼 즉석에서 뱃살이 빠지는 경우도 드물다. 피가 깨끗해지고 온몸 운동이 되니 전신 기혈 순환이 좋아져 정신까지 맑아지고 기억력도 향상된다.

교통사고로 일생을 불편하게 사는 분들이 많다. 나도 소리산 중턱에서 차가 급발진 후진으로 70미터 정도를 날아 내려와 낭떠러지 계곡에 처박히며 큰 바위를 들이받아, 트렁크와 뒷 차축이 부서질 정도로 큰 사고를 겪었다. 다행히 한 군데도 다치지 않고 기적적으로 나와 그 다음날 3000배를 한 경험이 있다.

절 수행을 하면 전신의 근육, 신경, 관절 등이 풀려 부드럽고 유연해진다. 때문에 급박한 위험 상황에서도 뱃심 있게 정신 차림과 지켜봄 알아차림을 하여, 자신의 몸을 잘 보호할 수 있다. 절 수행은 몸속의 나쁜 것들을 다 내보내고 우주의 좋은 기운을 끌어당겨 몸속에 채우고 잘 돌려, 몸과 마음을 건강하게 해 준다. 노인들에겐 등산이나 걷기 운동이 별로 좋지 않다. 자세가 나쁘니 운동하고 나면 100% 피곤하다 하신다. 실은 젊은 사람도 피곤하다 한다. 피곤한 게 무슨 건강법인가? 그렇다고 가만히 있으면 살이 쪄 비만하게 되니, 더 나쁘다.

절하면 운동이 저절로 되어, 소뇌가 건강해져 파킨슨병이나 넘어져 다치는 위험 등을 극복할 수 있다. 단전호흡이 저절로 되어 기혈 순환이 잘되고, 생명 뇌에까지 산소와 에너지 공급이 잘되어 기억력 향상에도 효과가 뛰어나다는 것을 알 수 있다.

법왕정사 수행자 중에서 85세 되신, 몸과 마음이 정말로 건강하시고 순수하신 보석 같은 보살님이 한 분 계신다. 매달 3000배 하고 매일 조석으로 절하며 초기경전을 매일 독송하신다.

무병장수 축원을 그렇게 많이들 했는데 유병장수의 시대가 왔다. 100세를 산다고 하면, 10~20년이 병을 앓는 지옥 시대이며, 아픈 사

깨 달 은

람 간병하는 간병 지옥 시대이다. 힘들게 일생 동안 모은 재산이 날아가고 명예도 추락한다. 자식들도 같이 늙어 가니 돌봐 주지 못하는 시대이다. 몸과 마음을 건강하게 하려면 미리미리 절해야 하는 세상이 왔다. 가만히 있으면 병에 걸린다. 깨달은 절을 하면 몸과 마음이 생생하고 건강해진다.

수험생과 고시생의 절 수행

깨달은 절 수행이 TV와 신문 매체에 홍보되면서 학생들도 많이 찾아왔다. 절 수행 교육과 점검을 받아 완벽하게 절을 하니 머리는 맑아지고 밝아지며 몸은 건강해지는 학생들이 늘어났다. 피곤, 스트레스 전혀 모르고 집중력이 뛰어나게 좋아져 명문대와 각종 고시에서 합격했다는 입소문이 퍼지게 되었다.

최상위 1% 수험생을 위한 프로그램을 만들어 서울대 앞 고시촌에서 절 수행 포교를 하려고 계획을 세웠다. 하지만 아쉽게도 그 뜻을 이루지 못해 안타까운 적이 있었다.

그때 느낀 건데, 이미 떨어진 수험생과 앞으로 떨어질 수험생의 공통점이 있었다. 그들은 고개는 구부정하고 머리는 잘 숙이며 얼굴이 어둡고 힘이 없어 보이고 눈을 마주보지 못하고 늘 외면한다. 머리는 빠지고 얼굴은 붉고 열이 나며 얼굴과 안구 건조, 비강과 구강 건조, 피부 건조 등을 겪고 있다. 게다가 가슴이 늘 답답하고 명치는 언제나 뻐근하며 손, 발, 배는 차갑고 소화불량, 비염, 치질 등을 달고 산다. 초조, 불안, 근심 걱정, 잡생각이 너무 많고 꿈이 복잡하고 용기, 배짱, 뱃심이 약하

깨 달 은

며 자세가 불량하고 팔자걸음을 걸으며 부정적이다. 이런 것들이 다 스트레스에 지게 되는 조건들이다.

머리가 좋아 생각은 잘하는데, 몸으로 하는 운동은 잘 못하는 경우가 많다. 공부하고, 책 보고, 컴퓨터, 스마트폰 하려니 자연히 자세가 나빠진다. 순환이 안 되어 머리가 맑아지지 않는다. 높은 베개를 베고 잠을 자도 목이 막혀 이런 현상이 일어난다. 두피에 혈액공급이 잘 되지 않아 머리가 빠지는 경우가 많다. 몸이 반듯하고 건강하며 의지도 강하고 용기, 배짱, 뱃심이 튼튼해야 좋은 조건의 수험생이 된다. 또 식사를 맛있게 잘 먹고 잘 웃으며 여유롭고 긍정적이어야 한다.

고시생을 위해 강의를 잘하는 유명한 강사가 있었는데, 제자는 늘 합격하는데 정작 강사인 본인은 매번 떨어져 실패와 좌절로 힘들어했다. 깨달은 절 수행을 알려 주었다. 얼굴, 표정, 자세, 동작, 호흡법, 강력한 집중법 등을 알려 주어 머리는 시원하고 발은 따뜻하고, 배의 물은 올라가 머리의 열을 끄고, 머리의 필요 없는 열기는 내려오게 했다. 또 배와 다리, 무릎, 발은 따뜻하게, 허리에서 가슴 미간을 쭉 펴서 들숨이 저절로 단전으로 내려가게 지도했다. 우주 태양의 밝은 기운이 꽉 차며 지구 땅의 시원한 기운이 단전 배에 모여 저절로 단전 복식호흡이 된 것이다.

이렇게 해서 용기, 뱃심, 배짱이 좋아지고 머리는 더욱더 시원해져서 그 강사는 드디어 합격을 했다. 공부도 중요하지만 몸의 조건이 이렇게 중요한 것을 처음 알게 되었다며 좋아하던 모습과 합격하고 기뻐하던 얼굴이 지금도 생생하게 떠오른다.

한번은 고3 수험생인데, 외국어 고등학교에서 공부도 잘하고 봉사도 잘하는 학생이 수능기도 하겠다고 찾아왔다. 착하고 똘똘해 보이는데 자세가 엉성하고 얼굴빛이 검은색이라, 자세를 바르게 교정해 주고 깨달은 절 수행법과 기도하는 법을 알려 주었다. 머리가 좋아 집중이 잘되니 참으로 열심히 했고, 숨은 잘 내려가고 자세도 좋아져 공부가 잘되고 마음이 편하다고 했다. 가끔 그 학생이 생각나 궁금했는데, 우연히 봉정암 성지순례 길에서 그 학생의 어머니를 만났다. 무척 반가워하며 내 손을 잡고 놓아주지 않았다.

그 아들이 서울대 법대에 들어갔고, 사법시험에 합격하여 연수받고 있는 중이라고 했다. 부처님 가피로 몸이 건강해지고 얼굴도 깨끗해졌단다. 그때 절을 완벽하게 열심히 하던 그 학생이 그렇게 된 것이 당연했기에, 학생 어머니의 얘기를 듣고도 나는 별로 놀라지 않았다. 참 고마운 학생이다.

스리랑카에서 유학하는 한 친구는 힘든 공부와 유학 생활을 매일 절 수행으로 극복하고 있다며 감사의 마음을 전해 왔다. 몸이 건강해지고 머리가 맑아지니 공부가 저절로 되어 즐기게 된다고 한다. 절 수행을 몰랐다면 자신은 유학 생활을 포기했을 것이라고 한다. 한국에서 유학 온 어린 학생들에게 일주일에 한 번 절하는 법을 알려 주고 함께 절 수행을 한다고 한다. 절 수행을 통해 바른 자세와 맑은 머리로 집중이 잘될 뿐만 아니라 얼굴에 행복한 미소가 항상 가득하다며 자랑을 한다. 공부를 마치고 한국에 돌아오면, 절 수행의 효과에 대한 자세한 논문을 쓰고 싶다는 꿈을 가지게 되었다고 한다.

공부하다 보면 고개 숙여야지, 등허리 구부려야지, 가슴 움츠리지,

깨 달 은

그러니 아랫도리는 막히게 된다. 피곤하고 힘들어도 죽기 살기로 공부하니, 나쁜 기운, 독소, 가스 등이 전신을 빙빙 돈다. 기혈, 림프순환, 척수 뇌수 순환이 잘 안 되어 힘들 때, 깨달은 절 수행으로 몸을 완벽하게 바로잡고 정화하면 막힌 기가 확 뚫린다. 그렇게 되면 몸은 가뿐하고 맑은 정신이 되어, 이제 살 것 같은 기분 좋은 느낌으로 생활하게 된다.

그리고 용기, 배짱, 뱃심이 넘친다. 자세가 꼿꼿해지고 당당 늠름한 자세로 언제나 여유가 넘친다. 세계 인류의 최상위 1% 지도자들은 깨달은 절 수행을 의무적으로 해야 될 것 같다.

7
몸과 마음으로
체험한 절 수행

지금까지 살아오면서 내겐, 여기에 다 쓰기 어려운 일들이

계속 일어났다. 정말 엎어지고, 넘어지고, 고꾸라지고….

그래서 마음을 다잡고 '이 시기가 지나면 해결되리라.

내가 할 수 있는 것은 이것뿐이다.' 하며 꾸준히 절 수행을 했다.

절하고 또 절하면서 이젠 조금씩 숨통이 트이는 것 같다.

아니 숨통을 풀어 주시는 것 같다. 부처님이, 청견 스님이,

부모 형제가, 우리 도반들이, 그리고 우주의 천지만물이

날 사랑하는 것 같다. 나도 사랑한다.

작은 일에도 감사하고, 고마워하고….

공황장애 극복하고,
평화를 얻기까지

2008년 7월 25일, 한의원에서 수입 약재를 테스트하기 위해 평소처럼 내가 직접 복용하고 반응을 보는 중이었다. 그러다 갑자기 정신을 잃어 대학병원 응급실로 실려 갔다. 눈을 떠 보니 중환자실이었고, 가족들이 나를 걱정스럽게 바라보고 있었다. 참으로 믿기 어려웠지만 이런 일이 나에게 일어났다. 퇴원하면 다 좋아질 것이라고 생각했다. 하지만 공황 장애라는 재앙이 닥쳐왔다. 겉으로는 멀쩡해 보였지만 심리적으로나 육체적으로 너무 힘든 나날이었다.

치료하면 좋아졌다가 다시 재발하는 고통이 계속되었다. 안타까워하던 가족들도 지쳐 갔고, 나 스스로도 한의사로서 부끄럽고 힘든 시간이었다. 시간은 덧없이 흐르고 더 이상 방법이 없음을 직감했다. 수소문 해서 공황장애를 절 수행으로 극복한 선배 한의사를 만나게 되었다. 선배를 통해 나는 법왕정사의 청견 스님을 만나게 되었다. 2009년 12월 31일, 3000배 용맹정진을 마치고 2010년 새해 첫날 부산으로 떠났다. 부산에서의 첫날밤, 이제 막 여섯 살이 되는 아들이 눈앞에 아른거리고, 나만 믿고 사는 집사람이 안스러워 눈물 속에서 잠을 잤다.

다음날부터 새벽 4시 30분에 기상, 5시 새벽 예불부터 절을 시작해 저녁 10시 취침 전까지 절 수행을 했다. 정말 정신없이 바쁜 시간들이었다. 처음에는 절을 제대로 하기 어려울 정도로 몸이 뻣뻣했다. 막혀서 뻣뻣해진 것이니 절 수행을 하면서 풀릴 것이라고 했다. 법왕정사는 정말이지 절 수행을 위한 모든 배려를 해 주는 곳이었다. 따뜻한 공간에서 절을 할 수 있도록 해 주었고, 여러 가지 프로그램으로 수행을 도와주었다. 특히 저녁에는 보일러 온도를 많이 올려서, 사우나처럼 만들어 절을 2시간 연속으로 했다.

내복과 수행 도우미로 머리끝부터 발끝까지 완전 무장하고, 사우나 같은 온도에서 2시간 정도 절을 하면 온몸이 땀범벅이 되었다. 절할 때는 고통스럽지만, 끝나고 나면 호흡이 한결 좋아지고 편안해지는 행복한 수행시간이었다. 우리는 이 시간을 '절탕'이라고 불렀다. 계속되는 절 수행으로 땀범벅이 되었는데, 어느 순간부터 도반들이 내 옆에 오지 않았다. 알고 보니 내 땀에서 노폐물들이 가득 쏟아졌고, 그 냄새가 지독했다. 몸과 마음으로 지은 업장인 것이다.

3개월 동안 이렇게 지독한 노폐물들을 빼내고 나니, 몸에서 나는 악취가 사라졌다. 뿐만 아니었다. 처음에는 절을 제대로 할 수 없을 정도로 뻣뻣하던 내 몸이 유연해지기 시작했다. 원망했던 부모님에게 참회하고 부처님께 감사하고, 삶에 대한 모든 집착을 내려놓기 위해서 더욱 더 열심히 절 수행을 했다. 힘든 과정이 지나면서 어둡고 탁하던 내 얼굴이 변해 가고 구부정한 가슴과 명치는 펴지고 음식이 넘어가지 않아 힘들던 식사 시간은 즐거워졌다. 내 얼굴에서 미소가 떠나지 않았다.

깨 달 은

　열린 마음으로 절 수행을 열심히 한 결과는 놀라웠다. 내 마음을 지배하던 온갖 부정적인 생각들, 근심 걱정, 초조, 불안이 알아차림하면서 사라졌고 순간순간 새 마음이 일어났다. 호흡을 관하라고 하심이 마음을 관하는 것이었고, 호흡을 단전 아래까지 내려놓아야 마음도 내려놓을 수 있다는 것을 알 수 있었다. 평화가 무엇인지 알게 되었다. 부정적인 사고 습관은 사라졌고 드문드문 올라오는 근심 걱정, 그리고 내 주변의 부정적인 소식들도 알아차림으로 극복할 수 있었다.

　사람들에게 절을 제대로 배우라고 권하면, 절은 다 똑같은 절인데 배울 필요가 있냐고 쉽게 생각한다. 절 수행은 동작, 호흡, 알아차림 모두가 완벽한 조화를 이루고 부처님에 대한 감사의 절절한 마음으로 할 때 효과가 크다. 나 역시 이제는 절을 좀 안다고 생각했을 때 한계에 부딪

혔고 좌절했으며, 또다시 배우고 느끼고 몸으로 체득했다. 이는 청견 스님이라는 큰 스승이 계셨기에 가능한 일이었다. 나는 절 수행을 통해서 과거의 못난 나를 버리고 다시 태어날 수 있었다.

절 수행은 수승화강, 두한족열의 효과를 가져온다. '머리는 차고 발은 따뜻하게' 혹은 '가슴은 서늘하고 아랫배는 따뜻하게' 해 주었을 때 우리의 몸은 가장 이상적인 상태가 되며, 마음도 평안을 찾는다. 특히 몸이 질병에 대한 저항력이 극대화되어 자연 치유능력이 높아진다. 즉, 우리 생명의 중심은 복부이며, 배가 따뜻해야 건강할 수 있다. 절 수행은 호흡을 통해 심장과 신장의 수승화강을 자연스럽게 이뤄 낸다. 복식 호흡, 단전호흡을 하게 함으로써 부교감신경을 활성화시켜 심신의 안정을 가져오고, 심장의 혈액공급도 원활하게 한다. 호흡에서 임맥으로 내려가는 탁한 기운인 중생의 기운이 있고, 독맥으로 올라가는 깨끗한 부처님의 기운이 있다. 올바른 호흡 수행이 수승화강, 두한족열을 이루어 낸다.

우리 현대인들은 안 좋은 생활습관과 스트레스로 인해 역호흡을 하면서, 횡격막 위로는 가스를 마구 생산하고 횡격막 아래로는 노폐물들을 축적하고 있다. 호흡이 임맥으로 내려가다가 막히는 사람이 많다. 탁한 기운이 명치에 쌓여서 가스, 즉 압력으로 작용해서 가슴이 답답하고 소화불량이 된다. 어깨에 쌓이면 오십견이 되고, 목에 쌓이면 목이 뻣뻣해지고 잘 안 움직이며, 뇌에 쌓이면 두통 등 질환이 된다. 숨이 내려가지 않으면 부정적인 생각이 많이 올라온다. 내려가야 하는 탁한 중생의 마음이 도리어 올라오니 몸과 마음이 힘들 수밖에 없다.

깨 달 은

현대인들은 역호흡을 하고 산다는 생각을 하지 못한다. 가슴으로만 숨을 쉰다. 악순환이다. 부정적인 생각, 분노, 초조, 불안 등이 사람을 긴장하게 만들고 화나게 만든다. 이런 생각들이 가슴으로 숨 쉬게 만들고, 가슴으로 숨을 쉬면 숨이 못 내려가서 또다시 부정적인 생각이 올라온다. 자신도 모르게 중생심으로 살아가는 것이다. 이렇게 우리가 깨어 있지 못하고 무심코 지나치는 것들이 나쁜 결과를 초래한다.

　　절 수행은 올바른 호흡을 자연스럽게 체득하게 만드는 방법이다. 막힌 임맥의 숨길을 뚫어 주고 중생심과 중생의 탁한 기운을 내려보내고 정화시켜, 부처님의 맑고 깨끗한 기운을 얻을 수 있게 하는 훌륭한 수행법이다. 고통의 시간들은 결국, 고마운 시간들이 되었다. 살면서 깊이 끝없는 추락을 해 본 사람은 근본적인 질문을 스스로에게 던져 본다. 내가 왜 사는지? 어떻게 살아야 할 것인지? 죽음은 어떤 것인지? 현실 속에서 무감각하게 살아가는 사람들은 죽음을 생각할 일도 별로 없다. 절 수행은 우리 스스로에게 질문을 주는 수행이다. 너는 누구냐고?

　　2010년 12월 31일, 신년 3000배를 마치면서 1년 수행을 끝냈다. 부산 법왕정사에서 청견 스님 지도 아래 신실한 도반들과 함께 절 수행과 염불선, 와선, 행선, 독경 등 여러 가지 수행을 하면서 사계절을 보냈다. 부처님께서 주신 가장 큰 가피였다.

— **의천** 이경상 (한의사)

죽고 싶었던 하루하루,
수행으로 이겨 내다

사업실패와 방황으로 남편은 완전히 딴사람으로 변해 버렸다. 나는 아무것도 모르는 네 명의 아이들을 데리고 힘겨운 가정 살림을 꾸려 나가느라 버거운 하루하루를 보내고 있었다. 몸과 마음이 천근만근 무거운 나날이었다. 남편을 원망하며 도저히 희망이 보이지 않는 어둠 앞에 나도 모르게 모든 걸 놓아 버리고픈 마음이었다. 아파트 베란다를 내려다보면 자꾸 뛰어내리고 싶은 충동이 일어났다. 누구한테 말도 못한 채 참고 또 참고 꾹꾹 누르며 지냈다. 그러다 2014년 1월에 갑상선암 악성 판정을 받게 되었다. 0.1cm 암 덩어리가 3개, 0.3cm 1개, 0.7cm 1개 등 총 5개로 의사는 바로 수술을 해야 한다고 했다. 막상 암이라고 판정이 나니 하늘이 무너지는 것 같았다.

빨리 수술해서 암 덩어리를 떼어내 버려야겠다고 생각했는데 청견 스님을 뵙고 마음이 달라졌다. 스님께서는 말도 못하고 참아서 생긴 병이니 그 근본 원인을 고쳐야 한다고 하셨다. 그 말씀에 내 마음이 움직였다. 매일 김해에서 대구까지 세 시간씩 운전해 가며 수행을 했다. 처음에는 너무 힘들어서 포기하고 싶었는데, 신기하게도 절을 하면 기운

깨 달 은

이 생겨서 열심히 하기 시작했다.

3개월 동안 10kg이 감량되자 신이 나기 시작했다. 모든 걸 포기하고 살았던 나는 그동안 나를 사랑하지 않고 몸과 마음을 방치했던 것이다. 4개월 뒤 검사에서 0.1cm 3개가 말끔하게 없어졌다. 좋아지기 시작하자 이젠 꾀가 나서 수행하기가 싫어졌다. 법당에 나오지 말고 집에서 혼자 수행해야지 하는 번뇌가 생겼다. 어떻게 내 마음을 아셨는지 스님께서 지금부터가 더 중요하다고, 더 열심히 해야 한다고 강력하게 말씀하셨다.

그러던 어느날 '부처님 크신 은혜 고맙습니다' 염불 수행 중에 한줄기 선명한 빛이 환하게 비치더니 몸과 마음이 새털처럼 가벼워지며 행복한 미소가 저절로 지어졌다. 며칠 뒤 '나는 본래 부처인 나다' 염불 수행 중에는 아주 밝은 광명이 광활한 우주처럼 펼쳐졌다. 그날 이후 나는 늘 행복한 미소가 입가에 걸렸고, 칠흑 같던 어두운 운명들이 차츰 사라지기 시작했다. 삶을 포기하고픈 마음이었을 땐 아이들이 어찌 알았는지 밤마다 엄마 옆에서 서로 자겠다고 싸웠다. 내 마음이 다시 행복해지니 아이들의 그런 행동도 저절로 없어졌다.

남편은 부드러운 말투로 아이들과 대화를 했고 퇴근시간이 빨라졌다. 둘째와 셋째 아이는 매일 절을 하며 성품이 차분해졌다. 여러 번 말하지 않아도 잘 실천했고, 집안에 화목하고 따뜻한 온기가 감돌기 시작했다. 힘들고 마지못해 하던 수행이 이젠 정말 행복하고 즐거운 수행이 되었다. 8개월이 지난 10월 검사에서 0.3cm 암 덩어리가 없어지고 0.7cm는 0.6cm로 줄어들었으며 몸무게도 2kg 더 빠졌다. 이젠 내 몸에 암이 있다는 생각조차 전혀 들지 않게 되었다. 갑상선암 수술을 받은 이웃은 도저히 믿기지 않는다며 놀라워한다. 어떻게 절 수행으로 암이 없어질 수 있느냐고 신기해하며, 절을 가르쳐 달라고 한다. 오랜만에 만나는 사람들이 정말 좋아 보인다며, 앞다투어 절 수행을 배우겠다고 한다.

내가 받은 소중한 은혜를 나누기 위해, 부족하지만 몸이 불편하신 가까운 지인들을 초대했다. 소박한 저녁상을 차려 대접하고 절 수행을 가르쳐 주었다. 너무나 고맙다고 행복해하는 그분들을 보며 나는 몇백 배 더 행복했다. 스님께서 '갑상선 암 고맙습니다.' 하라고 하실 때만 해도 나는 아무것도 몰랐다. 갑상선암으로 인해 칠흑같이 어두웠던 나의 삶이 찬란하게 빛나는 행복의 삶으로 바뀌게 될 줄은….

나는 이제 아무것도 두렵지 않게 되었다. 다가오는 모든 문제와 괴로움들 앞에서 두려워하거나 도망가지 않게 되었다. 꿰뚫어 지켜보고 알아차리며 행복의 재료로 멋지게 요리할 수 있는 힘을 가지게 되었다. 너무나 소중한 가치를 알려 주시고 이끌어 주신 고마우신 분들께 보답하고자, 나도 누군가에게 그런 소중한 사람이 되고자 한다.

– 길영 전예솜 (주부)

깨 달 은

절 수행으로
기적을 만나다

부처님 고맙습니다! 2600년이 지난 지금도 부처님의 고매하신 진리의 말씀은 더욱 빛나며 우리 모두에게 꿈과 희망으로 다가옵니다. 부처님 말씀을 보다 쉽게 행할 수 있도록 가르쳐 주시고, 저희들 삶의 질을 향상 시켜 주시는 청견 스님, 참으로 고맙습니다.

나는 용인시 동백동에서 골프 연습장을 운영하며 기독교에서 불교로 개종한 지 13년 된 불자였다. 한 사찰에 다니며, 한 달에 4~5번 법회에 참석하고 철야정진해 가며 천도재 열심히 지내던 내게, 2013년 7월 초 골프 연습장으로 귀한 인연이 찾아왔다. 그는 40대 중반으로 모 회사의 중견 임원이었다. 유난히 맑은 그분의 눈동자에 호기심이 생겨 사업 이야기는 뒤로 하고, 어떻게 눈동자가 이렇게 맑을 수 있느냐며 몇 번이고 물었다. 그는 절 수행을 8년째 한다면서 『호흡에 맞춰 절하는 법』이란 소책자를 한 권 주며, 청견 스님에 대해 열변을 토했다.

퇴근하자마자, 바로 절을 하기 시작하면서 호흡까지 해 보았다. 많이 힘들었지만 적응하면 진화한다는 부처님 말씀을 떠올리며 108배를 열심히 했더니, 이틀 만에 몸에서 이상 반응이 생기기 시작했다. 처음

부터 너무 욕심을 내어 그러나 싶어 절 횟수를 줄일까도 생각했지만 그냥 했다. 예전에 병원에서 관절이 파열됐으니 수술하라고 진단 받은 무릎, 발가락, 허리, 손목 등이 모두 고통스러웠다. 그러나 전법하신 거사님의 맑은 눈동자가 우연이 아니라는 확신이 들어, 그 주 일요 수행에 참가하여 절에 대한 설명을 듣게 되었다. 그러자 당시 언양에 계신 청견 스님이 더욱 뵙고 싶어져 7월 마지막 주 3000배 철야정진에 참여했다. 밤새 절을 하며 남편의 두 눈에 기장쌀 같은 눈곱이 서너 개씩 매달리는 기적 같은 체험을 했다. 그날 이후, 남편은 신경만 쓰면 눈동자의 실핏줄이 터져 충혈되던 증상이 사라졌다.

처음 절 수행하던 날부터 이제 만 1년이 지났다. 처음엔 고통스러웠지만 믿음과 확신으로 고통을 참으며 열심히 절 수행을 한 결과, 믿을

깨 달 은

수 없는 기적이 일어났다. 관절도 튼튼해져 다시 힐을 신을 수 있으며, 신경만 쓰면 고통스럽게 괴롭히던 위경련도 사라졌다. 사업전선에서 은퇴까지 생각하게 한 건망증과 20대 때부터 통증으로 시달리던 좌골신경통도 어느덧 사라졌다. 골프 연습을 많이 해도 허리와 어깨 통증이 없으며, 필드에서도 내가 걷는 모습이 힘이 넘친다고 모두들 놀란다.

요즘은 우리 회원님들도 날 보면 인사가 너무 젊어졌다, 어디를 땡겼냐, 보톡스 맞았냐, 피부과 어디 다니냐 등등의 말을 한다. 이렇듯 신체적으로 나타나는 현상들도 기적 같지만, 더 큰 복은 정신적인 평온함을 유지할 수 있고 화를 다스려 대인관계 증진에 큰 힘을 얻을수 있다는 것이다. 청견 스님과 함께 수행과 명상을 통해 현대인의 고질병인 불안, 초조, 우울증 등을 모두 치유할 수 있게 된 것이다.

여러분! 이 책을 읽으신 분들은 망설이지 마시고 믿음을 가지고 청견 스님을 찾아오십시오. 당신의 운명이 바뀌고 삶의 질이 달라집니다. 절이라는 작은 수행으로 맺은 결실은 믿을 수 없을 만큼 너무 커서 글로다 표현할 수 없으며, 저는 그저 기적이라고 말할 뿐입니다.

— **환희** 박현순 (사업가)

부족한 것들이
저절로 채워지다

우연한 기회에 108배가 좋다는 입소문을 듣고 2009년 9월 법왕정사 부산법당에서 절하는 법을 배우기 시작했다. 그러나 23년의 결혼생활과 오랜 직장생활에서 받은 스트레스로 생긴 상기병 때문에, 절을 하면 가슴이 꽉 막혀 숨이 제대로 내려가지 않았다. 허리가 비뚤어져 자세가 흐트러지고, 새끼발가락은 굳어 잘 꺾이지 않아 절하는 것이 고통스러웠다. 그래서 '청견 스님이 계시는 부산 법왕정사에서 3년 이상 절 수행 할 수 있게 해 주십시오.' 라고 부처님 전에 발원을 했다.

평일에는 가정, 직장에 전념하고 휴일에 시간을 내어 청견 스님 수행 일정에 맞춰 일요법회, 염불선 수행, 매월 1회 3000배 철야정진 수행에 열심히 동참을 했다. 절 동작의 바른 자세가 나올 때까지 또렷한 알아차림으로 절 수행을 지속적으로 했다. 3000배 철야정진 때는 법복이 흠뻑 젖을 정도로 땀이 흘렀고 소변을 보면 엄청난 악취가 났다. 내 몸 깊숙이 박혀 있던 독소들을 마구 쏟아 내기를 반복하다 보니, 어느새 나는 밝고 건강한 모습으로 변하고 있었다.

고질병이던 어깨 통증은 물론이고, 상기병 때문에 얼굴 전체가 붉어

깨 달 은

져 가렵고, 화장을 하면 각질이 일어나 대인관계마저 위축되게 만든 현상들이 서서히 없어졌다. 그동안 타고난 허약 체질 때문에 월급의 절반은 건강 보조식품과 보약 먹는 데 투자를 했고 휴일에는 거의 낮잠으로 보냈었다. 그런 시간들이 줄어들면서 점차 생활의 여유가 생겼다. 절한 번 할 때마다 '부처님 크신 은혜 고맙습니다'를 7번 대입하면서 하니, 집중도 잘되고 잡생각이 줄어들어 이젠 절 수행을 즐기게 되었다.

그동안 내 건강을 찾기 위해 시작한 절 수행 덕분에 정신적 육체적 건강을 되찾은 것은 물론이고, 어느 순간 가족들에게도 좋은 일이 많이 생겼다. 아들은 원하는 대학에 들어가고, 남편은 원하는 시기에 승진하고, 딸도 시험에 합격해 안정된 직장을 다니게 됐다. 그리고 무엇보다 2012년 12월에 남편을 위한 100일 기도를 하던 중, 마음에 드는 집을 사서 이사하는 기쁨을 누리게 되었다.

지인들이 건강에 적신호가 오고, 사는 것이 뜻대로 되지 않아 답답하

다고 하소연할 때 내가 해 줄 수 있는 것은 절하는 방법을 가르쳐 주고, 청견 스님과 인연이 되게 하여 함께 절 수행을 할 수 있도록 도와주는 것이다. 머리로는 절 수행이 좋은 줄 알지만, 시간적 경제적 여유를 핑계 삼아 절 수행할 형편이 안 된다고들 한다. 그러나 수행은 시간이 남아서 하는 것이 아니다. 하겠다는 마음만 있으면, 잠자는 시간 한 시간 줄이고 방석 하나만 있으면 된다. 절 수행을 열심히 하다 보면 몸은 건강해지고 지금 현재 부족한 것이 있더라도 저절로 채워지게 마련이다.

3년 이상 절 수행을 할 수 있도록 부처님 전에 발원하며 시작했는데, 벌써 4년 6개월이 흘렀다. 본래 부처님 마음으로 가기 위해 수행을 하지만 아직은 중생의 마음이 적지 않다. 내 안의 감옥에 갇혀 미운 사람 하나 만들어 놓고, 원망하고 탓하면서 자신을 괴롭히다 지칠 때도 있다. 하지만 마음속 깊은 곳에 감추어져 있는 부처님 본래의 모습을 찾기 위해 지금도 매일 절 수행을 하고 있다.

이제 '나와 인연 되는 사람들이 절 수행할 수 있도록 도와주고, 서로 이해하고 사랑할 수 있는 마음 부자가 되게 해 주셔서 고맙습니다.'라고 발원하며, 흔들림 없는 수행으로 나를 끊임없이 변화시키고 싶다.

－ **혜진** 김명희(우체국장)

깨 달 은

이젠 고맙고 감사한 일들 천지!

2002년 지인의 권유로 양평 소리산을 가게 되었는데, 내가 찾고자 한 스님이 계셨다. 그때는 3333배를 했고, 한 타임에 333배를 하던 때였다. 땀은 나지 않고 온몸이 붉어지면서, 열이 펄펄 나고 가슴과 얼굴이 터질 것 같았다. 그때는 내 몸의 무엇이 문제인지 몰랐다. 무조건 시원하고 얇은 옷만 챙겨 입고 절을 했다.

그 다음 해에 만배를 시작했다. 고백하자면 2박 3일에 만배를 마치지 못했다. 그만큼 몸이 엉망이었다. 물론 다시 만배를 2박 3일에 도전해 마쳤지만, 스님께선 집에 돌아가 봤자 건강한 삶이 못 되니 더 절을 하라고 하셨다. 한여름이었지만, 겨울옷을 죄다 꺼내 입고 하라 하셨다. 내가 가져간 옷은 여름옷이어서, 겨울옷을 빌려 잔뜩 껴입고 절을 했다. 그래도 땀이 나지 않아 절하기 전 뜨거운 물로 샤워하고, 뜨거운 차를 마시고 절을 했다. 땀이 조금 나기 시작했다. 지금이야 수행 도우미가 있으니 이런 수고로움은 덜하지만….

그때의 나는 기혈이 꽉 막히고, 호흡도 내려가지 않고 땀 한 방울 나지 않은 상태였다. 얼굴은 항상 붉고, 순환이 되지 않으니 온몸이 퉁퉁

부어 있고, 살이 쪄 있었다. 지금 내 몸은 그야말로 개과천선했다. 경제적, 물질적 상황만 놓고 본다면 부처님의 가피와는 먼 삶이지만, 내가 되고자 했던 스님의 수행을 해 왔기 때문에 이것이 부처님의 가피라 생각한다. 이따금 친구들을 만나 살아온 이야기를 듣곤 하지만, 만족한 삶이 없는 것 같다. 내가 보기엔 정말 고맙고 감사할 일들 천지이지만, 다들 모르고 사는 것 같다.

지금까지 살아오면서 내겐, 여기에 다 쓰기 어려운 일들이 계속 일어났다. 정말 엎어지고, 넘어지고, 고꾸라지고…. 그래서 마음을 다잡고 '이 시기가 지나면 해결되리라. 내가 할 수 있는 것은 이것 뿐이다.' 하

깨 달 은

며 꾸준히 절 수행을 했다. 절하면서, 또 절하면서 이젠 조금씩 숨통이 트이는 것 같다. 아니 숨통을 풀어 주시는 것 같다. 부처님이, 청견 스님이, 부모 형제가, 우리 도반들이. 그리고 우주의 천지만물이 날 사랑하는 것 같다. 나도 사랑한다. 작은 일에도 감사하고, 고마워하고….

내게 고마울 일이 일어나기만 기다리기보다는 나도 남에게 고마울 일이 생기게 도와준다면, 이것이 살아 있는 행복한 삶이 아닐까? 이것을 알려 주시기 위해, 우주법계가 내게 여러 가지 연출을 하신 게 아닐까? 이것을 깨닫게 해 주신 영원한 스승님, 청견 스님 고맙습니다.

– **한결** 이경숙(회사원)

아내가 권한 절 수행,
내 삶을 바꾸다

조그만 사업체를 경영하며 나름대로 성공을 했다. 하지만 상기되어 머리가 다 빠져 대머리가 되어 버렸다. 술 한 잔도 마시지 못하는데 얼굴은 취한 것처럼 빨갛고 가슴은 답답했으며, 수시로 화가 나고 짜증스러웠다. 배가 차가워서 좋아하던 아이스크림을 먹기만 하면 배탈이 났다. 스트레스가 심해 몸과 마음이 피곤하고 힘이 없어 축 늘어져 있던 내게 아내는 수시로 절 수행 이야기를 했다. 절하면 좋아지고 절을 제대로 가르쳐 주는 곳이 있다며 자꾸 이야기를 하는 것이었다. 고개 숙인 남자이던 나는 한편으론 아내에게 미안한 마음도 있었다. 하지만 나는 절 수행 이야기만 나와도 자존심이 무너졌고, 절 얘기 자체가 스트레스였다.

아내가 집에서 절하는 걸 보면 골골한 나 때문에 힘들게 절한다는 생각이 들며 가슴이 덜커덕 내려앉았다. 마음이 불안해지다가 결국은 우울과 슬픔이 밀려왔다. 얼마나 사는 게 재미없으면 저렇게 매일매일 죽기 살기로 절을 하나 싶었다. 게다가 아내는 절을 하고 나서 꼭 나 들으라는 듯 큰소리로 부처님께 기도를 했다. 아내가 부처님께 기도하는 자체가 싫었다. 부처님이 미워지기까지 했다. 아내가 무섭다는 느낌이 자

깨 달 은

꾸 들었고, 의심스럽기도 했으며, 점점 불안한 마음이 커져만 갔다. 아내는 내게 몸에 좋다는 약과 음식을 매일매일 먹였다. 음식을 볼 때 마다 이걸 먹고 힘이 나는 게 아니라 죽을 것만 같았다. 아내가 노골적으로 느껴졌고 너무하는 것만 같았다.

사업 잘해 돈 많이 벌어, 행복한 가정 이루고 멋지게 살아 보겠다는 각오로 열심히 일을 했었다. 죽기 살기로 노력했고 돈도 많이 벌었다. 몸엔 병도 없이 멀쩡했고, 그저 스트레스가 심할 뿐인데 아내 앞에서 맥을 못 추니 별의별 생각이 다 들었다. 그러던 중 참으로 재수 없는 꿈을 자주 꾸었다. 꿈속에서 돈에 눌려 회사에서 집엘 가지 못해 식은땀 줄줄 흘리며 몸부림치는 꿈, 많은 돈을 짊어지고 아내와 함께 사막 여행을 갔는데 아내가 날 버리고 멀리 도망가는 꿈 등이었다. 그런 꿈을 꾸고 나면 아내 얼굴을 쳐다보지도 못했다.

마주 앉아 식사할 때 얼굴이 후끈후끈 달아올랐다. 이때쯤 아내가 법왕정사에 3000배를 하러 가자고 제안했다. 꼭 그 멀리까지 가서 3000배를 해야 되나 싶어 가까운 절에서 하면 안 되겠느냐고 했다. 그러자 아내는 법왕정사에 가서 절하는 걸 배우고 완벽하게 수행해야 효과가 좋다며 함께 가자 했다. 많은 사람들이 소원도 이루고 병도 고치고 신비한 기적이 매일 일어난다며 나를 몰아세워서 하는 수 없이 따라갔다.

절 교육을 받고 3000배를 하는데 보일러를 틀어 법당을 따뜻하게 해놓고 창문을 닫은 채 많은 사람들이 일사불란하게 절 수행을 했다. 진짜 덥고, 상기되고, 피곤하고, 힘들고, 하기 싫어서 맞아 죽은 사람보다 더 불행하다는 느낌마저 들었다. 쉬는 시간에 우연히 청견 스님과 마주쳤다. 어디서 왔느냐고 물으시고, 누구랑 왔느냐고 물으셔서 아내 이름을 대니 데려와 보라고 하신다.

아내와 나를 앞에 세워 놓고 나 보고 가슴에 가로 주름 크게 있고, 배꼽에도 가로 주름 크게 있네 하신다. 또 등허리는 여드름 다닥다닥, 시컴시컴 점이 왜 이리 많아 하시며 티셔츠를 올려 보라고 하신다. 확인하고 나신 후, 아내한테 아무리 잘해 주고 돈 많이 벌어다 줘도 이대로 가면 아내 도망간다면서, 앞으로 100일간 저녁에 집에서 1시간씩 절을 하라 하신다.

그러면서 사업 잘해 성공한 후, 바람피우다 망하는 경우도 많고, 또 스트레스 너무 받아 고개 숙인 남자들 많다고 말씀하셨다. 아내가 미리 얘기해 줘서 스님께서 아시는 줄 알고 화가 머리끝까지 솟아올랐다. 창피한 마음이 들었고, 자존심마저 다 무너지고 말았다.

이 생각 저 생각, 이 궁리 저 궁리 아무리 굴려도 내 몸은 답이 없었다. 내 몸이 내 마음을 완전히 지배하여 고민과 스트레스 덩어리로 변해 버린 것이다. 어쩔 수 없이 울며 겨자 먹는 심정으로 아내와 함께 저녁에 요를 쭉 펴놓고 마주 보며 절을 1시간씩 했다. 게다가 웃지 않고 심각하게 무표정으로 절하면, 걸릴 때마다 벌금이 만 원씩이다. 절 수행 초기, 어떤 날은 벌금을 열 번 낸 적도 있었다. 힘들어 죽겠는데 웃으면서 절을 하라니 더 죽을 맛이었다.

스님께 전화를 드려, 절은 하겠는데 웃는 것은 빼 주면 안되겠느냐고 여쭤 보았다. 스님께서는 어두운 마음과 욕심으로, 또 안 된다는 생각으로 죽기 살기로 절하고 기도하면, 그 마음들이 부정적인 것이어서 부

정적인 결과가 온다고 말씀하셨다. 수행이든 기도든 일이든 일단 마음을 밝게 하고 시작해야 한다고 하셨다. 많은 절 수행자들이 도깨비 같은 얼굴로 정신없이 절을 한다고 걱정하셨다. 그렇게 절하면 나 같은 경우는 오히려 몸이 더 나빠진다고 하시며, 웃으며 절하는 게 진짜 건강법이고, 진짜 보약, 진짜 비아그라라고 하셨다. 한 달만 제대로 하면 100% 효과가 나온다며 내 마음을 안정시켜 주셨다. 기대감에 부풀게 해 주신 덕분에 큰 위안을 얻게 되었고, 용기 내어 웃으며 열심히 절을 했다.

그런데 신기하게 백 일도 안 되어 진짜 효과가 나타나 난 새 사람이 되었다. 그래서 그렇게 고마운 절 수행을 오늘까지도 한 번도 빼먹지 않고 있다. 요즘은 젊은 사람들보다 내가 더 건강하단 느낌까지 든다. 그리고 언제나 아내 앞에서 당당하다. 큰소리친다. 그리고 진짜 잘해 준다. 이젠 아내 얼굴이 확 펴졌다. 진짜 행복한 얼굴이다. 늘 싱글벙글 웃으며 산다. 우리 집이 세상에서 제일 행복한 가정이다. 난 이제 사업에서도 집에서도 스트레스가 일체 없는 새로운 삶을 살고 있다.

— 무명 거사(중소기업 대표이사)

깨 달 은

죽음도 비껴간
부처님의 가피

2007년 연속되는 장거리 운행의 누적으로 무릎 통증이 생겨 정형외과
와 한의원을 다니면서 물리치료, 침 등 다양한 치료를 받았다. 하지만
시간이 지날수록 증상은 심해졌고, 과도한 업무 스트레스로 어느 날부
터 목까지 자주 붓게 되어 이비인후과에도 다니게 되었다. 처음에는 편
두성 약만 먹다가 일정기간이 지나도 별 차도가 없어서 급기야 큰 병원
을 찾아서 무릎과 목 진료를 받았다. 정밀 진찰 결과, 무릎 통증은 젊은
나이에 퇴행성 관절염으로 판정 받았고, 목이 붓는 편두성염은 역류성
식도염으로 진단이 나왔다. 게다가 목에는 물혹 두 개가 양성으로 확인
되어, 수술을 해야만 한다는 결과를 받았다.

결국 3개월 이후로 수술 날짜를 잡고, 그날 이후 걱정으로 하루하루
를 보냈다. 그러던 어느 날, 직장 동료가 수술은 최선의 방법이 아니니
다른 방법(108배)을 해 보고 차도가 없으면 그때 수술을 하라는 조언을
해 주었다. 혼자 고민을 하다가 일단 전문가의 의견을 들어 보기로 마음
을 먹고, 담당 의사에게 108배에 대해 이야기를 했다. 의사는 정색을 하
며 무릎의 사용을 줄여야 병이 낫는데 오히려 더 많이 사용하면 악화된

다며 단호하게 반대를 했다.

　그럼에도 불구하고 주변 사람들로부터 한번 수술을 하게 되면 부모님께 물려받은 몸의 상태로 영원히 복원되지 않는다는 이야기를 들었다. 다시 고민에 고민을 거듭하다가 일단 108배를 해 보자 결심을 하고 집에서 혼자 절을 했다. 별 차도가 없어서 다른 방법을 찾던 중에 청견 스님이 쓰신『절을 氣차게 잘하는 법』을 선물 받아 읽어 보며 관심을 갖게 되었다. 또 스님께서 출연하신 TV 프로그램 '생로병사의 비밀'을 보면서 내 절 수행의 문제가 무엇인지 알게 되었다. 나는 그저 108배란 숫자를 채우기 위해 절을 빨리했는데, 그러면 호흡이 가빠져서 오히려 역효과가 날 수 있었다. 절 수행은 호흡에 맞춰 바른 자세로 해야 가장 좋은 효과를 볼 수 있다는 사실을 알게 되었다.

　청견 스님의 동영상을 보며 따라해 보았지만 잘 안 되는 부분도 있어서 직접 찾아가 배워야겠다는 생각을 했다. 스님께서 당시 분당에 있는 한 사찰에서 매달 3000배 철야정진을 한다는 정보를 듣고, 혼자서 가는 용기가 부족하여 동료들에게 같이 가자며 도움을 요청했다. 동료 6명이 흔쾌히 승낙하여 2007년 11월 함께 3000배 철야정진에 참석했다.

　3000배 철야정진 전에 청견 스님에게 직접 호흡을 통한 바른 자세의 절 교육을 2시간 동안 받았다. 처음이라 걱정을 많이 하면서 3000배 철야정진을 시작했다. 엄청 힘들 거라 생각했지만, 막상 배운 대로 해 보니 조금 힘들기는 했어도 무사히 3000배를 마칠 수 있었다. 정말 말할 나위 없이 기분이 좋았다. 내가 3000배를 다했다는 게 믿기지 않고 정말 자랑스럽고 뿌듯했다. 함께한 동료들 6명 중, 4명이 3000배 철야

깨 달 은

정진을 무사히 마쳤다. 예상을 뛰어넘는 결과였다.

3000배 철야정진을 계기로 법왕정사 청견 스님과의 인연이 시작되었고, 이는 부처님과의 인연으로 이어졌다. 그러면서 꾸준히 주 4회 이상, 아침마다 108배와 염불 수행을 하게 되었다. 나날이 조금씩 무릎 통증이 줄어들었고, 6개월이 지나면서 통증도 없어지고 예전처럼 활동하게 될 정도가 되었다. 또한 역류성 식도염으로 자주 목이 부었던 편도염도 1년이 지나자 그 증상이 말끔히 사라졌다. 몇 년 동안 꾸준히 절, 염불 수행을 통해 매순간 알아차림을 한 덕분에 목숨이 위태로운 상황에서도 무사할 수 있었다.

2011년 9월의 일이었다. 중부 내륙간 고속도로 여주 분기점 14km 전 지점에서 50톤 벌크 시멘트 트레일러 기사의 졸음운전으로 대형 추돌 사고가 일어났다. 많은 차량의 파손, 인명 피해, 다섯 시간 동안 정체가 극심했던 사고 현장에서 내가 운전하던 에쿠스 차량 또한 전파되었다. 무엇보다도 사고 당시 도로 공사 때문에 많은 차량들이 줄지어 정체되었고, 내가 운전하던 차량은 정체된 도로 후미에 있었다. 내 차 뒤에는 25톤 탱크로리 대형차가 있어서 다소 안심하고 있던 차에, 불과 2~3분도 안되어 갑자기 머리 뒷쪽으로 먹구름(죽음)이 몰려오는 기운을 느꼈다. 죽음이 다가오고 있구나 하는 공포감이 느껴졌다.

그로부터 불과 몇 초도 안 되어 꽈~앙 하고 부딪치는 순간, 아 이제 죽는구나 하는 그 찰나에 내 머리에서 자동으로 '부처님 크신 은혜 고맙습니다' 염불이 흘러나왔다. 순간 반짝 빛이 나면서 먹구름은 지나가고 내가 살아 있음을 알아차렸고 신비함을 느꼈다. 대피하고 후송하는 도

중에도 심한 공포감이 몰려왔으나, 그 순간순간에도 공포감을 몰아내기 위해 계속해서 '부처님 크신 은혜 고맙습니다' '청견 스님 크신 은혜 고맙습니다'를 번갈아 가면서 간절하게 염불했다. 염불 덕분에 무서운 공포감을 떨쳐 버릴 수 있었다. 지금도 그때를 생각하면 식은땀이 흐를 정도로 공포감이 느껴지는 아찔한 사고였다.

부처님의 가피를 입어서 현재까지 절 수행을 열심히 하고 있으며, 그 이후로는 감기 한 번 걸리지 않고 정말 맑고 밝은 정신과 건강한 모습으로 행복한 삶을 살고 있다. 그저 모든 것이 감사할 뿐이다. 부모님 은혜도 감사하고 108배와 인연을 맺게 해 준 직장 동료들과 법왕정사

깨 달 은

청견 스님, 그리고 많은 도반 분들께 감사하다. 그리고 '부처님 법' 만난 귀한 인연이 그저 고맙고 감사할 뿐이다.

대자대비 부처님! 부처님 크신 은혜 가피를 내리시어 일체 중생 모두 다 번뇌를 멸진하고, 해탈 탈겁하여 성불케 하여 주시옵소서! 간절하옵고 성스러운 마음으로 부처님 전 축원 발원 올리옵니다.

- 광덕 정권수(회사원)

고통을 이겨 내고
다시 세상 속으로

법왕정사의 수행자들 사이에서, 법왕정사는 법왕 성형외과라 불린다. 오랜 기간 절 수행을 하면 기 순환과 혈액순환이 원활해지고 체중조절도 되어, 외모가 건강하고 아름답게 변화하기 때문이다. 나 또한 5개월의 수행기간 동안 1개월이 채 안 되어 안색이 맑아지고, 표정이 밝아졌다는 말을 듣기 시작했다. 5개월이 지난 지금, 몸무게 10kg을 감량할 수 있었다.

성형외과 외에도, 난 법왕정사를 법왕 정형외과, 법왕 정신과, 법왕기(氣) 의학과 등으로 부르고 싶다. 완벽한 자세로 절을 하려 노력하다 보니 구부정한 자세가 교정되었다는 말을 들었고, 부정적인 내면도 긍정적으로 변화하였기 때문이다. 그러나 무엇보다 이곳에 와서 내가 겪은 가장 큰 변화는 그동안 나의 무관심으로 인해 지나친 기 호흡의 중요성을 알게 되었다는 사실이다.

내가 호흡을 의식하기 시작한 것은 청견 스님과의 특별 상담을 통해서였다. 스님께서는 내가 역호흡을 하고 있으며, 이 역호흡이 내 몸에 나쁜 증상들을 가져왔다고 말씀하셨다. 평소 나는 수면 부족 상태로 일

깨 달 은

을 하기 때문에, 습관적으로 하루에 커피를 5~8잔 마셨다. 게다가 튀긴 밀가루 음식을 좋아하는 잘못된 식습관을 가지고 있었다. 또한 대부분의 시간을 책상에 앉아서 보내는 탓에 자세가 구부정했다. 이 모든 나의 나쁜 습관들이 제대로 된 숨을 방해하고, 역호흡하게 만들었다. 역호흡이 원활한 기 순환을 막으면서 몸을 비정상적으로 작동하게 만들어, 부정적인 마음뿐 아니라 삿된 것들을 보게 하는 것이라 하셨다. 육체를 다스리지 못하는 현대인들에게 정신병이 크게 늘어난 것도 이와 같은 이유 때문이라고 말씀하였다.

다행히 나는 이 같은 불행한 삶을 한 번에 바꿀 수 있는 기회를 얻게 되었다. 그것은 법왕정사의 완벽한 절 수행법이 있었기에 가능한 일이었다. 법왕정사의 절은 합장한 채 선 자세로 우주의 기를 몸 안에 채우

고, 그 기운을 동작으로 원활히 순환시키면서 우리의 육체와 정신을 우주의 원리 그대로 건강하게 돌아가게 만들어 주기 때문이다. 이 모든 것들은 법왕정사가 가르쳐 주는 완벽한 절 자세가 바탕이 되어 이루어진 것이다.

나는 절 수행이 일주일 지나면서 동작이 완벽한 자세에 가까워지자, 몸 안에 기가 채워지는 것을 느낄 수 있었다. 완벽한 자세의 중요성을 실감하는 순간이었다. 평상시보다 가슴을 활짝 펴고, 허리를 꼿꼿이 세우며 합장하는 손을 가지런히 모은 채 나에게 집중하던 그때, 이마와 손을 타고 기운이 내려오는 것을 느낄 수 있었다. 평소 절을 하고 나면 지쳐 쓰러지던 나였다. 기운을 받고 절을 마친 그날은 유독 정신이 선명해짐과 기운이 꽉 참을 느낄 수 있었다. 건강한 육체와 정신을 위해서 왜 기의 순환이 중요한지 뼈저리게 느낄 수 있었다.

법왕정사의 완벽한 절 자세는 우주 안에서 본래 완벽한 우리의 모습을 갖추게 함으로써 우주와 하나되게 하는 신묘함이 있다. 그것은 법왕정사만이 시도하고 있는, 입천장에 혀를 감아서 말아 붙이고 절하는 동작에서도 알 수 있다. 절을 할 때 기의 순환이 잘되도록, 법왕정사에서는 이 동작을 강조한다. 하지만 난 그것이 익숙지 않아 절 수행 때 시도조차 하지 않고 있던 중이었다. 온몸에 미세한 전기가 흐르는 것이 느껴질 정도로 기 순환이 원활히 된 어느 날이었다. 절 삼매에 빠져 있던 중, 정신을 차리고 보니 저절로 입천장에 혀가 말아 올라가 붙어 있는 것을 발견하였다. 그것은 기가 원활히 순환하게 되면, 자연스럽게 저절로 이루어지는 현상이었던 것이다. 이처럼 법왕정사의 절 동작 하나하나엔

깨 달 은

우주 자연의 법칙이 그대로 숨어 있다. 그러한 까닭에 단 하나라도 놓쳐서는 안 되며, 마음을 쏟아 정성을 들인다면 그 효과는 배가 된다.

나는 이곳에 와서 십만 배 넘게 절을 하며, 의식을 놓치지 않으려 애쓰며 완벽한 절 동작에 집중했고 정성을 다했다. 그 결과 저절로 숨이 배 아래까지 내려가는, 제대로 된 숨을 쉴 수 있게 되었다. 호흡과 기 순환이 제대로 되자, 비정상적이던 육체의 리듬도 정상으로 돌아오기 시작했다. 그러자 나를 괴롭히던 여러 가지 증상들이 부정적 마음과 함께 서서히 사그라졌다. 코골이를 하는지도 모른 채 숙면을 취하게 되었고, 나를 괴롭혀 온 환청들도 차츰 사라졌고, 현재 이 순간에 집중하는 시간들로 채워졌다.

특히 시간이 지나면서 절 동작에 집중했던 습관들은 나를 지켜보는 알아차림을 저절로 가능하게 만들었다. 알아차림을 통해, 내 머릿속의 번뇌 망상들은 내 생각이 아님을 알아차릴 수 있게 되었다. 불현듯 흥미로운 생각들로 나타나, 나를 사로잡으며 괴롭히던 그 번뇌 망상들이 알아차림으로 인해서 더 이상 나의 분신이 아님을 알게 되었다. 그것들에 속아, 혼란에 빠질 이유가 사라지게 되었다. 시간이 지나면서, 시도 때도 없이 올라오던 번뇌 망상들이 이미 사라지고 없었다. 이 모든 것들이 수행 5개월 만에 이루어졌다.

약속한 회향 날이 다가오자, 나는 어느새 나에 대한 자신감과 애정으로 가득 차 있었다. 이제 나는 육체와 정신을 다스리는 법을 알게 되었고, 꾸준한 실천으로 우주가 날 건강하게 만들어 준다는 사실도 깨닫게 되었다. 5년 동안 나를 괴롭힌 이 증상이 재발하더라도, 난 더 이상 예전처럼 무기력하게 살아가지 않을 것이다. 이곳을 떠나서 시작되는 수행이 나를 위한 진정한 수행임을 알고 있기 때문이다.

비로소 나는 수행을 통해 진정한 행복을 알게 되었다. 진정한 행복은 인간의 노력으로 만들어 낸 결과물이 아닌, 우주가 자연스럽게 나에게 가져다 주는 모습일 것이다. 이러한 까닭에 수행을 통해 우주가 가져다 준 나의 행복도, 우주가 계속되는 한 쉽게 변하지 않을 것이라고 나는 확신한다.

— **현명** 배현아 (작가)

깨 달 은

포기한 직장,
절 수행으로 되찾다

두 번째로 원했던 직장인 서울대 병원 면접에서 떨어졌다. 낙담했다. 그런데 정말 원하던 직장이어서, 감히 바라지도 않은 세브란스 병원에 최종 합격했다. 출근 전까지 감사수행도 하고 만배도 회향해 예쁜 법명도 받았다. 원하던 병원에 합격도 했고, 법당에선 젊은 불자가 절도 예쁘게 한다고 귀여워해 주고, 스스로 갈등도 해결했으니 자신만만했다. 곧 다가올 쓰나미를 모른 채….

병원에서 출근하라는 소식이 왔다. 처음 상경 길에다 첫 사회생활의 어려움을 잘 이겨 내고자 서울 법당에서 잠시 머물렀다. 그때까지만 해도 앞날에 걸림돌이 없을 것 같았다. 그러나 올 것이 오고야 말았다. 너무 정신없이 급박한 긴장 속에서 돌아가는 병원생활이 갑자기 공포로 다가왔다. 살면서 그렇게 크게 혼나 본 적이 없었다. 나를 인간적으로 대우하지 않는 상사들, 환자, 보호자들…. 냉랭한 병원 분위기에 질려, 그만 마음이 무너져 버렸다.

새벽 3시 반에 일어나 출근하고, 저녁 8시까지 강행군하는 생활이 견디기 힘들었다. 선배들이 가르쳐 주는 소리도 안 들리고, 까칠한 보호자들은 늘 나를 괴롭게 했다. 잠도 제대로 오지 않았고, 근무하는 동안 멍한 상태가 지속되는 악순환의 연속이었다. 매일 도망가고 싶었다. 하루가 멀다 하고 부모님께 전화해 내려가고 싶다 했다. '도망가야겠다. 이 생활에서 탈출해야겠다.' 이런 생각만 가득했다.

청견 스님이 한 시간씩 개인 법문을 해 주셨지만, 아무 소리도 들리지 않았다. 결국 근무한 지 한 달째 되던 날, 파트장에게 내일부터 출근 못 하겠다고 말씀드렸다. 비로소 눈물이 났다. 다음날 간호국에 가서 사직서를 쓰면 그만인데, 마음이 바뀌었다. 이 병원은 내가 간절히 원하던 직장이었다. 쉽게 포기하는 내 모습에 '이게 다가 아닌데….' 라는 생각이 들었다. 다시 한 번 해 보고 싶다는 마음이 확실했다.

일단 사직서는 쓰지 않은 채, 병원에 연락을 주기로 하고 집으로 내려왔다. 매일 자괴감에 잠만 잤다. 사람들 시선이 무섭고 친구들도 나를 얕잡아 보는 것만 같았다. 그렇게 많은 응원에도 실패하고 돌아왔으니 면목이 없어 법당에 가기도 힘들었다. 사망 보험금도 한 번 확인해 봤다. 그러던 중 어머니가 암에 걸렸다는 사실을 알게 됐다. 그런데도 내겐 아무런 감정이 일어나지 않았다. 오히려 어머니가 부럽다는 생각마저 들었다.

청견 스님을 뵙고 온 어머니는 '부산으로 와 3000배 21일 기도를 하라.'는 스님 말씀을 전해 주었다. 곧바로 짐을 꾸려 부산 법당으로 갔다. 오로지 '재입사해 훌륭한 간호사가 되게 해 주셔서 고맙습니다.'라고 기도하며 매일 절했다. 중간에 의심이 들어 스님께 상담받고, 좋은 책도 많이 읽고, 게으름 피우는 스스로를 경책하며 울고불고했다. 그렇게 간절한 하루하루를 보냈다.

21일 기도를 마치고 일요 법회로 회향했다. 감사의 눈물이 흘렀고, 조금 있으니 병원에서 다시 근무하라는 통지가 왔다. 다시 힘든 병원생활이 이어졌지만 울지 않았고 버텨 나갔다. 좁은 고시원에서 출근 전후 108배하며 염불하고, 경전을 읽으며 수행했다. 차츰 시간이 지나면서 친절 간호사 추천 글도 올라오고, 선배들에게 인정을 받기 시작했다. 그렇게 목표로 한 1년을 버티고, 지금은 원래 목표를 향해 다시 정진 중이다.

지금도 공부하며 좌절할 때가 있다. 온갖 번뇌 망상에 시달리기도 한다. 하지만 곧 정신 차린다. 3000배를 하며 쿵쾅거리는 심장을 느끼고 '내가 살아 있구나. 나는 뭐든 할 수 있구나.'라는 생각으로 눈물을 흘리곤 한다. 그래, 난 이제 뭐든 할 수 있다. 그리고 목표로 한 직장에도 멋지게 합격했다.

— **정예** 황수경(간호사)

무너진 몸과 마음,
수행으로 일으키다

10년 전이었다. 나의 몸과 마음은 무너질 대로 무너져 있었다. 방송작가라는 직업은 늘 시간에 쫓겨 살아야 했고, 야근을 밥 먹듯이 해야 했으며, 취재 때문에 자주 출장을 떠나야 했다. 몸이 피곤한 것도 문제였지만, 마음이 지쳐 가는 게 더 큰 걱정거리였다. 직업의 특성상, 늘 PD에게 부정적인 비판을 들어야 했고, 작품이 방송되고 나면 일부 시청자들의 악성 댓글에 시달려야 했다. 몸이 여기저기 아프기 시작했고, 마음은 끝도 없이 부정적으로 치닫기 시작했다.

우주의 법칙은 정확했다. 내 마음이 시커멓게 먹구름으로 변하니, 과연 먹구름 같은 일들이 펼쳐지기 시작했다. 탐욕심에 눈먼 주식투자로 목돈을 날렸고, 건강악화로 대장수술을 받았고, 친정 언니에게 심한 상처를 주고 급기야 의절을 당하고야 말았다. 그러던 어느 날이었다. 출근하려고 주차장에 갔는데, 누군가 내 차의 유리창을 산산조각 내 놓았다. 밤새 놀이터에서 놀던 청소년들 짓이었다. 순간, 나는 깨달았다. 그것은 그들의 잘못이 아니란 것을. 부정적인 에너지를 몰고 다니던 나의 마음이 그들을 끌어당겼다는 것을 알아차렸다. 박살이 난 유리창을 바

깨 달 은

라보며, 나는 내 자신에게 뼈아프게 물었다. 나는 대체 누구인지, 이런 캄캄한 모습으로 살려고 어렵게 사람 몸을 받은 건지….

그날 이후 나는 간절한 마음으로 스승을 찾았다. 청견 스님이 계신 법왕정사와의 만남은 그렇게 시작되었다. 스님을 뵙기 전까지만 해도 나는 절 수행을 노 보살님들의 기복신앙으로만 생각했다. 참선수행 경험이 있던 나이기에 그런 선입견은 더 심했다. 스님께 절 수행의 정확한 동작과 호흡을 배우고 난 후, 나의 오만함은 완전히 무너졌다.

스님은 강조하신다. 아무 생각 없이 절하는 것과 한 동작, 한 호흡마다 알아차리며 하는 절은 하늘과 땅 차이라고. 절을 하는 동안, 단 한 번의 들숨과 날숨도 놓치지 말 것을 주문하셨다. 마치 부처님이 눈앞에 살아 계신 것처럼 지극한 마음으로 올리는 일 배. 그 일 배가 이뤄지는 동

안 취하는 동작 하나, 숨 하나까지도 알아차리는 집중력, 이 모든 것이 집약되어 어느 순간 삼매에 들게 되는 것이다. 나아가 무상과 무아를 체득할 수 있다. 이론적 무상무아가 아닌 체험적 무상무아인 것이다.

청견 스님은 이미 1000만 배라는 초인적인 수행을 통해 자기극복을 이루신 분이었다. 목마른 자가 샘을 판다고 했던가. 나는 간절한 마음으로 스승의 수행법을 실천했고, 매일 일기를 적어 나의 변화를 기록했다. 그렇게 10년 동안의 새벽 333배는 나의 울타리가 되어 내 육근을 보호해 주었고, 내 운명을 멋진 곳으로 데려다 주었다. 얼마 전, 하루 1000배 100일 정진을 마쳤다. 100일 정진을 통해, 나는 내 안에 무한한 능력이 들어 있음을 체험했다. 그리고 이제 다시 1000배 1000일 정진을 시작했다. 가느다란 공부로는 불어오는 업풍을 단호하게 막아 낼 수 없음을 알았기에….

지금도 10년 전의 캄캄했던 나를 생각하면 가슴이 서늘해진다. 그때 부처님께 이것저것 해 달라고 졸라 대던 기도를 생각하면 쓴웃음이 나온다. 10년이 지난 지금, 내 기도는 이러하다. '부처님, 이렇게까지 안 해 주셔도 됩니다. 이렇게까지 안 도와주셔도 됩니다. 이제는 부족하나마 제가 부처님 일을 도와드리겠습니다.' 나는 원력을 세웠다. 젊은 친구들이 불교에 성큼 다가설 수 있는 매력적인 책, 언젠가 그런 책을 쓰겠노라고.

– **고결** 조희성 (방송작가)

깨 달 은

새 엄마, 이젠 고맙습니다

지금은 오래전 얘기가 되었지만, 고등학교 시절 학교 가기 전에 빨래를 해서 긴 장대에 맨 빨랫줄에 널어놓고 가곤 했다. 해가 저물어 야간 자율학습을 마치고 집에 돌아오면 밤바람에 내 옷들만 펄럭이고 있었다. 때론 비 오는 날에도 가로등에 내 얇은 속옷들이 비쳐지곤 했다. 내 속살인 양 부끄러워, 서둘러 빨래를 걷어 집 안으로 들어오곤 했다. 그렇게 새엄마는 내 옷만 남겨 둔 채 다른 빨래들을 걷으셨다. 그런 비슷한 일들이 반복되면서, 새엄마와의 깊은 갈등은 계속 이어졌다. 태어나면서 익숙한 엄마 냄새를 할머니께서 채워 주셨고, 잠자는 나를 가만히 어루만져 아늑한 꿈길로 이끌어 주시는 것도 할머니의 몫이었다. 생모에게서 버림받은 애틋한 손녀딸을 살뜰하게 챙기시는 사랑만큼, 새엄마와의 갈등은 더 깊어진 것 같다.

그렇게 학창 시절을 보내고 결혼을 할 때도 혼자서 준비를 해야 했다. 밤이면 새엄마에 대한 서운함과 원망으로 베갯잇이 젖도록 울었다. 결혼하여 아이를 낳았을 때도, 시부모님께 민망할 정도로 엄마는 손님처럼 병원을 들르셨다. 그러한 엄마에게 해가 갈수록 서운하고 원망하는 마음이 커져 갔다. 결혼하여 시부모님과 남편의 사랑 속에 가슴속 응어리진 아픈 마음들이 다 녹아내린 줄 알았다. 하지만 그 마음들은 완전히 치유되지 않은 채 그냥 덮어 둔 상태였다.

그래서일까? 생각지도 못한 질병이 찾아들었다. 자가 면역질환인 한랭 알레르기 때문에 약을 먹기 시작했고, 좀처럼 나아지는 기미가 안 보여 대학병원 여러 군데를 다니게 되었다. 그렇게 약을 먹으며 또 위장병과 자궁근종이 생겨났다. 서랍에 가득 들어 있는 약 봉투를 보며, 남편은 나를 안고 얼마나 걱정을 했는지 모른다. 약을 먹으면서 또 다른 병이 생기니, 이젠 다른 치유 방법을 모색하게 되었다.

집 근처 절에 가서 일 년 넘게 매일같이 새벽 예불을 드리며 절을 한 것이다. 하지만 절을 많이 하면 할수록 몸이 더 아파 왔다. 허리도 아프고 무릎도 아프고…. 그러다가 우연히 법왕정사를 알게 되어 2010년 6월에 남편과 함께 3000배를 하러 가게 되었다. 그날 처음 뵙게 된 청견 스님께선 명상과 우리 몸 각각의 구조를 건강과 연관 지으면서 법문하셨다. 올바른 수행이 건강 비결임을 말씀하실 때, 우리 부부에게 큰 울림이 전해져 왔다. 그날 3000배를 일 배 일 배 얼마나 간절히 절했는지…. 생전 처음 비 오듯 땀을 흘리고 난 후, 집으로 돌아가며 몸과 마음이 너무도 후련했다.

그동안 잘못된 절 동작과 생활습관이 몸과 마음에 병이 된다는 걸 알고, 스님께서 가르쳐 주신 대로 와선 수행, 행선, 바른 먹거리, 절, 그리고 염불 수행을 했다. 스님의 법문을 새기고 또 새기며 생활 속에서 수행을 하다 보니, 내게 있던 질병들이 하나씩 하나씩 사라지기 시작했

깨 달 은

다. 한랭 알레르기, 역류성 식도염, 자궁근종, 허리 디스크…. 이젠 나와 관계없는 질병들이 되어 버렸지만 병의 원인을 스님께서 늘 중요하게 말씀하시는 호흡과 연관지어 생각해 보았다. 오랫동안 엄마를 원망하고 미워하며 지냈기에 늘 아픈 과거를 떠올리면서 부정적인 생각을 했던 것이다. 때문에 부정적인 호르몬이 나오고, 그 순간 내 호흡은 제대로 이루어지지 않아 몸이 차가워져서 생겨난 질병임을 알아차리게 되었다.

집에서도 따로 기도방을 만들어 기도 방석 위에 하얀 기도포를 깔고 무릎 꿇고 앉아 있으면 마음이 너무도 고요해짐을 알게 되었다. 또 호흡이 얼마나 중요한지 몸소 체험하며 알게 되었다. 스님께선 부처님 깨달음을 삶으로 이어지게 하는 지혜를 강조하셨다. 스님의 법문을 내 삶의 축으로 삼으며 하루하루를 지내다 보니 생활이 점차 달라지게 되었다. 날마다 더 행복해졌다. 매달 3000배를 마치고 집으로 돌아오는 길에 늘 엄마에게 전화를 드린다.

엄마 평안하시지요? 나이 든 엄마의 목소리엔 반가움이 많이 묻어난다. 그동안 엄마를 원망했던 내 마음은 어디론가 모두 사라지고, 엄마를 이해하게 되고 고마워하게 되었다. 아직 함께 목욕탕에 가 본 적은 없지만, 엄마를 모시고 온천에라도 가야겠다고 혼자 마음먹어 본다. 이제 우리 집 너른 옥상 빨랫줄엔 내 마음의 해와 달이 걸려 방긋이 웃고 있다.

— **보현** 김희영(시인)

암 덩어리도
녹여 버린 절 수행

2007년 중순 경 배가 아팠다. 진찰 결과, 과민성 대장염이라며 진통제를 처방해 주었다. 그러나 아픈 배는 가라앉지 않았고, 지속적인 아픔에 간간이 병원에 가 진찰을 받았다. 별다른 말 없이 진통제만 계속 처방해 주었다. 그러던 중 9월 어느 날, 근무를 할 수 없을 정도로 배의 고통이 심해서, 출근 전 다른 병원에 들러 진찰을 받게 되었다. 의사 선생님이 진찰을 하다 갑자기 놀라며 빨리 큰 병원에 가 보라고 했다. 얼른 대학병원으로 가 검사를 하니, 대장암 3기라며 빨리 수술을 해야 한다고 했다.

10월 5일 밤, 수술이 진행되었다. 다행히 수술은 잘되었고, 상처가 나으면서 앞으로 진행될 힘든 항암 치료 과정에 대한 설명을 들었다. 대장암에서 임파선으로 전이가 되기 때문에, 최종 12번의 항암 치료를 해야 한다는 주치의의 설명에 그대로 따랐다. 그러나 항암 치료는 쉽지 않았다. 주사 자체도 힘들었지만 마음이 더욱더 힘이 들었다. 그때 '이렇게 치료하다 죽느니 차라리 치료를 하지 말자.'라는 생각이 들었다. 주

깨 달 은

치의의 만류에도 불구하고 치료 중단을 결심하게 되었다.

　지금 이 순간을 마음 편안하게 살다가 죽을 수 있는 방법을 여러모로 생각한 끝에 불교에 귀의하게 되었다. 그때 마침 청견 스님을 알게 되었다. 2008년 6월, 스님 법문을 듣기 위해 대구 법왕정사에 인연을 만들고, 그때부터 스님 법문에 이끌려 수행이란 것을 하게 되었다. 수행은 쉬우면서도 어려운 것 같았다. 죽음이라는 말 앞에 마음을 내려놓은 것은 그래도 쉬운 것 같았다. 세상은 어쩔 수 없이 모든 것을 내려놓아야 하지만, 그것을 실천하며 살기란 쉽지 않을 것 같았다.

　하루하루 수행을 하며 스님의 법문을 듣고 마음가짐을 새로 하고 살다 보니 이젠 '병이란 없다.'라고 하신 스님의 법문이 마음 깊이 박혔다. 덕분에 편안한 마음으로 즐겁게 살아가고 있다. 그렇게 살아온 지 벌써 6년. 내 마음과 몸은 어느덧 너무나 건강해져 있다. 수행을 하며 암도 이겨 냈거니와 둘째 출산 후 생긴 요실금도 없어졌다. 특히 요실금은 웃을 때나 기침이 심할 때 어쩔 수 없이 다리를 꼬아 참거나 때로 실수할 때도 있었다. 이젠 어딜 가든 어떤 곳에서도 실수를 하지 않게 되었다.

　또 지난 20년 동안 알레르기와 천식으로 수없이 기침과 재채기를 했다. 특히 봄가을에 너무 힘들었는데 수행을 지속하면서 거친 숨소리가 고요해지고 기침과 재채기가 많이 호전되어, 최근 5년 동안은 약을 먹지 않고도 잘 지낼 수 있게 되었다. 이렇게 수행을 열심히 하고, 스님의 법문도 새겨들으며 앞으로도 더욱 건강하게 지내려 한다.

－ **정연** 황명순(간호사)

미워하던 남편,
이젠 수행 도반!

나는 결혼 32년차 주부로 남편과 함께 장사를 한 지 10년이 되었다. 결혼 생활은 시댁과의 갈등으로 인해 마음고생이 심했다. 남편과 결혼만 하지 않았다면 이렇게 힘들게 살지 않았을 텐데 하는 생각으로 남편을 미워하며 하루하루 살아갔다.

　그 상황에서 벗어나고 싶어서 이혼도 생각해 보고 여기저기 많이 기웃거리고 다녔다. 그렇지만 힘든 마음은 좀처럼 나아지지 않았다. 불교를 접하게 되면서 차츰 마음이 조금씩 안정이 되는 것 같았다. 하지만 남편과 24시간 같이 있는 장사를 시작하고 나니, 또다시 부딪히는 일들이 많아졌다. 예전의 힘들었던 마음으로 돌아가 버리고 말았다.

　가라앉은 흙탕물이 확 일어나면 뿌옇게 되어 버리듯, 나의 마음도 예전처럼 어둡게 변해 버렸다. 불교 서적을 읽다 보면 마음을 비우면 되겠지 하는 생각이 들긴 했다. 그러나 마음을 어떻게 비워야 하는지 도무지 방법을 알 수가 없었다. 그러던 중에 보살님 한 분이 절을 해 보라고 권유하셔서 절 수행을 시작하게 되었다. 더불어 스님의 법문을 들으면서 내가 아닌 가족들을 바라볼 수 있는 마음의 여유가 조금씩 생겨나기

깨 달 은

시작했다. 남편도 중간에서 많이 힘들었겠구나 하는 생각이 들었다. 또 나의 주장을 남편과 아들에게 강요하고 있는 내 모습을 보게 되었다. 말을 비꼬면서 하는 아들에게서 내 모습을 보게 되었다.

스님께서 텅텅 비우고 부처님 마음자리로 가는 훈련을 시켜 주시니까 차츰 남편과 부딪치는 일들이 줄어들기 시작했다. 지금은 남편이 시간만 되면 수행 갔다 오라고 얘기할 정도가 되었다. 다른 사람을 바꾸는 게 아니고 내가 바뀌면 상대방도 바뀐다는 것을 이제야 알게 되었다. 그리고 지난해 여름에는 남편이 늑간신경통이 와서 장사를 한 달 정도 쉬게 되었다. 한 달 동안을 매일 시시 때때로 절을 하고 나니 숨 쉬기도 힘든 늑간신경통이 없어져 버렸다. 이제 나는 남편과 수행 도반이 되어 살아가는 하루하루가 너무나 편안하고 행복하기만 하다.

— **세림** 이성기 (주부)

망상과 번뇌들,
수행으로 다잡다

하루가 너무 빨리 지나갔다. 나의 하루 일과는 절에 가는 것이었고 다녀 오면 해가 서산으로 저물곤 했다. 아침에 눈을 뜨자마자 몸이 내게 하는 말은 '절에 가기 싫다. 그대로 자자.'였다. 다시 눈을 뜨니 8시…. 남편이 어제 된장국 먹고 싶다고 해서 오늘 꼭 해 주기로 약속했는데 시간이 없 어서 해 주지 못하고 집을 나섰다. 남편 얼굴을 보니 기분 좋은 모습이 아니다. 괜히 내가 그렇게 보았는지 모르지만, 어쨌든 가는 동안 마음 이 편치 못했다.

절을 시작하자마자, 스님께서 그냥 절하지 말고 눈가에 웃음이 있는 지 없는지 얼굴을 보고 안 되면 웃으라고 말씀하신다. 자신이 절하고 있 는 모습을 보라 하신다. 독경을 하는데도 너무 신경이 쓰이고, 알아차 림을 잘하려고 하다 잘 안 되니 화가 올라왔다. 도저히 절을 할 수 없는 상황이었지만, 몸 따로 마음 따로 구시렁구시렁하면서도 절은 잘한다. 절을 마치고 법문하실 때 스님께서 아침저녁으로 꼭 108배를 하라고 하 시는데, 의심이 되기 시작했다. 과연 잘할 수 있을까? 하는 의문이 들었 고, 자신감도 없어졌다.

깨 달 은

알아차림과 깨어 있지 못하면 10년, 20년 아무리 오래되어도 살아 있는 삶이 아니라는 것을 깨달았다. 고통이 내 삶 주위를 에워싸고 몸을 휘감아 버려도 나는 어떻게 할 수가 없다. 벗어나려고 발버둥치면 칠수록 더 칭칭 감아 구렁텅이로 집어넣는 것 같다. 이런 상황이 오니까 더 하기 싫고 절에 대한 원망, 불만, 부정 등이 감당하기 힘들 정도였다. 그리고 사람이 미워지기까지 했다. 뜻대로 되지 않으니, 온갖 내 마음의 감정을 남 탓으로 돌리고 나는 아무 잘못도 없는 양 뻔뻔스럽게 변해 갔다. 배려심도 없고, 고마움도 없고, 감정이 메말라 버린 상태. 한마디로 말하면 이기주의였다.

내가 항상 책에서 접하고 말로만 듣던 이기주의! 남에게 베풀지 않고 내 것만 생각하는 것, 머리로는 쉽게 이해되고 그런 사람이 어디 있을까? 라고 생각했다. 지금까지 7년 동안 수행했지만 이런 일이 한 번도 없었다. 계속 절을 하면서 너무 좋았고, 하는 일마다 잘되었고, 남편 사업도 잘되고, 자식들도 남부럽지 않게 공부를 잘했다. 이웃들이 나를 부러워할 만큼 부족함 없이 넉넉하게 잘살았다. 한 번도 돈에 얽매이지 않고 내가 사고 싶은 것, 먹고 싶은 것, 마음대로 쓰고 살았다. 그렇게 나는 충족된 삶을 살았다. 마치 그런 삶이 나에게 당연한 것처럼….

그런데 어느 날부터 내 마음이 변했다. 갑자기 내 삶에 만족하지 못하고, 남의 것들이 보이기 시작했다. 더 잘하고 싶고, 더 부자가 되고 싶고, 아이도 전교에서 10등 안에 들었으면 싶었다. 아이는 열심히 노력해서 6등이 되었다. 이렇게 모든 것이 이루어지면 만족감이 와야 하는데 오히려 불만족이 왔다.

생활의 불균형이 왔다. 사람이 너무 욕심을 부리면 가지고 있던 것
도 모두 빼앗기게 되나 싶었다. 삶이 흔들리기 시작했다. 모든 것이 흔
들렸고, 단 5분도 집중을 할 수 없는 상황이 왔다. 눈, 귀, 코, 몸, 마음
을 절제하지 못하고 감각적인 쾌락에 빠져들었다. 절을 하면서도 몸만
절하고, 마음은 바깥으로 돌아다녔다. 산에 놀러 다니고, 백화점 가서
옷 사고, 이웃 아줌마와 놀고, 웃고, 떠들고…. 옛날 내 모습이었다. 이
런 무의미한 일들이 또 하고 싶어진 것이다. 마음 한번 잘못 먹으면 아
니 방심하는 순간, 모든 것이 원점으로 돌아가는 게 수행인가 보다. 너
무 안일하게 생각하고 절에 다니기만 하면, 모든 것이 척척 이루어지고

깨 달 은

편안하게 되는 줄 알았다. 당황스러웠다. 이 상황을 받아들이기가 정말 힘들었다.

자꾸만 밖으로 치닫는 마음이 힘들었다. 스님께서는 머리로 절하지 말고 가슴으로 진실하게 절하고 '부처님 고맙습니다' 하라 하신다. 그리고 우리를 바로잡아 주려고 무던히 애를 쓰셨다. 나는 때로 내 마음에 안 들면 스님을 미워하기도 했다. 그런데 스님께서는 항상 같은 마음으로 우리를 쳐다보신다. 수행이 잘되는 날은 칭찬하시고, 안 되는 날은 안타까운 마음으로 바라보셨다.

부처가 아닌 중생 마음에 속지 말라고 똑같은 소리를 매번 반복해 주신다. 항상 하루도 빠짐없이 아침저녁으로 108배를 하라 하신다. 나는 스님의 말씀을 믿는다. 그리고 자신의 모든 것을 우리에게 주시려고 하는 모습이 존경스럽기만 하다. 법왕정사에 다니게 된 것이 나에게는 큰 행복이다. 나는 되돌아갈 수 있는 힘이 있고, 스님께서는 우리가 근기가 될 때까지 기다리고 지켜봐 주신다. 이렇게 스님께서 우리를 이끌어 주시지 않았다면, 또 내가 옛날 모습으로 살았다면 지금의 나는 있을 수 없다. 하루하루 발전해 나아가는 내 모습을 보며 마음속 깊이 고마움을 느낀다. 나는 복이 많은 사람이다. 좋은 스승과 좋은 도반들이 항상 나를 챙기고 도와준다. 그 이상 무엇을 바라겠는가?

이 많은 도움 받은 것들을, 나 역시 다른 사람에게 베풀고 싶다. 남을 배려하고 사랑하는 마음으로…. 이제 나는 이기주의라는 단어의 의미를 확실히 알게 되었다. 사람은 혼자서 사는 것이 아니라 서로 주고받으면서 더불어 함께 살아갈 때, 자기 본래의 순수한 본성을 찾게 되는 것 같다. 힘들고 고통스러울 땐, 아무 정신없이 헤매다가도 이렇게 확실한 자신의 내면을 보게 되면, '이것이 수행의 진면목이구나!' 싶어 절로 웃음이 나온다.

이런 모습 때문에 몸은 하기 싫다고 아우성쳐도 나는 매일 108배를 한다. 절을 한 후, 밝은 모습으로 변한 나를 볼 때 행복하다. 그 무엇과도 바꿀 수 없는 소중한 것이 바로 수행이 아닌가 싶다. 108배는 해 보지 않고는 도저히 알 수가 없고, 말로 표현하기 어려운 묘한 매력이 있다. '부처님 크신 은혜 고맙습니다'를 간절한 마음으로 기도하며, 나의 본래 부처인 모습으로 돌아가고자 나는 오늘도 열심히 법왕정사의 문을 두드린다.

– **명연** 기현옥(주부)

깨 달 은

힘든 시간 이겨 내고,
수행자로 거듭나다

겉으로 보여지는 나와 내 안의 나는 많이 달랐다. 호텔에 근무하다 보니 얼굴은 웃고 있었지만, 속으로는 스트레스로 인해 화병이 생기기 시작했다. 계속되는 스트레스로 조울증 비슷한 감정 상태가 되었다. 기분이 좋았다가도 갑자기 울거나 우울해지면 지옥의 나락으로 떨어지는 느낌이었다. 감정 통제가 안 되어 심장이 빠르게 뛰기 시작하면, 상기가 되어 죽을 것만 같았다. 과민성 대장염으로 일 년에 두 번은 응급실을 가야 했다. 건강과 상관없이 입을 즐겁게 해 주는 피자와 빵, 밀가루 음식만을 먹고살았다. 멋 부리는 데만 신경 쓰는 20대였기에, 겨울에도 이뻐 보이기만 한다면 짧은 치마를 입고 다녔다.

어려서부터 아버지에 대한 미움이 컸던 나는 23세에 화병이란 걸 알게 됐다. 화병이 어떤 병인지도 모르고 4년이 지났다. 신우신염과 교통사고 후 허리 디스크와 목 디스크가 생겨 직장을 그만두게 되었다. 이제 더 이상 내 몸은 내 말을 듣지 않았다. 신우신염으로 응급실에 실려 가길 3번째…. 병원에선 직장을 그만두고 쉬라고 권유했다. 방법이 없었다. 약을 먹어도 신우신염이 재발했고, 생리통이 심해 진통제 없이는 너무 고통스러웠다.

그러자 스님께서 100일 기도를 숙제로 주셨다. 처음엔 너무 두려웠다. 집에서 하는 100일 기도도 아니고, 절에서 새벽 예불부터 밤까지 절을 할 생각을 하니 앞이 캄캄했다. 그런 내 마음을 아신 스님께서 신우신염은 병도 아니다, 절하면 금방 좋아진다고 말씀하셨다. 희망이 생기기 시작했다. 새벽 예불부터 밤 9시까지 2000배씩 하고 한 달에 두 번, 서울과 부산 법당에서 3000배를 했다. 한 달이 지나면서 내 몸에서 오줌 냄새가 나기 시작했다. 여름에 겨울 내복을 껴입고 절을 하니, 하루에 두 번씩 옷을 갈아입어야만 했다. 그렇게 두 달이 되자, 스님께서 절만 하지 말고 염불도 하라고 말씀하셨다. 절도 잘 못하는데 무릎 꿇고 염불을 어떻게 하나 걱정이 앞섰다.

스님 말씀대로 한 시간 절하면 10분이라도 무릎 꿇고 염불하기를 한달…, 눈앞에 환한 빛이 폭발하며 가슴에 박혀 있던 마음속 응어리가 쏟아져 내리는 체험을 하게 되었다. 부처님에 대한 신심이 더 확고해지고 자신감이 생겼다. 약을 먹지 않아도 나을 수 있겠다는 확고한 믿음이 생겼다. 100일 기도가 끝날 때쯤 스님께서 너도 이렇게 좋아졌는데 너처럼 아픈 사람들을 도와주면 좋을 거 같다고 하셨다. 그 말씀에 법왕정사에서 수행을 지도하는 수자가 되기로 결심했다. 하지만 내 마음과 달리 아버지는 딸이 결혼해서 행복하게 살기를 바라시는 터라, 내가 절에 오기 시작하면서 술을 더 많이 드시기 시작했다. 급기야 알콜중독으로 병원에 입원하시게 되었다. 앞이 캄캄했다. 30년 동안 쉬지 않고 일하시는 엄마도 걱정되었다. 서울에 올라온 후에도, 나만 좋다고 수행하

깨 달 은

는 것은 아닌지 싶어 죄송스럽기만 했다.

그 와중에 아버지가 입원 중 사고가 나서, 중환자실로 옮기면서 엄마가 직장을 그만두고 간호를 하시게 되었다. 하늘이 무너지는 것 같았다. 답이 없는 문제를 풀고 있는 기분이었다. 오빠와 통화를 했는데, 아버지를 미워하던 오빠가 자신이 병원비를 낼 테니 걱정 말고 수행을 열심히 하라고 했다. 오빠에게 너무 미안하고 고마웠다. 더더욱 열심히 수행을 했다. 6개월 뒤 아버지가 퇴원을 하셨다. 그때, 부산에서 집중수행을 하면서 밝은 빛이 내 몸 가득 퍼지는 체험을 했다. 부모님께 죄송한 마음과 그동안 감사했던 마음이 쏟아져 나오면서 세 시간 동안 '아버지 어머니 고맙습니다.'를 하면서 울었다. 마음속의 미움이 없어지고 난

후, 집중 수행이 끝나고 집에 들렀다. 아버지는 나를 보시더니, 우리 딸 수행하더니 좋아졌다고 하시면서 집에서 절 수행을 하시기 시작했다. 오빠만 빼고 우리는 그렇게 수행하는 가족이 되었다.

정말 기뻤다. 차츰 시간이 지나면서 아버지에 대한 미움이 감사로 바뀌었다. 나는 아버지에게 다른 딸들은 돈 벌어서 해외여행도 보내 드린다는데, 아버지 딸은 수행한다고 아무것도 못 해 드려 미안하다고 했다. 아버지는 웃으시면서 이 세상에서 우리 딸같이 가족을 위해 기도하는 멋진 딸이 어디 있겠냐며, 인생에서 돈이 다가 아니라며 안아 주셨다. 나도 모르게 눈물이 났다. 더 열심히 수행해서 더 좋은 기운으로 살아야겠다고 다짐했다.

하지만 매일 새벽 일찍 일어나 예불 수행을 시작으로 밤 늦게까지 이어지는 수련 지도와 생활은 쉽지 않았다. 직장 생활은 출퇴근 시간이 정해져 있으니 충분한 휴식과 여유를 가질 수 있었지만, 법당 생활은 직장과 집이 함께 공존하는 공간이었다. 수행자로 살아가는 삶은 고귀한 서원이 꼭 필요함을 절실히 느꼈다. 그래서 나 자신에게 진지하게 물어보았다. '수행자로 많은 사람들의 행복을 위해 살아갈 수 있겠느냐?'고. 힘들지만 하고 싶다고, 할 수 있다는 용기가 나를 이끌었다. 그렇게 힘들 때마다 자신에게 물으며 조금씩 앞으로 나아가고 있었다.

절에 들어와 수자 생활을 한 지 4년 정도 지날 때쯤, 오빠가 아프기 시작했고 자주 병원에 다녔다. 오빠는 직장을 그만두게 되면서 스님과 상담을 했고, 절 수행을 시작했다. 처음엔 부정적이던 오빠도 이제는 병원 약을 줄이고 108배를 하면서 좋아지고 있다. 처음 100일 기도를

깨 달 은

시작했을 때는 내 몸만 좋아지면, 그것만으로 가피를 받았다고 생각했다. 지금은 가족 모두가 힘겨운 시간을 수행으로 극복하면서 부처님 가피로 사는 가족이 되었다. 지금 나는, 나처럼 힘들었던 사람들을 도와주기 위해 수행한다. 수행을 통해 내 몸과 마음에 대해 알게 되면서, 병이 와도 두려움이 생기지 않고 극복할 수 있는 힘이 생겼다.

수행을 하면서 건강이 얼마나 중요한지 다시 알게 되었다. 나는 약을 안 먹고도 100세까지 건강할 것이다. 올해는 동국대 불교문화 대학원 불교학과에도 진학했다. 아직은 많이 미약하다. 하지만 내 작은 기도와 도움으로 이 세상 많은 사람들이 건강해질 수 있다면, 난 진짜 행복한 수행자일 것이다.

— **반해** 신은정 (수행 지도자)

이젠 부처님처럼
행복한 걸음으로

오래전 철야 기도를 다녀오다 졸음운전으로 교통사고가 났다. 도반 한 분이 돌아가실 뻔하다가 살아나셨다. 내겐 너무나 큰 충격이었다. 외상이 없었지만, 어느 날부터 온몸이 돌처럼 굳어 왔다. 마음도 굳은 몸에 갇혀 버렸다. 온 세상이 뿌옇게 흐려졌다. 가슴과 머리가 터질 듯이 조여 오며 통증이 이어졌다. 눈은 새빨간 토끼눈에 얼굴은 홍당무, 온몸이 바위처럼 무거웠다. 밤마다 악몽에 시달리며, 두려움과 초조, 불안으로 마음이 피폐해져 갔다. 정상적인 생활이 힘들어졌다.

새로운 삶을 위해 소중한 이들에게 아픔의 씨앗을 심고 떠나 왔다. 돌아갈 곳이 없었다. 고아원에 가서 봉사하며 살까? 문득 『절을 기차게 잘하는 법』이란 책이 어렴풋이 떠올랐다. 왠지 그곳에 가면 내 한 몸 기대어 살 수 있을 것 같았다. 그렇게 나는 살기 위해 절 수행을 시작했다. 신기하게도 절을 계속하면 그나마 조금 살 것 같았다. 어떤 날은 밤을 새워 절을 하고, 한두 시간 정도 잠을 자고 다시 절을 하기도 했다. 하지만 크게 좋아지지 않았다. 온몸이 돌처럼 굳어 있으니, 절이 제대로 되지 않았다.

깨 달 은

호흡의 길이 막혀 있어 습관적으로 입을 벌렸다. 어느 날 스님께서 입에 테이프를 붙이라고 하셨다. 노란 박스용 테이프를 붙이니 눈이 시원해지고 머리가 맑아지고 기분이 좋아졌다. 사람들은 비웃었지만 나는 너무 좋았다. 죽을 것 같던 몸이 가느다란 숨길이 열리며 살아나기 시작했다. 그 한 번의 소중한 체험이 나를 더욱 열심히 정진하게 이끌었다. 하지만 완전히 굳어 버린 몸은 쉽게 회복되지 않았다. 일주일에 두세 번은 시체처럼 쓰러져 있었다. 손가락 하나도 움직이지 못하고 말도 못하고 먹지도 못하고 얕은 숨만 쉴 뿐이었다. 가슴에 통증이 더 심해졌다. 죽을 것만 같았다. 급기야 절도 하기 힘들어졌다. 심장 전문의, 척추 전문의, 내과 등을 찾아 병원 진료를 받은 결과 아무 이상이 없었다.

그때 나는 알게 되었다. 나도 모르게 아픈 상태의 몸으로 위로받고 사랑받으려는 마음이 내 잠재의식에 있었다는 것을…. 마음 한편으로 이제 죽지는 않겠구나 안심이 되었다. 가슴에 통증이 심하게 와도 두렵지 않게 되었다. 다시 힘을 내어 열심히 정진하던 어느 날, 스님께서 말씀하시는 대로 정말 머리, 눈, 이마가 시원해지고 차가운 기운이 머리를 지나 아랫배에 모여 힘이 넘치는 체험을 했다. 그때부터 호흡의 중요성을 실감하고 수행이 진지해졌다. 와선, 염불, 참선호흡 수련 등으로 숨이 아랫배로 저절로 내려갔을 때, 온몸에 기운이 꽉 차는 것을 알게 되었다. 신이 났다.

하지만 가장 기본이 되는 절 수행이 제대로 되질 않았다. 절 교육을 시키는 내가 손목이 굳어서 접족례가 안 되고 발가락이 오그라들어 몸이 흔들렸다. 어떤 분들은 흔들리며 절하는 내 모습이 특별한 수행 비법인 줄 알고 따라서 하기도 했다. 어떤 분은 "선생님은 왜 절을 이상하게 하세요?" 묻기도 했다. 시범을 보이라고 하면 쥐구멍에라도 숨고 싶었다. 너무나 부끄러운 일이었다. 아무도 모르게 오빠에게 돈을 부탁해서 수백만 원 하는 교정 센터에 갔다. 하지만 소용이 없었다. 그때뿐이고, 일상으로 돌아오면 다시 제자리였다.

그때 스님께서 수행 도우미를 만드셨는데, 내가 가장 큰 혜택을 받게 되었다. 차갑게 굳은 몸속에 꽉 차 있던 노폐물, 독소, 가스, 냉기가 빠져나오며 몸이 따뜻해지고 부드러워지기 시작했다. 오그라든 발가락이 펴졌다. 발이 돌처럼 굳어 바닥에 닿지 않았는데, 차츰 닿기 시작했다. 뒤뚱거리던 걸음도 편안해졌다. 날마다 조금씩 좋아지고 있었다. 하루하루 치열하게 수행하며, 부족하지만 나보다 더 힘든 분들을 도우려 마음을 내었고 실천했다. 그런 시간들이 어느새 10여 년이 되었다. 그동안 수많은 기적들을 지켜보며 절 수행의 위대함을 실감했다. 가장 최근에는 30년 가까이 아픈 상처를 안고 자신을 포기한 채 고통스런 삶을 살다가, 절 수행으로 온몸과 마음을 완전히 새롭게 태어나게 한 도반의 기적을 지켜보았다. 매일 절 수행으로 새롭게 깨어나는 수많은 사람들을 지켜보며 나는 흥분했다. 누구나 절 수행을 하기만 하면, 자신의 삶을 100% 바꿀 수 있는 이 엄청난 기적 앞에서 나는 새롭게 발심을 했다.

지금까지는 내 건강을 위해 절을 하고 있었으니, 하기 싫은 마음도 있었다. 그래서 몸이 힘들거나 피곤하면 절을 하고, 살만 하고 편안하면 게을리했다. 이젠 고마운 마음으로 감사의 절을 해야겠다는 마음이 들었다. 그런 마음이 들고부터는 더 정성스럽게, 가슴에서 우러나오는

깨 달 은

진실한 감사의 절을 올리기 시작했다. 뜨거운 감사의 마음으로 절을 올리고 조용히 앉아 미소 명상을 하면, 온몸이 새털처럼 가벼워지며 어느 순간 환하게 밝은 우주공간이 펼쳐졌다. 온몸에 기운이 가득 채워져 힘이 넘치기 시작했다. 수행이 즐겁고 행복했다. 마음먹은 대로 일이 척척 되었다.

그즈음 스님께서 동작, 호흡, 알아차림, 감사염송 대입을 넘어 마지막으로 깨달은 감사 예경을 하라고 하셨다. '나는 본래 부처인 나다'를 염송하며 절을 하는데 처음엔 어색했다. 그런데 절을 할 때마다 눈앞이 환하게 밝아졌다. 절하는 나 자신이 또렷이 지켜봐지고 알아차려졌다. 시간이 지날수록 나 자신의 못된 습관에 속지 않게 되었다. 그동안 열심히 정진해도 고쳐지지 않던 중독에 가까운 지독한 습관들이 순식간에 고쳐졌다. 나는 이제 더 이상 잡생각에 끌려다니는 노예가 아니었다. 더 이상 속지 않는 당당한 주인으로 살게 되었다. 평화롭고 고요하며 여유로워졌다. 그동안 틈만 나면 눕고 싶고, 잠시라도 와선을 하지 않으면 견딜 수 없던 나였다. 3000배 철야정진 다음날은 완전 죽음이었고, 그 후 일주일도 날카롭게 날이 서 있었다. 어느새 철야정진 다음날도 생생하게 깨어 있고, 잠시 와선을 하지 않아도 하루 종일 생생했다.

나의 과거 모습을 모르는 사람들은 나를 보며, 눈은 별처럼 반짝이고 피부는 맑고 깨끗하고 기운이 넘쳐 보인다 한다. 그야말로 기적이다. 이젠 이 기적의 아름다운 씨앗을 세상 속에 심을 일만 남았다. 그러기 위해서 스님께서 말씀하시는 완벽한 절을 해야겠다고 다짐했다. 스님께서 절을 완벽하게 못하는 나 때문에, 세상 속에 자신 있게 절 수행을 펼칠 수 없다고 하셨기 때문이다. 스님께서 매일 교정을 해 주시는데 솔직히 화가 났었다. 다 그만두고 싶었다. 이렇게 힘들게 하는 절은 하기 싫다는 생각까지 들었다. 그런데 신기하게도 어느 순간, 절이 제대로 될 때마다 온몸이 새털처럼 가벼워졌다. 기운이 가득 채워지며 번뇌가 순간 사라졌다. 하지만 어느새 또 옛날 습관으로 돌아갔다.

스님께서는 절하는 동작 하나하나에 마음을 최대한 집중해서 알아차

깨 달 은

려야 한다고 하셨다. 자기 자신의 모습은 누구나 잘 보이지 않는다고 하셨다. 드디어 며칠 전 새벽 기도 중에 스님께서 마지막 점검을 해 주시며 이제 됐다 하신다. 이젠 완벽하다 하신다. 누군가를 가르칠 자격이 된다고 하신다. 100% 막혔던 몸이 95% 열렸다 하신다. 너무나 가슴 벅찬 감동이었다. 10여 년을 끈질기게 포기하지 않고 해 온 절 수행이 이제야 드디어 완벽해졌다. 신기하게도 완벽해진 절 수행과 동시에 나는 자유인이 되었다. 이제 나 자신을 위한 수행은 끝이 났다.

어느새 나는 모두의 건강과 행복을 위한 기도를 했다. 큰마음을 내게 되었다. 스님께서 나의 잘못된 동작 하나하나를 꿰뚫어 알려 주셨듯이, 어느새 나도 다른 수행자들의 모습을 꿰뚫어 아는 지혜가 생겼다. 그렇게 나는 새롭게 태어났다. 혼자서는 도저히 해낼 수 없는 일이었다. 끝까지 기다려 주시고 이끌어 주신 스승님과 함께 수행하는 도반들이 있었기에 가능한 기적이었다. 나는 이제 세상을 향해, 인류 모두의 건강과 행복을 위해, 부처님께서 가신 길을 따라 행복한 걸음을 당당하게 시작하려 한다.

– **이룬** 전정옥(수행 지도자)

깨달은 템플스테이

겹겹이 아름다운 능선에 둘러싸인 이곳 법왕정사에는 늘 맑고 평화로운
기운이 감돌고 있다. 몸과 마음이 저절로 고요해지고 행복해진다.
청견 스님과 300만 배 이상의 절 수행과 10년 이상의 수행 지도 경험이
있는 지도자들이 꿰뚫어 보는 직관의 지혜로 수행을 지도한다.
쉽고 편안하고 지혜로운 수행들로 몸과 마음이 새롭게 깨어나게 된다.
아름답고 환희로운 체험들은 일상으로 이어져 깨달은 부처의 삶을
살아가게 된다.

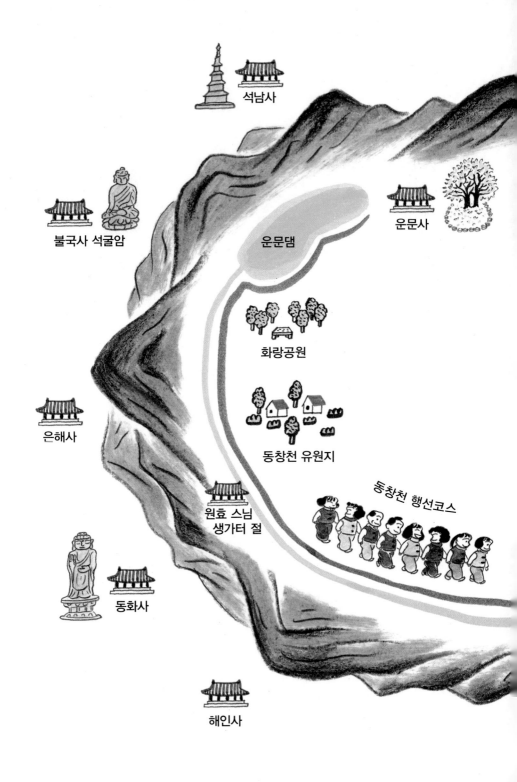

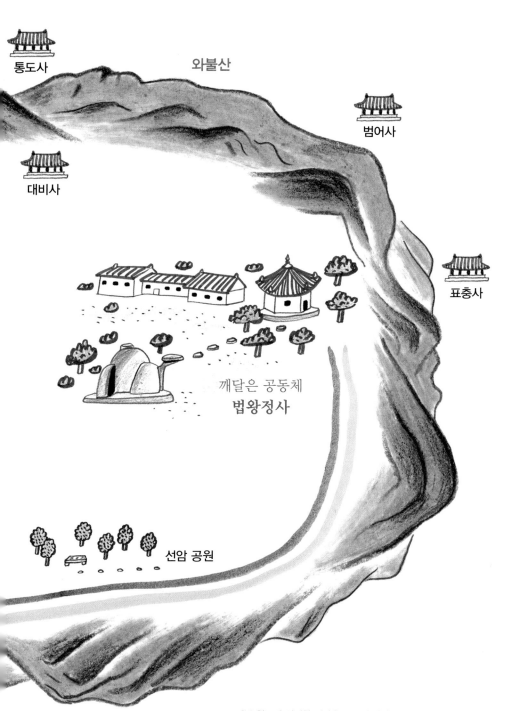

통도사

와불산

범어사

대비사

표충사

깨달은 공동체
법왕정사

선암 공원

경북 청도에 위치한 깨달은 공동체 법왕정사는 능선이 겹겹이 포개진
참으로 아름답고 장엄한 곳에 자리하고 있다. 도량에 들어서면, 눈앞에 또렷이 세 분 부처님이 누워 계신 와불산이
아름다운 미소로 반가이 맞아 준다. 밤이 되면 쏟아질 것 같은 별들로 인해 황홀한 풍경이 펼쳐진다.

다양한 수행법 체험

법왕정사 템플스테이에 오면, 황토 행선길을 맨발로 걸으며 고마운
땅의 기운을 받아들인다. 편안히 누워 파란 하늘과 하나가 된다.
낮추고 낮추어 존경심으로 받드는 절 수행으로 우주와 하나가 된다.
울려 퍼지는 소리선 수행으로 챠크라가 열려, 마음 속 깊은 곳의
참마음, 참나, 부처가 깨어난다.

깨달은 절 수행
◆ 표정 + 자세 + 동작 + 호흡법,
  알아차림 염불절, 감사절
◆ 위빠사나 절, 깨달은 절 수행
  교육, 점검, 교정, 완벽한 절
  수행을 즉석 완성

깨달은 호흡법
◆ 수행, 깨달음, 건강의 핵심 조건
  자동 단전 복식호흡 즉석 체험
◆ 역호흡 즉석 교정

깨달은 와선 수행
◆ 텅텅 빔, 참마음, 참나 체험,
  우주 태양 지구 땅 기운 꽉 채운
  삼매체험
◆ 화이트칼라 피로 풀기,
  미인은 잠꾸러기,
  힐링 베개 만드는 법

깨달은 미소 행선
법당 행선 코스 108m,
법왕정원 황토길 코스 333m,
영남 알프스 둘레길,
선암 공원, 화랑 공원,
소나무숲 산책

깨달은 염불선(禪)

◆ '부처님 크신 은혜 고맙습니다'

◆ '나는 본래 부처인 나다'

◆ '크크크 랄랄라'

깨달은 참선 명상

◆ 몸맘 쉼, 봄, 앎, 깸, 초견성 체험

◆ 깨달음, 불성, 참마음, 참나 체험

◆ 해달별 오로라 체험

깨달은 비움 명상

◆ 내려놈, 놔 버림

◆ 업장소멸 진참회

◆ 진공묘유 체험

◆ 묵언 이름 지우기

선(禪)체조 도인 건강법

◆ 수승화강,
두한족열 즉석 체험,
몸맘, 찰나 이완

◆ 쇄골, 가슴, 명치, 배 풀기,
태양 신경총 송과체 일깨우기

오도송, 게송, 시낭송,
천체 망원경, 나, 달, 별

수행법, 건강법
깨달은 즉문즉답

성지순례
통도사, 범어사, 해인사, 불국사,
석굴암, 동화사, 은혜사, 만불사,
표충사, 운문사, 석남사 등이
1시간 30분 이내 거리에 있다.
특히 운문사와 원효 스님
생가터 절은 20분 거리에 있다.

참마음, 참나, 불성으로
또렷이 깨어서 살아가길…

우리의 의식과 몸은 끊임없이 변한다. 뜬금없이 생각이 일어나면 의식은 생각과 하나가 되어 분별하며, 좋아할 때 집착하고 싫어할 때 거부한다. 이때 나란 에고, 가짜 허상의 나가 생겨 좋아하고 괴로워하며 살아간다.

보고, 듣고, 냄새 맡고, 느끼고, 맛보고, 말하면서 내 몸이 나란 에고 의식이 생겨 일생 동안 착각을 하며 살아간다. 불행과 괴로움은 여기서부터 시작된다. 에고 의식은 모양, 형태, 색깔이 없다. 하지만 자세히 보면 몸의 세포는 7년 주기로 바뀌고, 생각은 순간순간 찰나찰나 일어나고 사라진다.

우리의 몸, 마음 중에 변하지 않는 것은 지켜봄, 알아차림, 아는 마음, 순수의식, 참마음, 불성뿐이다. 누구나 영원히 똑같은 의식이다. 이 의식도 모양이나 형태나 색깔 없이, 구름 한 점 없는 파란 하늘 허공처럼 맑다. 티끌 하나 없는 거울처럼 깨끗하여 모든 걸 있는 그대로 비춘다. 태양처럼 밝은 지혜와 대자대비 광명을 비춘다.

이 순수의식을 이름하여 부른다면 참나, 불성, 자성, 진여라 한다. 모든 의식, 마음의 중심 근원이다. 순수의식 참나는 언제나 맑게 깨어 있어, 찰나 순간도 빼놓지 않고 지켜봄 알아차림하고 있다. 오매일여다.

절, 염불, 독경, 참선 명상 수행 시 순수의식, 참마음, 참나가 지켜봄, 알아차림하는 수행이라야 참불교 수행이다. 에고 의식으로 열심히 절하고 수행하는 것은 에고 의식을 강화할 뿐이다. 시비분별을 더 잘하게 되어 생각, 감정, 오감을 잘 닦지 못한다. 에고 중생 마음으로 어떻게 깨달아 성불하겠는가? 에고 중생의 팔만사천 번뇌 망상이 용광로처럼 펄펄 끓는데 수행 조금 한다고 해결되겠는가? 업장소멸, 소원성취, 수행삼매 절대 못 이룬다. 어불성설이다.

완벽한 표정, 자세, 동작, 자동 단전 복식호흡으로 챠크라를 열고 우주 태양, 지구 땅의 기운을 받아 집중의 힘을 길러야 한다. 지켜봄 알아차림 또렷한 완벽하게 깨달은 절 수행으로 참불교 수행의 기초를 닦아야 한다.

절을 마치고 무릎을 꿇고 앉거나, 대자 와선자세로 누워 힘 쭉 빼고 미소 짓는 얼굴로 아무 생각도 하지 마라. 아무것도 하지 마라. 절대 잘하려 하지 마라. 욕심이다. 더 안 된다 안 된다 하면, 성냄이 일어난 것이다. 이래서 더 안 된다. 몸과 호흡을 바르고 고요하게 하려 하지 마라. 그냥 온몸의 힘을 쭉 빼고 움직이지 못하게 숨소리도 나지 않게 그냥 하라. 온몸을 축 늘어뜨려라. 잡생각이 일어나도 그냥 두라. 저절로 사라진다. 마음을 고요하게 하려 하면 에고 중생 마음은 더 시끄러워진다.

순수의식, 참마음, 참나는 본래 고요하다. 마음을 깨끗이 닦으려 하지 마라. 에고 중생의 마음으로 닦으면 더 더러워진다. 순수의식, 참나는 본래 깨끗하다. 깨달으려 하지 마라. 에고 중생의 팔만사천 번뇌 망상 들끓는 마음으로 어떻게 깨달을 수 있겠나? 더 복잡하고 골치 아파지고 더 더러워지고 시끄럽고 혼란해진다. 다 내려놓아라. 놔 버려라. 탁탁 털어 버려라. 순수의식, 참나는 본래 깨달음이다.

힘 빼고 미소 지으면 몸과 마음을 지켜봄, 꿰뚫어 앎, 알아차림이 또렷하게 나타난다. 이 순수의식, 참마음, 참나가 언제나 변하지 않고 존재한다. 뿌리도 실체도 없이 뜬구름처럼 나타났다 사라지는 잡생각과 하나되면 중생이다. 물거품처럼 나타났다 사라지는 생각, 감정, 의식과 하나되면 에고 중생 놀음이다.

21세기 인류 사회는 에고 중생의 번뇌 망상, 시비분별, 잡생각, 죄악 등으로 가득하다. 인간성이 다 파괴되어 있는 실정이다. 출세하고 성공한 사람, 공부 많이 한 사람, 잘난 사람, 못난 사람. 모두가 근심 걱정, 스트레스, 초조, 불안, 시기, 질투, 욕심, 성냄, 어리석음으로 살아간다.

부처님께서 깨달으신 가르침의 핵심은 순수의식, 참마음, 참나, 불성으로 또렷이 깨어서 살아가는 것이다. 머리 아프게 공부 많이 해 봤자 에고 중생의 노예가 된다. 지식이 삶에서 중요하긴 하다. 그러나 순수의식, 참마음, 참나가 언제나 또렷이 깨어 있는 지혜라야 한다. 이렇게 순수의식, 참마음, 참나가 깨어 수행하는 게 진짜 회광반조이다. 절 수행하며 지켜보는 순수의식, 참마음, 참나 알아차림을 끊임없이 해야 한다. 인류는 부처님 깨달음을 잘 몰라 삶 속에서 시비분별, 잡생각, 감정과 언제나 동행한다. 에고 중생의 삶은 불행, 병, 실패, 좌절, 괴로움, 고통스러움뿐이다.

생각, 감정, 기억, 오감 등은 내 머릿속에서 일어나는 허상이다. 진실이 아니라 TV나 영화 스크린에 나타난 그림과 글씨, 말 같은 것들이다. 실제 상황이 절대 아니다. 그저 그림과 사진, 소리일 뿐이다. 머릿속의 기억, 가슴속의 감정 때문에 중생은 울고 웃으며 즐거워하고 기뻐하다 슬퍼한다.

인간 뇌 속의 기억과 현실 삶에서의 생각들은 부정적인 경우가 너무 많다. 이게 다 이런 생각, 감정, 오감과 의식이 하나되어 만들어진 가짜 에고 나 때문이다. 에고 중생은 자기밖에 모른다. 자길 위해 목숨을 건다. 그런데 갈수록 에고 중생 자신은 더 힘들고 불안하고 괴롭다. 이렇게 복잡하고 괴로운 현대 인류에게 부처님 깨달음의 가치는 시원한 감로수와 같다.

머릿속 기억, 가슴속 감정, 과거, 미래, 전생 들락거리며 머리 복잡하게 살지 말고 다 놔 버려라. 가둬 놓지 말고 울고불고하지 마라. 지켜봄, 알아차림 또렷한 완벽하게 깨달은 절 수행을 하라. 언제 어디서나, 가나오나, 앉으나 서나 어떤 일에도 세세생생 삶 속에서 지켜봄, 알아차림 해야 한다. 깨달음은 온전한 행복, 자유의 길이다.

깨달은 절 수행으로 막힌 곳 뚫고 맺힌 곳 풀어 모든 챠크라를 열고 노폐물, 독소, 가스, 사기, 병기, 객기 등을 빼 버린다. 자동 단전호흡되어 수승화강, 두한족열, 기혈 순환, 림프순환, 뇌 척수 순환, 체액 관절액이 잘 돌아 밝은 에너지로 몸을 꽉 채우게 된다. 잡생각 딱 끊어진 텅텅 빈 우주 허공 같은 순수의식, 참마음, 불성이 청정고요 밝은 깨달은 마음임을 온전히 믿고 알게 된다. 생명 모두는 본래 부처임을, 나는 본래 부처인 나임을 그대로 믿고 실천하는 가장 밝은 수행이다.

생각, 감정, 오감의 과거 기억, 고정관념, 편견, 선입견을 통해 만들어진 환영의 나는 진짜 나가 아니고 가짜 나란 것을 알게 된다. 참마음 불성의 순수한 깨달음이 진짜 나임을 철저히 믿어야 한다. 이 수행은 깨달음을 확실히 알고, 믿고, 깨달은 마음 간단히 체험하고, 탁탁 털어 버리고, 놓아 버리며 내려놓는 수행이다. 지켜봄, 알아차림, 순수의식의 확장으로 참마음 불성 근원 바탕과 하나되어 깨닫는 참 수행이다.

깨달은 절 수행이란? 책을 보며 혼자 제대로 배울까? 왠지 미안한 마음이 크다. 직접 절에 와서 배우면 금세 완벽하게 된다. 깨달은 절 수행이란? 책을 여러 번 읽고 깨달은 절 수행을 꾸준히 하면, 매 순간 찰나찰나 작은 깨달음을 일깨워 삶 속에서 참 멋진 깨달은 꽃이 될 것이다.

깨달은 절수행이란?

초판 1쇄 발행 2010년 5월 12일
초판 3쇄 발행 2018년 6월 5일

지은이 청견 스님
펴낸이 전정옥

편집 이룬, 고결, 콘텐츠뱅크
그림 김명길, 한지선 | **디자인** 안휘

펴낸곳 (주) 다르마 킹
주소 38364 경상북도 청도군 금천면 선바위길 6
전화 010-3487-0035
등록번호 519-2014-000004

ⓒ 청견 스님

ISBN 979-11-957822-0-8 (03220)

홈페이지 www.법왕정사.net | **인터넷 카페** cafe.daum.net/sorisan